Knaur.

D1849511

Knaur.

Über die Autorin:

Dorit Zimmermann ist Medizinjournalistin sowie Buchautorin und fand es schon in der Schule wunderbar, dass ihr ungewöhnlicher Vorname ihren häufigen und nicht besonders originellen Nachnamen »wettmacht«. Durch ihre zwei Kinder hat sie selbst erfahren, wie knifflig die Namensgebung sein kann: Bei ihrer Tochter Lea Sophie setzte sich der Spitzname – Lulu – irgendwann so durch, dass er mittlerweile auch offiziell der erste Vorname ist. Ihr Sohn Tim heißt nach dem kleinen Jungen aus Charles Dickens' Weihnachtsgeschichte. Dorit Zimmermann lebt mit ihrer Familie in der Nähe von München.

Dorit Zimmermann

Knaurs Vornamenlexikon

Über 6000 Vornamen von A bis Z

Knaur Taschenbuch Verlag

Besuchen Sie uns im Internet:
www.knaur.de

FSC
www.fsc.org
MIX
Papier aus verantwortungsvollen Quellen
FSC® C083411

Vollständige Taschenbuchausgabe April 2009
Knaur Taschenbuch.
Ein Unternehmen der Droemerschen Verlagsanstalt
Th. Knaur Nachf. GmbH & Co. KG, München.
Copyright © 2006 Knaur Ratgeber Verlag.
Ein Unternehmen der Droemerschen Verlagsanstalt
Th. Knaur Nachf. GmbH & Co. KG, München.
Namenshitlisten auf den Seiten 93, 113, 157, 286, 289 und 295
© Knud Bielefeld, Ahrensburg
Alle Rechte vorbehalten. Das Werk darf – auch teilweise – nur mit
Genehmigung des Verlags wiedergegeben werden.
Redaktion: Petra Klose, Hamburg
Umschlaggestaltung: ZERO Werbeagentur, München
Umschlagabbildung: Silvia Lammertz, München
Satz: Wilhelm Vornehm, München
Druck und Bindung: CPI – Clausen & Bosse, Leck
Printed in Germany
ISBN 978-3-426-79801-0

2 4 5 3

Inhalt

»Mit jedem Menschen
ist etwas Neues in die Welt gesetzt,
was es noch nicht gegeben hat,
etwas Erstes und Einziges.«

Martin Buber

Ein Wort zuvor

Sie erwarten ein Baby – herzlichen Glückwunsch! Vielleicht wissen Sie ja schon, ob es ein Junge wird oder ein Mädchen. Wenn nicht, haben Sie es doppelt schwer: Dann müssen Sie sich für zwei Vornamen entscheiden, oder besser gesagt, Sie dürfen einen Namen wählen, den Ihre Tochter oder Ihr Sohn nach der Geburt tragen wird. Neben der »Qual der Wahl« macht es schließlich auch Spaß, Namen zu studieren, ihre Geschichte und Bedeutung zu ergründen, sich zu überlegen, ob der Name zu dem unbekannten Menschlein in Ihrem Bauch passen könnte.

Jeder Mensch ist ein einzigartiges Wesen, eine Persönlichkeit. Viele Eltern entscheiden sich deshalb für einen Namen, der relativ selten und individuell ist; das Kind soll sich schließlich mit dem Namen identifizieren, und das, so scheint es, ist schwer möglich, wenn drei Klassenkameraden den gleichen Vornamen haben. Andererseits kann ein Name auch eine Last sein; dann nämlich, wenn er zu ungewöhnlich und zusätzlich auch noch schwierig auszusprechen ist. Nicht jeder Mensch möchte im Mittelpunkt stehen und permanent auffallen. Auch die ständige Frage nach der richtigen Aussprache oder der korrekten Schreibweise kann ganz schön nerven.

Eine schwierige Entscheidung. Sie als werdende Eltern können schließlich nicht wissen, was für ein Typ Ihr Kind wird, welchen Charakter es entwickeln wird, ob es lieber im Hintergrund bleibt oder ob es eine schillernde Persönlichkeit wird. Mit einem neutralen Namen sind Sie auf der sicheren Seite: Er passt immer, unabhängig davon, ob Ihr Kind zart oder kräftig, blond oder schwarzhaarig, zurückhaltend oder ein Hansdampf in allen Gassen sein wird. »Ziemlich langweilig«, werden Sie jetzt möglicherweise sagen: »Unser Kind soll doch keinen Allerweltsnamen bekommen.«

Ausgefallen oder neutral, exotisch oder traditionell – ich habe Ihnen in diesem Buch rund 6000 Namen zusammengestellt. Die Entscheidung liegt bei Ihnen, Sie als Eltern müssen bzw. dürfen für Ihre Tochter oder Ihren Sohn den passenden auswählen. Das wird sicher kein leichter Schritt, doch zum Glück haben Sie neun Monate Zeit. Sie müssen sich auch nicht schon vor der Geburt entscheiden. Falls Sie sich noch nicht sicher sind, ob Ihr Wunschname auch tatsächlich zu Ihrem Sprössling passt, dann warten Sie doch einfach ab, bis Ihr Kind geboren ist. Schauen Sie es sich erst einmal an und entscheiden Sie dann, welcher Name der richtige ist. Natürlich ist es sinnvoll, einige Namen in der engeren Wahl zu haben, damit das Standesamt nicht allzu lange auf das Resultat warten muss.

Aber bedenken Sie: Ihr Kind muss sein ganzes Leben mit dem Namen auskommen, eine Namensänderung ist nur in Ausnahmefällen möglich. Es wird ständig mit seinem Namen angesprochen, es meldet sich am Telefon mit diesem Namen, kurz: Es sollte seinen Namen mögen. Und: Der Vorname sollte auch zum Familiennamen passen. Auch wenn Ihnen das zunächst nicht so wichtig erscheint, Vor- und Zuname bilden eine Einheit, sie sollten miteinander harmonieren. So kann zum Beispiel – muss aber nicht – es ziemlich komisch klingen, wenn ein arabischer Vorname mit einem typisch bayerischen Familiennamen kombiniert wird. Letztlich bleibt die Wahl natürlich subjektiv – reine Geschmackssache.

Wie auch immer Sie sich entscheiden, das Wohl Ihres Kindes sollte stets im Mittelpunkt Ihrer Überlegungen stehen. Aber davon muss ich Sie sicher nicht überzeugen.

Ich wünsche Ihnen viel Freude beim Auswählen!

Ihre Dorit Zimmermann

Die Namenswahl – schön, aber nicht immer einfach

»Für jeden Menschen
ist sein Name das schönste und bedeutungsvollste
Wort in seinem Wortschatz.«

Dale Carnegie

Rechtliche Bestimmungen und was Sie sonst noch beachten sollten

Nach deutschem Recht muss jede Geburt innerhalb einer Woche beim zuständigen Standesamt gemeldet werden. Spätestens dann sollten Sie sich entschieden haben, wie Ihr Kind heißen soll. Falls sich die Eltern nicht über einen Namen einigen können, haben sie die Möglichkeit, ihr Kind zunächst ohne Vornamen anzumelden. Den endgültigen Namen müssen sie dann innerhalb eines Monats nachreichen.

Die Regelungen zum Namensrecht werden in allen deutschsprachigen Ländern ähnlich gehandhabt: Der Name, mit dem Sie Ihr Kind angemeldet haben, und seine Schreibweise sind bindend – nur in Ausnahmefällen, mit plausibler Begründung (und gegen Gebühr!) kann ein Vorname im Nachhinein geändert werden, z. B. wenn der Name anstößig ist oder lächerlich klingt, wenn er besonders lang oder umständlich ist, schwer zu schreiben oder auszusprechen ist oder wenn Ihr Kind nachweisen kann, dass es unter seinem Namen leidet. In diesem Fall kann ein psychologisches oder psychiatrisches Gutachten verlangt werden. Ab dem Alter von 18 Jahren kann ein Kind seinen Namen ohne Einverständnis der Eltern ändern lassen, wenn ein triftiger Grund vorliegt. Also überlegen Sie lieber ein bisschen länger, bevor Sie sich endgültig für einen oder mehrere Vornamen entscheiden – Zeit genug haben Sie ja.

Nicht jeder Name ist erlaubt

Grundsätzlich dürfen Sie als Eltern frei entscheiden, welchen Namen Ihr Kind tragen soll. Es gibt jedoch Einschränkungen, die sich am Kindeswohl orientieren. Das heißt, ein Kind hat ein Recht darauf, nicht durch einen anstößigen, lächerlichen oder völlig unpassenden Namen von seiner Umwelt gehänselt zu werden. Es soll sich schließlich im positiven Sinne mit seinem Namen identifizieren können.

Es kann also sein, dass der Standesbeamte Einspruch erhebt, falls Sie ihm einen zu ausgefallenen Namen präsentieren. Am besten, Sie erkundigen sich im Zweifelsfall bei der zuständigen Behörde, ob der von Ihnen favorisierte Vorname zulässig ist, so dass Sie gegebenenfalls noch einen Ersatznamen finden können. Sollte Ihnen die Zurückweisung des Standesbeamten unberechtigt oder nicht nachvollziehbar erscheinen, steht es Ihnen frei, Einspruch dagegen einzulegen. Bedenken Sie dabei aber immer, dass nicht Sie mit dem Namen leben müssen, sondern Ihr Kind.

Es dürfen nur solche Namen gewählt werden, die auch tatsächlich Vornamen sind – Automarken, der Name Ihres

Diese Namen sind offiziell zulässig

Pepsi-Carola, Rapunzel, Cheyenne, Sunshine, Napoleon, Sonne, Rasputin, Decembres Noelle, Juri, Bavaria, Jesus, Birkenfeld

Diese Namen wurden vom Gericht abgelehnt

McDonald, Schröder, Grammophon, Atomfried, Cezanne, Jaguar, Tiger, Navajo, Ogino, Karl der Große junior, Störenfried, Sputnik, Omo, Moon, Crazy Horse, Champagna, Pfefferminze, Hemingway, Möhre, Seerose, Möwe, Millenium, Porsche, Schanett, Beauregard, Traktora, Woodstock, Bierstübl, Agfa, Lenin, Pillula, Andrea (als männlicher Vorname), Schnuck

Lieblings-Fußball-Vereins oder dergleichen scheiden als potenzielle Namen aus. Das gilt auch für Produkt- oder Markennamen wie Ikea, McDonald's oder Audi. Zahlreiche Mädchennamen leiten sich zwar von Blumen oder Pflanzen ab, doch nur diejenigen, die bereits als Namen etabliert und anerkannt sind, werden akzeptiert. Sie können Ihre Tochter zwar Rose, Jasmin oder Hortensia nennen, Brennnessel, Tomate oder Frauenschuh würden dagegen abgelehnt. Manche Namen wie z. B. Rapunzel liegen im Ermessen des Standesbeamten. Allgemein verbindliche Vorschriften existieren zwar nicht; die Standesbeamten richten sich jedoch nach dem Internationalen Buch der Vornamen, das in jedem Standesamt ausliegt.

Wichtig ist, dass das Geschlecht des Kindes eindeutig aus dem Vornamen hervorgeht. Das ist vor allem bei exotischen, fremdländischen Namen häufig nicht der Fall. Keine Sorge, Sie können trotzdem einen solchen für Ihren Nachwuchs wählen, Voraussetzung: Wer sich für einen

Namen entscheidet, der nicht eindeutig zuzuordnen oder sowohl als Mädchen- als auch als Jungenname gebräuchlich ist, z. B. Maria oder Kim, muss diesem einen zweiten Vornamen hinzufügen, aus dem eindeutig das Geschlecht erkennbar wird. Als Beispiel: Klaus Maria oder Kim Susan. Und noch etwas: Vor- und Zuname dürfen nicht identisch sein, d. h., auch wenn Sie den Namen Martin noch so schön finden: Ihr Sohn kann nicht Martin Martin heißen.

Unfreiwillig komische Namen

Unter *www.echtenamen.de* finden Sie eine Sammlung ausgefallener, seltsamer und ungewöhnlicher Namen und Namenskombinationen. Dazu zählen: Rosa Bart, Eva Adam, Horst Adler, Marion Barion, Bodo Beutel, Sabine Biene, Roland Boland, Bärbel Bubbel, Hans Dampf, Theo Dohr etc.

Wie viele Namen sollen es sein?

Während früher mehrere Vornamen gang und gäbe waren, sind heute ein bis drei Namen die Regel – maximal fünf dürfen es sein. So jedenfalls sieht es das Bundesverfassungsgericht, dem die Aufgabe zukommt, das Kind als Grundrechtsträger vor verantwortungsloser Namenswahl durch die Eltern zu schützen. Früher wurde der Rufname unterstrichen, heute ist das nicht mehr üblich; meist steht er jedoch an erster Stelle und ist so als Rufname erkennbar.

Welcher Vorname passt zu welchem Familiennamen?

Da Vor- und Familienname zusammengehören und häufig gemeinsam genannt werden, sollten Sie bei der Wahl des Vornamens auch darauf achten, dass er mit dem Familiennamen harmoniert. Hier einige Tipps, wie Sie zu einem klangvollen Doppel finden:

- Haben Sie einen sehr langen mehrsilbigen Familiennamen oder gar einen Doppelnamen? In diesem Fall ist es sinnvoll, keinen zu langen Vornamen zu wählen – schon aus praktischen Gründen.
- Ist Ihr Familienname sehr kurz und einsilbig? Dann klingt ein etwas längerer Vorname schöner. Hans-Peter Etz klingt beispielsweise besser als Jan Etz.
- Hört man, wo der Vorname endet und wo der Familienname beginnt oder gibt es Verständigungs- bzw. Ausspracheschwierigkeiten, z. B. Sarah Alster?
- Reimen sich Vor- und Familienname und klingen dadurch seltsam oder gar albern wie z. B. Rose Klose?
- Sie liebäugeln mit einem eher exotischen, sehr ausgefallenen Vornamen wie Cyprienne, haben aber einen regional gefärbten Familiennamen wie Humpelmeier oder Lämmle? Eine solche Kombination kann über viel Charme verfügen – aber leider auch ziemlich schnell albern wirken.
- Gefällt Ihnen die Kombination aus Vor- und Familiennamen auch dann noch, wenn Sie beides laut aussprechen?

Welchen Nachnamen bekommt das Kind?

- **Haben die Eltern einen gemeinsamen Familiennamen, heißen das Kind und alle weiteren Kinder ebenso.**
- **Tragen die Elternteile unterschiedliche Zunamen, üben aber gemeinsam das Sorgerecht aus, müssen sie sich auf einen Familiennamen einigen. Dieser gilt auch für alle nachfolgenden Kinder.**
- **Hat die Mutter das alleinige Sorgerecht, trägt das Kind den Nachnamen der Mutter.**

Weitere Tipps zur Namenswahl

Bevor Sie sich endgültig für einen Vornamen entscheiden, lohnt es sich, noch einmal über folgende Fragen nachzudenken:

- Passt der gewünschte Vorname auch zu einem Erwachsenen oder handelt es sich eher um einen typischen Kindernamen, z. B. Michel, Lotta, Benny?
- Ist Ihr Wunschname zeitlos oder handelt es sich eher um einen Modenamen, der in 50 Jahren womöglich altmodisch klingt?
- Gibt es eine attraktive Abkürzung zu dem Vornamen z. B. Benjamin – Ben, Maximilian – Max? Oder klingt die übliche Abkürzung eher albern wie Miriam – Miri oder Barbara – Babsi?

- Möchten Sie überhaupt, dass der Vorname abgekürzt wird? Wenn nicht, dann wäre ein kürzerer, einsilbiger Name sinnvoller, z. B. Tim, Finn.
- Ist Ihr Wunschname gerade voll »im Trend«? Wenn ja, dann müssen Sie damit rechnen, dass es mehrere Kinder dieses Namens in der gleichen Kindergartengruppe oder Schulklasse gibt.
- Ist der Name sehr kompliziert? In diesem Fall braucht das Kind vermutlich lang, um seinen eigenen Namen auszusprechen.
- Welche Erwartungen knüpfen sich an einen Namen? Wird Ihr Kind diese erfüllen können? Wer den Namen Seraphine hört, wird kaum an ein kleines, pummeliges, sommersprossiges Mädchen denken, um nur ein Beispiel zu nennen.

Beliebte Vornamen und wie sie wirken

Am Lehrstuhl der TU Chemnitz wurden 2006 in einer wissenschaftlichen Studie 149 Testpersonen zu ihren Assoziationen zu einigen beliebten männlichen und weiblichen Vornamen befragt – ohne dass sich jedoch die Probanden darüber im Klaren waren, was sich aus ihren Antworten herauslesen lässt. Die Ergebnisse sind zum Teil verblüffend: Hätten Sie z. B. gedacht, dass Johanna als ein moderner Name empfunden wird oder Thomas als intelligent? Hier sind die Ergebnisse im Einzelnen:

Weiblich

Modern:
Hanna, Johanna, Julia, Katharina, Lara, Laura, Lea, Lena, Leonie, Marie, Sarah, Sophie

Zeitlos:
Anna, Claudia, Jana, Katrin, Maria, Susanne

Attraktiv:
Anna, Jana, Julia, Katharina, Lara, Laura, Lea, Lena, Leonie, Maria, Marie, Sarah, Sophie

Intelligent:
Anna, Hanna, Johanna, Julia, Katharina, Laura, Lea, Lena, Maria, Marie, Sarah, Sophie, Susanne

Altmodisch:
Andrea, Birgit, Cornelia, Heike, Ines, Kerstin, Manuela, Petra, Sabine, Silke, Simone, Sylvia

Männlich

Modern:
David, Felix, Florian, Jan, Jonas, Leon, Luca, Lukas, Maximilian, Niklas, Paul, Tim

Zeitlos:
Alexander, Andreas, Christian, Matthias, Michael, Thomas

Attraktiv:
Alexander, Jonas, Leon, Luca, Lukas, Maximilian, Tim

Intelligent:
Alexander, Christian, Jonas, Lukas, Matthias, Maximilian, Michael, Peter, Thomas

Altmodisch:
Dirk, Frank, Heiko, Holger, Jens, Jörg, Mario, Mike, Olaf, Peter, Torsten, Uwe

Wie spricht man das bloß aus?

Im Namensteil dieses Buches finden Sie bei einigen ungewöhnlichen Namen auch Angaben zur Aussprache – allerdings in einer vereinfachten Lautschrift. Der Strich zeigt dabei gegebenenfalls an, auf welcher Silbe des Wortes die Betonung liegt; die jeweils direkt danach stehende Silbe wird besonders akzentuiert. So liegt die Betonung bei ['Beri] auf der ersten Silbe, also BARry. Bei [Dschi'niva] hingegen müssen Sie die zweite Silbe betonen: GeNEva.

Männliche Vornamen

»Jeder Name ist adlig,
wenn er von seinem Träger adlig gehalten wird.«

Anonymus

A

Aaron, Aron: biblischer Name aus dem Hebräischen. Bedeutung: der Erleuchtete. Aaron war der ältere Bruder von Moses. Früher vor allem in jüdischen Familien verbreitet, heute überkonfessionell. Ein Name, der immer beliebter wird. Bekannter Namensträger: Elvis Aaron Presley.

Abbe: kurzer, eher im norddeutschen Raum verwendeter Vorname. Kurzform von **Adalbero**. Auch: **Abbo**, **Abo**. Nach Abbo, dem Bischof von Metz. Koseform: **Abilo**.

Abdul: typisch arabischer Name. Bedeutung: Knecht, Sklave, Diener. Die türkische Form lautet: **Abdül**.

Abel: biblischer Name mit hebräischen Wurzeln. Bedeutung: Hauch, Vergänglichkeit. Abel war der zweite Sohn Adams und wurde von seinem Bruder Kain erschlagen.

Abiona: hierzulande sehr unbekannt. Afrikanischer Name aus Nigeria. Bedeutung: der auf der Reise Geborene. Auch als weiblicher Name gebräuchlich.

Abraham: alter biblischer Name aus dem Hebräischen. Bedeutung: Vater der Menge. Bekannter Namensträger: der frühere amerikanische Präsident Abraham Lincoln. Koseform: **Abi**. Arabische Form: ▶ Ibrahim. Italienische Form: **Abramo** oder **Abrahamo**. Spanische Form: **Abrahán**. Schweizerische Form: **Äbi**.

Absalom, Absalon: sehr eigenwilliger hebräischer Name.

Bedeutung: Vater des Friedens. Name des dritten Sohnes von König David. Kurzform: ▶ Axel.

Achaz: ungewöhnlicher, biblischer Name. In der latinisierten Form: **Achatius**. In Deutschland seit dem 15. Jahrhundert bekannt, heute kaum vergeben. Namenstag: 22. Juni nach dem heiligen Achatius, einem der 14 Nothelfer. Finnische Form: **Aimo**.

Achill, Achilles: edler klassischer Name aus der griechischen Mythologie. Nach der »Ilias« fällt Achill, nachdem Paris ihn mit einem Pfeil an der Ferse verwundet hat. Daher stammt der Begriff »Achillesferse«. Französische und italienische Form: **Achille**. Abkürzung: **Ilia** oder **Ilja**.

Achim: zeitlos und unkompliziert. Kurzform von ▶ Joachim. Seit dem 16. Jahrhundert gebräuchlich. Passt zu nahezu allen Familiennamen. Nordische Form: **Akim**.

Achmed: beliebter arabischer Name. Bedeutung: lobenswert.

Adalbert, Adelbert: alter deutscher Name, inzwischen etwas aus der Mode gekommen. Bedeutung: von glänzender Abstammung. Nebenformen: ▶ Albert, **Albrecht**. Namenstag: 23. April und 20. Juni. Italienische Form: **Adalberto**. Französische Form: **Aubert**. Ungarische Form: **Béla**. Abkürzung: **Bert**.

Adam: beliebter biblischer Name. Nach der Heiligen Schrift war Adam der erste von Gott geschaffene Mensch. Bedeutung: Mensch, die Menschheit. Italienische Form: **Adamo**. Spanische Form: **Adan**. Portugiesische Form: **Adao**.

Adelar: aus dem Althochdeutschen. Auch: Adalar. Bedeutung: Adler. Nebenformen: **Adolar, Udelar**.

Adnan: vermutlich aus dem Arabischen. Bedeutung: Ruf zum Gebet.

Ado: kurzer friesischer Name. Schön zu einem längeren Familiennamen.

Adonis: aus der griechischen Mythologie. Bedeutung: Herr. Nach der Sage war Adonis der Geliebte der Göttin Aphrodite. Er soll von außergewöhnlich schöner Gestalt gewesen sein – deshalb ein Name, der für seinen Täger problematisch werden könnte, wenn er dem Bild nicht entspricht. Erfordert außerdem einen ausgefallenen Familiennamen.

Adrian: weit verbreitet, aber trotzdem kein Allerweltsname. Aus dem Lateinischen. Bedeutung: aus der Stadt Adria. In den 1980er Jahren gehörte Adrian zu den gefragtesten männlichen Vornamen. Italienische Form: **Adriano**. Französische Form: **Adrien**.

Adriel: sehr melodisch und sinnlich. Aus dem Hebräischen. Bedeutung: Gottes Erhabenheit.

Ägid, Ägidius: sehr seltener Name aus dem Griechischen. Bedeutung: Schild des Zeus. Auch: **Egid, Egidius**. Französische Form: **Gilles**. Namenstag: 1. September, nach dem heiligen Ägidius. Passt am ehesten zu einem neutralen Familiennamen.

Agilolf: traditioneller Name aus dem Althochdeutschen. Heute fast vergessen. Bedeutung: Wolf. In Bayern bekannt durch die Agilolfinger, ein altes Herzogsgeschlecht. Kurzform: **Agilo**.

Agilus: ungewöhnlich, aber nicht geschraubt. Name eines lothringischen Heiligen.

Agnolo: mediterran und wenig bekannt. Italienische Nebenform zu ▶ Angelo.

Agu: ungewöhnlicher Name. Aus dem Afrikanischen. Bedeutung: Leopard. Schön zu einem ebenso unkonventionellen, mehrsilbigen Familiennamen.

Aiko: selten, aber nicht abgehoben. Weiterentwicklung von ▶ Eike oder ▶ Heiko.

Aimo: ungewöhnlicher friesischer Name. Auch: **Aino**.

Akash [A'kasch]: besonderer indischer Name, der im Sanskrit »Himmel« bedeutet.

Ake: in Schweden verbreitete Kurzform von Namen, die mit Agi- beginnen, z. B. **Agilolf**.

Aladar: in Ungarn gebräuchlicher Name slawischen Ursprungs. Bedeutung: Herrscher.

Aladin: märchenhafter, ungewöhnlicher Name arabischen Ursprungs. Bedeutung: Erhabenheit des Glaubens. Bekannt durch das Märchen »Aladin und die Wunderlampe«. Erfordert einen besonderen Familiennamen.

Alain [A'lä]: elegant und im Deutschen nicht zu häufig. Aus dem Französischen mit keltischen Wurzeln. Bedeutung: Fels. Englische Formen: **Alan**, **Allan** oder **Allen**.

Alban: ausgefallener, traditioneller Name aus dem Lateinischen. Bedeutung: der aus der Stadt Alba Stammende. Namenstag: 21. Juni. Bekannter Namensträger: der österreichische Komponist Alban Berg. Italienische Form: **Albano**.

Albert: früher weit verbreitete Kurzform von ▶ Adalbert, heute etwas unmodern. Kurzform: **Bert**.

Albin: nicht zu exotisch. Aus dem Lateinischen. Bedeutung: der Weiße. Französische Form: **Aubin**. Namenstag: 1. März.

Alcot, Alcott: aus dem Altenglischen. Bedeutung: alte Hütte.

Aldo: eigenwilliger, im Deutschen seltener Name. In Italien bekannt. Kurzform von **Rinaldo** oder **Aldobrando**. Schön zu einem längeren Familiennamen.

Aldous ['Aldes]: im Deutschen eher seltener, traditioneller englischer Vorname. International bekannt durch den englischen Schriftsteller Aldous Huxley (»Brave new world – schöne neue Welt«).

Alec: kurz und international. Englische Kurzform von ▶ Alexander. Bekannter Namensträger: der britische Schauspieler Sir Alec Guinness.

Alejo: schwungvoller spanischer Name, entspricht ▶ Alexander.

Alexander: seit dem Mittelalter bekannt und nach wie vor beliebt. Aus dem Griechischen. Bedeutung: der Männer Abwehrende. Auch in vielen anderen Sprachen gebräuchlich, z. B. **Alexis, Alexej, Alessio, Aleko**. Kurzform: **Alex** oder **Xander**.

Hätten Sie das gewusst?

Alexander ist der absolute Spitzenreiter unter den männlichen Vornamen – und das schon seit der Antike. Dieser Trend reicht von Skandinavien bis nach Südeuropa.

Alfons: alter Name mit westgotischen Wurzeln, spielt heute keine wichtige Rolle mehr. Bedeutung: bereit zum Kampf. Im mittelalterlichen Spanien war der Name vor allem in den Königshäusern verbreitet: **Alfonso**. Französische Form: **Alphonse**. Namenstag: 1. August. Kurzformen: **Fons, Alf.**

Alfred: aus dem Englischen übernommener Name. Bedeutung: Elf, Naturgeist. Namenstag: 28. Oktober. In Skandinavien nach wie vor beliebt.

Alister: seriöser schottischer Name. Eine Variation von ▶ Alexander.

Alja: russische Kurzform von ▶ Alexander.

Aljoscha: freundlicher, seltener Name aus dem Russischen. Koseform von **Alexej**. Passt sowohl zu schlichten als auch ausgefallenen Familiennamen.

Almar: nordischer Name. Auch: **Almer**. Bedeutung: edel, berühmt.

Alois: vor allem in Süddeutschland bekannt, aber in den letzten Jahrzehnten nicht mehr aktuell. Auch: **Aloisius, Aloys, Aloysius**. Passt am ehesten zu einem süddeutschen Familiennamen.

Alpaslan: aus dem Türkischen. Bedeutung: mutiger Löwe.

Alram: nicht häufig. Kurzform von **Adelram**.

Alrik: nicht zu ausgefallen. Niederdeutsch. Bedeutung: vornehm.

Alto: kurz und unprätentiös. Kurzform von **Altmann**. Nach dem heiligen Alto, Stifter und Abt des Benediktinerklosters Altomünster.

Alvar: schwedischer und finnischer Name, bekannt durch den finnischen Architekten Alvar Aalto.

Alvaro: temperamentvoll und südländisch. Aus dem Spanischen. Bedeutung: Hüter.

Alvin: nicht sehr verbreiteter Name aus dem englischen Sprachraum. Bedeutung: Freund der Naturgeister. Auch: **Alwin**. Passt zu vielen Familiennamen, nicht an einen bestimmten Typ gebunden.

Amadeus: traditioneller Name aus lateinischen Bestandteilen. Bedeutung: Liebe Gott! Bekannter Namensträger: Wolfgang Amadeus Mozart. Spanische und italienische Form: **Amadeo**. Französische Form: **Amédé**. Passt nicht zu jedem Typ.

Amalius: ungewöhnliche männliche Form von **Amalia**.

Amalrik: eigenwillig und kein Allerweltsname. Russische Form von **Amalrich**. Bedeutung: mächtig, reich.

Amandus, Amand: ausgefallener lateinischer Name aus dem 8. Jahrhundert. Bedeutung: liebenswürdig, lieblich. Namenstag: 6. Februar. Italienische und spanische Form: **Amando**.

Amatus: aus dem Lateinischen. Bedeutung: der Geliebte. Französische Form: **Aimé**.

Ambros: stattlicher Name. Passt weniger zu einem sehr zierlichen Jungen. Aus dem Griechischen. Bedeutung: göttlich. Auch: **Ambrosius**. Italienische Form: **Ambrogio** oder **Ambrosio**.

Amir: arabischer Name. Bedeutung: Prinz, Befehlshaber. Passt nicht zu jedem Familiennamen. Schön zu einem dunklen Typ.

Amos: schlichter, biblischer Name aus dem Hebräischen. Bedeutung: der Lastträger.

Anastas: ausgefallen und elegant. Aus dem Griechischen. Bedeutung: der Auferstandene.

Anatol: kaum bekannt und selten vergeben. Geht zurück auf den spätantiken Namen Anatolius. Bedeutung: Sonnenaufgang. Namenstag: 3. Juli.

Anders: Variante von ▸ Andreas. Im skandinavischen Raum verbreitet.

André: französische Form von ▸ Andreas. Passt auch zu einem deutschen Familiennamen.

Andreas: beliebter Name in den 1960er Jahren. Ursprünglich aus dem Griechischen. Bedeutung: Mann. Seit dem Mittelalter gebräuchlich. Namenstag: 30. November – nach dem Apostel gleichen Namens. Auch in anderen Sprachen bekannt: Italienische Form: **Andrea**. Englische Form: **Andrew**. Russische Formen: **Andrik, Andrei**. Kurzform: **Andi** oder **Andy**.

Angelo ['Anschelo]: beliebter italienischer Vorname, im Deutschen selten. Stammt von dem lateinischen Namen Angelus. Bedeutung: Bote Gottes, Engel.

Angus ['Enges]: ausgefallener Name aus dem englischsprachigen Raum, vor allem in Schottland verbreitet. Abgeleitet von dem gälischen Namen Aonghus. Bedeutung: einzige Wahl. Edel und elegant in der englischen Aussprache.

Anian: harmonischer, feinsinniger Name. Vermutlich aus Irland, nach dem heiligen Anianus. Namenstag: 15. November. Passt am besten zu einem zarten, hellhäutigen Typen.

Anil: feinsinnig und besonders. Indischer Name, der im Sanskrit »Wind« bedeutet. Der Name bezieht sich auf den hinduistischen Windgott.

Aniweta: sehr extravagant und fremd. Nigerianischer Name. Bedeutung: der von Ani (Geist der Ibo-Kultur) Gebrachte. Auch als weiblicher Name gebräuchlich. Lässt sich nicht eindeutig als männlicher Vorname erkennen.

Anselm: Aus dem Althochdeutschen. Bedeutung: Gottheit und Helm. Italienische Form: **Anselmo**. Namenstag: 21. April. Passt zu fast allen Familiennamen.

Ansgar: alter deutscher Vorname: zeitlos schön. Bedeutung: Gottheit und Speer. Namenstag: 3. Februar. Passt zu den meisten Familiennamen.

Ansis: ungewöhnliche lettische Form von **Johannes**. Litauische Form: **Anskis**.

Anton: wieder sehr beliebter Name lateinischen Ursprungs, abgeleitet von Antonius. Namenstag: 17. Januar und 13. Juni. Bekannt durch Erich Kästners Buch »Pünktchen und Anton«. Abkürzungen: **Toni, Tony**. Tschechische Form: **Antonin**. Englische Form: **Anthony**.

Anup: sehr ausgefallen. Indischer Name aus dem Sanskrit. Bedeutung: unvergleichlich. Englische Form: **Anoop**.

Archibald: aus dem Englischen. Koseform: **Archi**.

Aribert: seltene französische Form von ▶ Herbert. Passt zu den meisten Familiennamen.

Ariel: ausgefallener hebräischer Name mit der Bedeutung: Löwe Gottes. Bekannt durch die Gestalt des Luftgeistes in William Shakespeares »Der Sturm«.

Arik: Kurzform von einigen russischen Vornamen. Bekannt durch den österreichischen Liedermacher Arik Brauer.

Aristid, Aristide: elegant und individuell. Französischer Name mit griechischen Wurzeln. Bedeutung: der Beste. Kurzform: **Arist**. Erfordert einen besonderen Familiennamen.

Arjun, Arjuna: indischer Name aus dem Sanskrit. Bedeutung: weiß, hell.

Arlo: kurz und unprätentiös. Aus dem angloamerikanischen Sprachgebrauch, nach dem altenglischen Wort: »befestigter Hügel«.

Armando: edel und südländisch. Italienische Form von ▶ Hermann. Französische Form: **Armand**.

Armas: heiter und nicht kompliziert. Finnischer Name mit der Bedeutung: anmutig, lieblich.

Armin: zeitloser Name, Kurzform von **Arminius**. Nach dem Cheruskerfürsten gleichen Namens, der die Römer besiegte. Auch: **Arnim**. Passt zu vielen Familiennamen. Bekannt durch die deutschen Schauspieler Armin Rohde und Armin Mueller-Stahl.

Arne: beliebter Name aus dem norddeutschen Raum. Bedeutung: der Adler. Kurzform: **Arn**. Passt am ehesten zu einem norddeutschen Familiennamen.

Arno: schlicht und doch kein Allerweltsname. Kurzform von Namen, die mit Arn- gebildet werden, z. B. ▶ Arnold. Nebenform: **Erno**. Lässt sich gut mit einem längeren Familiennamen kombinieren.

Arnold: alter deutscher Name. Bedeutung: der Adler, walten, herrschen. Französische Form: **Arnaud**. Italienische Form: **Arnoldo**. Ungarische Kurzform: **Arniko**.

Arnulf: aus dem Althochdeutschen. Bedeutung: Adler und Wolf. Französische Form: **Arnoul**.

Arslan: türkischer Name. Bedeutung: der Löwe. Schön für dunkle Typen.

Arthur, Artur: etwas aus der Mode gekommener keltischer Name. Bedeutung: der Bär. Bekannt durch den keltischen König Artus. Kurzform: **Atze**. Italienische Form: **Arturo**.

Arun: im deutschen Sprachraum sehr ausgefallen und kaum bekannt. Indischer Vorname. Bedeutung: rotbraun, wie die Morgendämmerung, von Gold und Rubin. In alten indischen Texten verkörpert Arun die Morgendämmerung, auch den Lenker des Sonnenwagens.

Arvid: eigenwilliger nordischer Name. Bedeutung: der Krieger. Auch: **Arved, Arwed** oder **Arwid**. Passt am besten zu einem schlichten Familiennamen.

Asgar: kämpferischer nordischer Name mit der Bedeutung: Speer. Auch: **Asger, Asker, Askil, Askild**. Abkürzung: **Asso**.

Ashley ['Äschli]: internationaler Name aus dem Altenglischen. Bedeutung: Bewohner der Eschenweide. Auch als weiblicher Vorname gebräuchlich. Lässt sich nicht eindeutig als männlicher Vorname erkennen, muss eventuell mit einem zweiten kombiniert werden. Abkürzung: **Ash**.

Asthor: eigenwillig und ausdrucksstark. Im Norden verbreitet. Bedeutung: Gott. Passt am besten zu einem schlichten Familiennamen.

Athanasius: sehr ungewöhnlich. Aus dem Griechischen. Bedeutung: der Unsterbliche. Kurzformen: **Azo, Azzo**.

Attila: würdig und mit Tradition. Geht zurück auf den Hunnenkönig Attila. Bedeutung: Väterchen. Passt nicht zu jedem Familiennamen. Vielleicht problematisch, wenn das Kind eher klein und zierlich ist. Abkürzungen: **Till, Tillo, Tilo**.

August, Augustin: früher weit verbreitet, mittlerweile kaum noch gebräuchlich. Aus dem Lateinischen. Bedeutung: heilig, ehrwürdig, erhaben. Viele Herrscher trugen diesen Namen.

Aurel: wohlklingend und individuell. Auch: **Aurelius**. Aus dem Lateinischen. Nach einem altrömischen Geschlechternamen. Bei uns seit dem 16. Jahrhundert verbreitet, italienische und spanische Form: **Aurelio**. Englische Form: **Austin**. Bekannter Namensträger: der römische Kaiser Marcus Aurelius. Schweizerische Form: **Orell**.

Austen: charaktervoller niederdeutscher Name. Nebenform zu ▶ August.

Avery ['Eiveri]: international und doch kein Allerweltsname. Aus dem Altenglischen. Bedeutung: Elfenführer. Auch als weiblicher Name gebräuchlich. Lässt sich nicht eindeutig als männlicher Vorname erkennen, muss eventuell mit einem zweiten kombiniert werden.

Axel: kurz und bündig. Aus dem Schwedischen. Kurzform von **Absalom**. Passt zu fast allen Familiennamen. Schwedische Form: **Acke**. Dänische Form: **Aksel**. Namenstag: 21. März.

Hätten Sie das gewusst?

Nach einer Studie der US-Forscherin Amy Perfors haben Jungen die besten Chancen beim weiblichen Geschlecht, deren Vorname einen Selbstlaut enthält, welcher mit der Mundspitze geformt wird wie »e« oder »i«. Ben oder Tim wirken demnach attraktiver als Paul. Bei den Damen ist es genau umgekehrt: Hier haben Mädchen oder Frauen einen Sympathiebonus, deren Vorname eher rund klingt wie Laura oder Lea.

B

Bailey ['Beili]: aus dem Mittelenglischen, nach der Außenmauer einer Burg: »baile«.
Bala: in Indien gebräuchlicher Name. Bedeutung im Sanskrit: kleines Kind.
Baldo: friesische Kurzform von Namen, die mit Bald- beginnen. Im süddeutschen Raum eher unbekannt.
Baldram: aus dem Althochdeutschen. Bedeutung: Rabe.
Balduin: Nebenform zu **Baldwin**. Bedeutung: kühn, Freund. Im Mittelalter ein häufiger Name. Passt zu vielen Familiennamen.
Baldur: männlicher Name aus der nordischen Mythologie. Bedeutung: Kraft, mutig, wehrhaft. Auch: **Balder**. In der nordischen Sage ist Baldur der Sohn von Odin und Frigga: der Gott des Lichts und des Frühlings.
Balthasar: klassischer, zeitloser Name. Seit dem Mittelalter bekannt als Name eines der Heiligen Drei Könige. Aus dem Hebräischen. Bedeutung: Gott (Baal) erhalte den König. Niederländische Form: **Balte**. Schön zu einem kürzeren Familiennamen. Koseformen: **Balz, Balzer**.
Bao: aus dem Chinesischen. Bedeutung: Schatz. Auch als weiblicher Vorname möglich.
Baptist: anspruchsvoller, recht seltener Name griechischen Ursprungs. Bedeutung: Tauche ein, taufe, der Täufer. Erfordert einen besonderen Familiennamen.

Barnabas: alter, ausgefallener Name. Ursprünglich aramäisch. Bedeutung vermutlich: Sohn des Zuspruchs. Namenstag: 11. Juni. Kurzformen: **Barnes, Bas.** Koseform: **Barney.**

Barnd: eigenwillige und nicht so verbreitete niederdeutsche Variante vom geläufigeren ▶ Bernd.

Barnet: origineller englischer Name. Verwandt mit ▶ Bernhard. Kurzform: **Barnt.**

Barry ['Beri]: nach dem irischen Namen **Bearrach.** Bedeutung: Speer.

Bartholomäus: Name aramäischen Ursprungs. Bedeutung: Sohn des Tolmai. Nach der Bibel war Bartholomäus einer der Jünger Jesu. Namenstag: 24. August. Passt gut zu einem kurzen Familiennamen. Kurzformen: **Bart, Bartel, Barto, Bartolo, Mawe, Mewes, Mies.**

Baruch: selten. Nach dem niederländischen Philosophen Baruch de Spinoza (1632 – 1677). Aus dem Hebräischen. Bedeutung: der Gesegnete.

Basilius: recht extravagant. In Deutschland seit dem 12. Jahrhundert bekannt. Aus dem Griechischen. Bedeutung: königlich. Namenstag: 2. Januar. Englische Form: **Basil,** russisch: ▶ Wassili.

Bastian: Kurzform von ▶ Sebastian. Französische Form: **Bastien.**

Battista: italienische Form von ▶ Baptist.

Baxter ['Bekster]: gediegener englischer Name. Aus dem Altenglischen. Bedeutung: Brotbäcker.

Beatus: recht ausgefallen. Aus dem Lateinischen. Bedeutung: der Glückliche. Männliche Entsprechung zu Beate. Kurzform: **Beat.**

Belá: typisch ungarischer Name. Bekannter Namensträger: der ungarische Komponist Belá Bartók.

Ben: kurz und unkompliziert. Englische Kurzform von ▶ Benjamin. Schön zu einem längeren Familiennamen. Bekannt durch den deutschen Schauspieler Ben Becker.

Benedikt: traditioneller, zeitloser Name. In Deutschland seit dem 8. Jahrhundert bekannt. Aus dem Lateinischen. Bedeutung: gepriesen, gesegnet. Namenstag: 11. Juli, nach dem heiligen Benediktus von Nursia. Dänische Form: **Bent**. Schwedische Form: **Bengt**. Spanische und italienische Form: **Benito**. Englische Form: **Bennet**. Friesische Kurzform: **Bendix**.

Beneke: im Deutschen eher unbekannt, aber nicht abgehoben. Aus dem Niederdeutschen. Abkürzungen: **Bene, Benno, Niko**.

Benjamin: gehörte in den 1980er Jahren zu den beliebtesten männlichen Vornamen. Aus dem Hebräischen. Bedeutung: Sohn des Südens, Sohn des Glücks. Abkürzung: **Ben** oder **Benny**.

Benno: schlicht und unprätentiös. Alter deutscher Name. Bedeutung: der Bär. Passt zu den meisten Familiennamen.

Beppo: italienische Koseform von **Giuseppe** (Joseph).

Berchtold, Berchthold: etwas aus der Mode gekommene süddeutsche Form von ▶ Berthold.

Berend: norddeutscher Name. Von ▶ Bernhard.

Berengar: seltener althochdeutscher Name. Bedeutung: Speer. Auch: **Bernger** oder **Berngar**.

Bernard, Bernhard: alter deutscher Name mit langer Tradition. Bedeutung: der Bär, hart, kräftig, stark. Namenstag: 15. Juni und 20. August. Abkürzung: **Bernd**. Koseform: **Berni**. Zu vielen Familiennamen und Typen passend.

Berthold, Bertold, Bertolt: klassischer deutscher Name. Bedeutung: glänzend, walten, herrschen. Abkürzung: **Bert**. Vor allem in Süddeutschland anzutreffen. Bekannter Namensträger: der Schriftsteller Bertolt Brecht.

Bertil: schnörkelloser Name aus dem Schwedischen. Bedeutung: glänzend. Passt zu vielen Familiennamen.

Bertram: alter deutscher Name, heute kaum mehr gebräuchlich. Bedeutung: glänzender Rabe. Namenstag: 10. Mai. Abkürzung: **Bert**.

Beverley, Beverly ['Beverli]: hübscher englischer Name. Bedeutung; Biberwiese. Auch als weiblicher Name gebräuchlich. Kurzform: **Bev**.

Bill: international und unkompliziert. Englische Kurzform von ▸ William (Wilhelm). Koseform: **Billy**. Bekannter Namensträger: der ehemalige amerikanische Präsident Bill Clinton.

Birger: nordischer Name schwedischer Herkunft. Bedeutung: helfen, hilfreich, Helfer. Passt am ehesten zu einem norddeutschen oder zu einem schlichten Familiennamen.

Birk: alemannische Kurzform von ▸ Burkhard. Bekannt durch den Protagonisten in Astrid Lindgrens Kinderbuch »Ronja Räubertochter«. Auch: **Birko**. Schön zu einem längeren Familiennamen.

Björn: vor allem im norddeutschen Raum verbreitet. Dänische Form: **Bjarne**.

Blasius: früher im süddeutschen Raum verbreitet, heute kaum noch vergeben. Nach dem heiligen Blasius, Märtyrer in Armenien, einer der 14 Nothelfer. Französische Form: **Blaise**. Namenstag: 3. Februar.

Bo: kurz und unprätentiös. In Dänemark und Schweden

bekannt, im deutschsprachigen Raum eher selten. Bedeutung: der Sesshafte. Niederdeutsche Form: **Bosse**.

Bob: unkomplizierter Name. Englische Koseform von ▶ Robert. Koseform: **Bobby**. Passt zu allen Familiennamen, vor allem aber zu längeren.

Bodo: alter deutscher Name mit einem Hauch von Ritterromantik. Passt zu vielen Familiennamen.

Bogdan: ungewöhnlich und etwas antiquierter slawischer Name. Bedeutung: Gottesgeschenk.

Bogomir: eigenwilliger slawischer Name. Bedeutung: Gott und Friede. Passt nicht zu allen Familiennamen.

Bogumil: slawischer Name. Im Deutschen ungewöhnlich. Entspricht dem deutschen Gottlieb. Kurzform: **Milo**.

Bojan: einfach und ansprechend. Slawischer Name mit der Bedeutung: Barde. Abkürzungen: **Bo, Jan**.

Bonifatius: nach dem heiligen Bonifatius, einem Apostel. Namenstag: 5. Juni. Auch: **Bonifaz**. Kurzform: **Facius**.

Borchert, Borchard: traditioneller norddeutscher Name. Variante von ▶ Burkard.

Boris: russischer und bulgarischer Name. Bekannter Namensträger: der Tennisspieler Boris Becker.

Botho: lautliche Variante zu ▶ Bodo. Bekannt durch den deutschen Schriftsteller Botho Strauß.

Branko: serbokroatische Kurzform von **Branislaw**.

Brendan ['Brenden]: modern und international. Aus dem englischsprachigen Raum. Abkürzung: **Brett**.

Brian, Bryan ['Braien]: aus dem Englischen übernommener Name irischen oder bretonischen Ursprungs. Bedeutung: hoch, erhaben, edel.

Broder: friesischer und nordischer Name mit der Bedeutung: der Bruder. Abkürzung: **Bror**. Passt am ehesten zu einem schlichten oder norddeutschen Nachnamen.

Bruce [Brus]: bekannter englischer Name, der auf ein schottisches Adelsgeschlecht normannischer Abstammung zurückgeht. Passt nicht zu allen Familiennamen.

Bruno: latinisierte Form von **Brun**. Beliebter Bärenname. Italienische Form: **Brunello**. Namenstag: 6. Oktober und 11. Oktober. Passt zu vielen Familiennamen.

Burkhard, Burghard, Burghardt, Burkart: alter, deutscher Name. Bedeutung: Burg, Zufluchtsstätte, Schutz, hart, kräftig, stark. Namenstag: 14. Oktober. Niederdeutsche Koseform: **Busso**.

Heiligennamen waren Vorbild

Im Zuge der Volksfrömmigkeit und des zunehmenden Heiligen- und Reliquienkultes spielten Heiligennamen im Mittelalter eine wichtige Rolle bei der Namensfindung. Das führte zugleich zu einer Verarmung des umfangreichen altdeutschen Rufnamenschatzes.

C

Cäcilius: anspruchsvoller Name aus dem Lateinischen. Kurzformen: **Cecco,** ▶ Cecil.

Caesar, Cäsar: kaiserlicher Name aus dem Lateinischen. Bedeutung: bezieht sich auf das Geschlecht der Julier. Bekannt durch den römischen Staatsmann und Feldherrn Gaius Julius Caesar. Französische und spanische Form: **César**. Italienische Form: **Cesare**. Passt nicht zu allen Familiennamen.

Cahil, Kahil: aus dem Türkischen. Bedeutung: jung, unerfahren. Schön zu einem ebenso ausgefallenen Familiennamen.

Cai: siehe ▶ Kai.

Cajetan: siehe ▶ Kajetan.

Caleb: alter, heute wieder moderner Name aus dem Hebräischen. Bedeutung: mutig. Im Alten Testament war Kaleb einer der Kundschafter und später Führer der Israeliten. Heute vor allem in den USA gebräuchlich. Auch: **Kaleb**.

Calogero ['Calotschero]: temperamentvoller, italienischer Vorname zu dem griechischen Wort kalos = schön. Nach dem heiligen Calogero, einem Asketen aus dem 5. Jahrhundert.

Calvin ['Kelwin]: trendiger englischer Name, vor allem in den USA verbreitet. Nach dem Genfer Reformator Johannes Calvin.

Cameron: wenig bekannt, aber interessant. Aus dem Schottisch-Gälischen. Bedeutung: schiefe Nase.

Camillo: extravagant und selten. Aus dem Italienischen. Bekannt durch das Film-Duo »Don Camillo und Peppone«. Lateinische Form: **Camillus**. Bedeutung: ehrbarer Knabe. Kurzform: **Camill**.

Candid: außergewöhnlich und doch schlicht. Aus dem Lateinischen. Bedeutung: der Reine. In Frankreich: **Candide**.

Carl: englische Form von ▶ Karl.

Carlo: italienische Form von ▶ Karl. Spanische Form: **Carlos**. Koseform: **Carlotto**. Passt zu vielen Familiennamen.

Carol: rumänische Form von ▶ Karl.

Carsten: ausgefallenere Schreibvariante von ▶ Karsten.

Casimir: Schreibvariante von ▶ Kasimir.

Caspar: Schreibvariante von ▶ Kaspar.

Cassian: geschmackvoll und weich klingend. Aus dem Lateinischen. Schön zu einem schlichten Familiennamen.

Cassius: sehr extravagant. Nach einem römischen Geschlechternamen: **Cassus** bedeutet leer, nichtig.

Castor: Variante und französische Form von ▶ Kastor.

Cecil ['Sesl]: internationaler Name. Aus dem englischsprachigen Raum. Schön zu einem eleganten oder schlichten Familiennamen.

Cedric ['Sedrik]: seltener englischer Name. Bekannt durch eine Romanfigur aus Sir Walter Scotts »Ivanhoe«. Braucht einen besonderen Familiennamen.

Célestin [Se'lestin]: sinnlich und fein. Französische Form von ▶ Cölestin.

Cemal [Dsche'mal]: türkischer Name aus dem Arabischen. Bedeutung: Glanz, Schönheit.

Chad ['Dsched]: international und modern. Vor allem in den USA beliebt.

Chaim: alter hebräischer Name mit der Bedeutung: Leben.

Chandan ['Tsandan]: indischer Name aus dem Sanskrit, Bedeutung: Sandelholz.

Chander ['Tsander]: ebenfalls aus Indien. Bedeutung: Mond.

Charles [Tscharls]: im Deutschen weniger gebräuchlich. Englische und französische Form von ▶ Karl. Koseform: **Charly** oder **Charlie**. Bekannt durch Charles (Charlie) Chaplin.

Chester ['Tschester]: seriös und zeitlos. Aus dem Altenglischen. Bedeutung: von der Festung.

Chip ['Tschip]: ausgefallener indianischer Name aus dem Stamm der Chippewa. Auch Kurzform von ▶ Christopher.

Christian: bis vor 30 Jahren sehr beliebt, mittlerweile etwas seltener. Aus dem Lateinischen. Bedeutung: Anhänger von Christus. Abkürzung: **Chris**. Dänische Form: **Christen**. Schwedische Form: **Christer**. Niederländische Form: **Christiaan**. Bulgarische Form: **Christo**. Passt zu allen Familiennnamen.

Christoph: zeitloser Name. Aus dem Griechischen. Bedeutung: der Christusträger. Schreibvarianten: **Christof, Christoff, Christoffer, Christopher**. Spanische Form: ▶ Cristóbal. Französische Form: **Christophe**. Italienische Form: **Christoforo**. Bulgarische Form: **Christo**. Polnische Form: **Krysztof**. Nicht an einen bestimmten Jungentyp gebunden. Kurzformen: **Chris, Kris, Stoffel, Stoffer, Toff**. Passt zu den meisten Familiennamen. Namenstag: 24. Juli.

Claas: Schreibvariante von ▶ Klaas. Auch: **Claes.**

Clarence ['Klerenz]: aus dem englischen Sprachraum, nach der Stadt Clare.

Clark: englischer Name nach dem lateinischen Wort »clericus« (der Geistliche). Bekannter Namensträger: der amerikanische Filmschauspieler Clark Gable. Auch: **Clerk, Clerke.**

Claudius: aparter Name nach einem römischen Geschlecht. Bedeutung: lahm. Französische Form: **Claude**. Italienische Form: **Claudio**. Auch ▶ Klaudius.

Claus: Schreibvariante zu ▶ Klaus.

Clayton ['Kleitn]: aus dem Altenglischen. Bedeutung: Tondorf, also eine Siedlung, die auf Ton erbaut wurde.

Clemens: niederländische Form von ▶ Klemens.

Clifford: modern und unkompliziert. Aus dem Englischen. Abkürzungen: **Cliff, Ford.**

Clint: Kurzform von **Clinton**. Bekannter Namensträger: der amerikanische Filmschauspieler Clint Eastwood.

Cölestin: nach dem lateinischen Wort »caelestinus« (himmlisch).

Colin: beliebte englische und französische Kurzform von ▶ Nicolas oder ▶ Nikolaus.

Conan: keltischer Name. Bedeutung: Intelligenz, Weisheit. Bekannter Namensträger: der Schriftsteller Sir Arthur Conan Doyle.

Conor, Connor ['Konna]: eigenwilliger irischer Name. Irische Sagengestalt. Passt am ehesten zu einem norddeutschen oder zu einem sehr schlichten Familiennamen.

Corentin: sehr ausgefallen. Aus dem Keltischen. Bedeutung: Freund. Namenstag: 12. Dezember.

Corin: französische Form des deutschen ▶ Quirin.

Cornelius: traditioneller Name lateinischen Ursprungs, der auf den Namen eines altrömischen Geschlechts zurückgeht. Auch: **Kornelius**. In Deutschland seit dem 12. Jahrhundert gebräuchlich. Namenstag: 16. September. Kurzform: **Niels**. Niederländische Form: **Corneel**. Italienische Form: **Cornelio**.

Corrado: interessante italienische Form von ▶ Konrad.

Cosimo: unbekannte, italienische Nebenform zu ▶ Cosmas. Auch: **Kosimo**.

Cosmas: ausgefallener Name aus dem Griechischen. Bedeutung: Ordnung. Auch: **Kosmas**.

Crispin: pfiffig und eigenwillig. Abgeleitet vom lateinischen Crispinus. Bedeutung: kraushaarig. Auch: **Krispin** oder Krispinus. Schön zu einem schlichten Familiennamen.

Cristóbal: spanische Form von ▶ Christoph.

Curadin: angenehm im Klang und wenig bekannt. Spätromanische Form von ▶ Konradin. Auch: **Curdin**.

Curd, Curt: Schreibvariante von ▶ Kurt.

Curtis ['Körtis]: elegant und seriös. Aus dem Englischen. Bedeutung: höflich.

Cyprian: Nach der Insel Zypern. Bedeutung: der Junge aus Zypern. Französische Form: **Zyprien**.

Cyril ['Siril]: wohlklingender und feinsinniger Jungenname, stark im Kommen. Englische Form von **Cyrillus**. Ursprünglich griechisch. Bedeutung: Herr (Gott). Namenstag: 14. Februar, 18. März und 27. Juni. Auch: **Kyrill**.

Cyrus ['Saieres]: anspruchsvoller Name aus dem Griechischen. Bezeichnung für die Sonne. Spanische Form: **Ciro**.

D

Dacey ['Deisi]: im deutschen Sprachraum weitgehend unbekannt. Irischer Name zu gälisch »Südlander«. Bei diesem Namen fällt die Geschlechtszuordnung schwer.

Dag: kurz und schnörkellos. Nordische Kurzform von Namen, die mit dem althochdeutschen »dag« für Tag beginnen.

Dagfin, Dagfinn: typisch nordischer Name. Im Süden weniger bekannt. Bedeutung: der Tag. Koseform: **Dagino**. Abkürzungen: **Dag, Dagh, Dan, Fin, Finn**.

Dagobert: aus dem Althochdeutschen. Bedeutung: glänzend. Erinnert unweigerlich an den Dukaten liebenden geizigen Onkel der Entenfamilie Duck. Abkürzung: **Dago**.

Damian: klangvoller, sinnlicher Name. Vermutlich aus dem Griechischen. Bedeutung: das Volk, bezwingen. Namenstag: 26. September. Italienische Form: **Damiano**. Französische Form: **Damien**.

Damon: aus dem Griechischen. Bedeutung vermutlich: göttliches Wesen.

Dan: Englische Kurzform von ▸ Daniel. Gleichzeitig ein biblischer Name hebräischer Herkunft. Bedeutung: Gott. Nach dem Alten Testament ist Dan ein Sohn Jakobs. Schön zu einem längeren Familiennamen.

Daniel: melodisch und zeitlos. Nicht abgehoben und doch

kein Allerweltsname. Biblischer Name hebräischen Ursprungs. Bedeutung: »Gott richtet« oder »Gott ist mächtig«. Namenstag: 21. Juli. Osteuropäische Form: **Danilo**. Italienische Form: **Daniele**.

Dankward: alter deutscher Name. Bedeutung: Denken, Gedanke, Erinnerung, Hüter, Schützer. Bekannt aus dem Nibelungenlied.

Danny: trendige englische Koseform von ▶ Daniel. Auch in Frankreich üblich, bei uns selten. Auch als weiblicher Name gebräuchlich. Auch: **Dany**. Passt eher zu einem Kind als zu einem erwachsenen Mann.

Dario: italienische Form von ▶ Darius. Schön zu einem mediterranen Familiennamen.

Darius: ausgefallener, wohlklingender Name persischen Ursprungs, der auf den Thronnamen dreier Perserkönige zurückgeht. Bedeutung: das Gute festhaltend, Inhaber des Guten. Auch: **Darko**.

David: beliebter biblischer Name hebräischen Ursprungs. Bedeutung wahrscheinlich: Geliebter, Liebling. Nach dem alttestamentlichen König gleichen Namens. Namenstag: 29. Dezember. Auch in anderen Sprachen bekannt, z. B. **Dave, Davide, Davis**.

Dean [Din]: unkomplizierter englischer Name. Bedeutung: Dekan, Vorstand.

Debald: in Norddeutschland verbreitet. Verwandt mit Dietbald. Auch: **Debold, Dewald**. Bedeutung: kühnes Volk.

Declan: beliebter Name in Irland. Nach einem irischen Heiligen.

Dederik: norddeutsche Variation von ▶ Dietrich.

Dedo: norddeutsche Kurzform von Namen, die mit Diet- beginnen. Bedeutung: das Volk.

Delano: eleganter Name mit gälischen Wurzeln. Bedeutung: dunkler Mann. Passt also nicht wirklich zu einem blonden Jungen.

Delmar: wenig bekannt, aber nicht abgehoben. Aus dem Englischen. Bedeutung: vom Meer kommend.

Demian: russische und ukrainische Form von ▶ Damian. In Deutschland seit den 1980er Jahren etwas bekannter.

Denis, Dennis: modische französische Form von ▶ Dionysius. Auch in England verbreitet. Koseform: **Denny**.

Deniz: türkischer Name arabischer Herkunft mit der Bedeutung: zum Meer gehörend.

Denzel: alter walisischer Name mit keltischen Wurzeln. Bedeutung: befestigter Platz.

Derek, Derik, Derrick: Kurzform von **Diederick**.

Detlef, Detlev: selten gewordener niederdeutscher Name. Bedeutung: Volk und Erbe, Nachlass, Sohn, Tochter. Auch: **Detlof**. Kurzform: **Delf**.

Diego: mediterran und schwungvoll. Spanische Form von ▶ Jakob.

Dieter: alter deutscher Name. Bedeutung: Volk und Kriegsschar, Heer. Früher weit verbreitet, heute kaum mehr gebräuchlich. In Friesland: **Deter**.

Dietmar: Name mit langer Tradition. Bedeutung: Volk, bekannt, berühmt, angesehen. Nebenformen: **Detmar, Detmer, Dettmar, Dittmar**.

Dietrich: alter deutscher Name. Bedeutung: Volk und Herrschaft, Herrscher, Macht, reich, mächtig, hoch. Im Mittelalter weit verbreitet. Kurzform: **Dietz**.

Dimitri: russische Form von **Demetrius**. Aus dem Griechischen. Bedeutung: der Fruchtbarkeitsgöttin Demeter zugehörig. Namenstag: 26. Oktober, nach dem heiligen

Demetrius. In Italien: **Demetrio**, in Frankreich: **Demetre**.

Dino: unkomplizierte italienische Kurzform von Namen, die mit -ino enden.

Dionysius: sehr extravagant und selten. Aus dem Griechischen. Bedeutung: der dem Gott Dionysos Geweihte. Namenstag: 9. Oktober. Auch: **Dionys**. Kurzform: **Dion**.

Dirk: typisch norddeutscher Name. Kurzform von ▶ Dietrich. Andere Schreibvariante: **Dierk**.

Dismas: Name nach dem heiligen Dismas, dem Patron der zum Tode Verurteilten. Aufgrund seines Ursprungs ist die Wahl dieses Namens eher problematisch.

Ditmer, Detmer: friesischer Name. Passt am besten zu einem norddeutschen Familiennamen.

Djamal, Djamil [Dscha'mal, Dscha'mil]: ausgefallener Name aus dem Arabischen. Bedeutung: Schönheit. Passt am besten zu Jungen dunklen Typs. Erfordert einen besonderen Familiennamen.

Domenik, Dominik: beliebte Kurzform von **Dominikus**. Auch in anderen Sprachen üblich: Italienische Form: **Domenico**. Spanische Form: **Domingo**. Französische Form: **Dominique**. Englische Form: **Dominic**. Bedeutung: zum Herrn gehörend. Namenstag: 8. August.

Donald: aus dem Englischen übernommener Name keltischen Ursprungs. Bedeutung: Welt, mächtig. Kurzform: Don. Erinnert stark an Donald Duck – die beliebte Comic-Ente.

Donato: italienische Form von **Donatus**. Bedeutung: der von Gott Geschenkte. Auch: **Donat**.

Donavan ['Donowen]: kämpferischer irischer Name keltischen Ursprungs. Bedeutung: der finstere Krieger.

Dorian: seltener, aus dem Englischen übernommener Vorname. Ursprünglich aus dem Lateinischen. Bedeutung: der Dorer (aus dem Stamm der Dorier). Auch: **Dorien**. Kurzform: **Duri**.

Dorus: zeitlose niederländische Kurzform von ▶ Theodor.

Douglas ['Dagles]: englischer Vorname keltischer Herkunft. Ursprünglich der Name eines schottischen Adelsgeschlechts. Bedeutung: schwarz, Bach. Kurzform: **Doug**.

Dragomir: aus dem südslawischen Sprachraum. Slowenische Form: Dragan.

Duran: ausgefallener türkischer Name. Bedeutung: einer, der bleibt.

Dursun: türkischer Name. Bedeutung: Es möge aufhören. Der Name trägt dem Wunsch kinderreicher Eltern Rechnung, keine weiteren Kinder mehr zu bekommen.

Dustin ['Dastin]: pfiffiger englischer Name. Bedeutung: Hügel, Stein. Bekannter Namensträger: Schauspieler Dustin Hoffman.

Dylan ['Dilan]: englischer Name mit unklarer Herkunft. Vermutlich walisischer Held und Sohn des Meergottes.

E

Ebel, Ebeling: ungewöhnlich. Verwandt mit ▶ Abel. Aus dem Griechischen. Bedeutung: Vergänglichkeit.

Eberhard: alter deutscher Name. Früher gebräuchlich, heute selten. Bedeutung: stark wie ein Eber. Auch: **Eberhart** und **Everhard**. Kurzformen: **Eber, Ebert, Ebbo, Ebo**.

Eckehard: alter deutscher Name. Kaum mehr gebräuchlich. Bedeutung: Schwertschneide, hart, kräftig, stark. Auch: **Eckard, Eckart, Eckehart, Eckhardt, Eckhart, Eggert** und **Ekkehart**. Bekannt durch die Sagengestalt des getreuen **Eckart**.

Edgar: seltener Name aus dem Altenglischen. Bedeutung: Erbgut, Besitz, Speer. Passt zu den meisten Familiennamen. Auch: **Edger**.

Edmund: aus dem Englischen übernommener Name. Bedeutung: Erbgut, Besitz und Schutz, Schützer. Französische Form: **Edmond**.

Eduard: aus dem Französischen übernommener Name englischen Ursprungs. Bedeutung: Erbgut, Besitz, Hüter, Schützer. Namenstag: 5. Januar. Auch: **Edward** oder **Edvard**. Kurzformen: **Ede, Edi, Edu**.

Edwin, Edvin: altmodischer, ursprünglich englischer Name. Bedeutung: Erbgut, Besitz, Freund.

Edzard: friesische Form von ▶ Eckhard.

Efraim: siehe ▶ Ephraim.

Egbert: Kurzform von ▶ Agilbert.

Eggert: herber friesischer Name. Schön zu einem schlichten Familiennamen. Verwandt mit ▶ Eckhard. Bedeutung: hart, die Spitze einer Waffe.

Egil: klangvoller Name aus dem Althochdeutschen. Bedeutung: die Schwertspitze.

Egilof: traditioneller Name, heute fast in Vergessenheit geraten. Auch: **Agilof**, **Eglof**, **Egloff** und **Egolf**. Bedeutung: Speerspitze und Wolf.

Egon: seit dem Mittelalter gebräuchlich, mittlerweile fast vergessen. Kurzform von **Egino**. Passt zu den meisten Familiennamen.

Eike: friesisch-niederdeutsche Kurzform von ▶ Eckehard. Andere Formen: **Aik**, **Aike**, **Aiko**, **Eiko**, **Eyck**, **Eycke**, **Eycko**, **Eyk**. Passt am besten zu einem norddeutschen Familiennamen.

Einar: nordischer Name. Bedeutung: der, der allein kämpft. Passt am ehesten zu einem norddeutschen oder besonders schlichten Familiennamen. Auch: **Ejnar**.

Elaf, Elef: ausgefallener nordischer Name. Schön zu einem längeren Familiennamen.

Elert: angenehm im Klang und typisch norddeutsch. Aus dem Althochdeutschen. Bedeutung: Schwertspitze.

Elger, Elgar: typisch norddeutscher Name. Bedeutung: die Schwertspitze.

Elias: klangvoller biblischer Name mit hebräischen Wurzeln. Bedeutung: Mein Gott ist Jahwe. Nach der Bibel war Elias ein großer Prophet. Namenstag: 20. Juli. Russische Form: **Ilja**. Italienische Form: **Elia**. Englische Form: **Ellis**.

Elieser: ungewöhnlicher biblischer Name, der wörtlich »Gott ist Hilfe« bedeutet.

Eligius: außergewöhnlicher Name aus dem Lateinischen. Bedeutung: der Auserwählte. Französische und englische Form: Eloi. Spanische Form: **Eloy**.

Eliot, Elliot: aus dem Englischen übernommen. Altfranzösische Koseform von ▸ Elias.

Elmar: früher häufiger, inzwischen fast vergessen. Kurzform von Adelmar. Bedeutung: edel, vornehm und angesehen. Auch: **Elmer** und **Elimar**.

Elmo: italienische und spanische Kurzform von ▸ Erasmus.

Elof: seltener skandinavischer Name. Bedeutung: alleiniger Erbe. Auch: **Eluf**. Abkürzungen: **Eli, Elo, Loff, Loffe, Luf**.

Elroy: erhabener Name aus dem Spanischen. Bedeutung: der König.

Elso: friesische Kurzform von allen Namen, die mit Adal- beginnen.

Elvin: ungewöhnlicher englischer Name. In Süddeutschland kaum bekannt. Auch **Elwin**. Erinnert an ▸ Erwin.

Emanuel, Emmanuel: zeitloser Name. Nebenform von ▸ Immanuel. Kurzform: **Emo, Emu, Manuel, Mendel**. Passt zu den meisten Familiennamen, sofern sie nicht zu lang sind.

Emil: klassischer Name, der heute wieder sehr aktuell ist. Zurückgehend auf einen altrömischen Geschlechternamen. Italienische und spanische Form: **Emilio**. Slawische Formen: **Milko, Milo**. Bekannt durch den Jugendroman von Erich Kästner »Emil und die Detektive«. Auch: **Emilian**. Namenstag: 10. März.

Emmeram, Emmeran: lateinisch-romanische Form des westfränkischen Namens Ermenhram. Bedeutung: allumfassend, groß. Abkürzungen: Emmo, Emo. Namenstag: 22. September.

Emmerich: alter deutscher Name, heute in Vergessenheit geraten. Nebenform von **Amalrich** und **Emelrich**. Nach dem ostgotischen Königsgeschlecht der Amaler oder Amelungen. Bedeutung: tüchtig, tapfer. Namenstag: 5. November, nach dem heiligen Emmerich.

Enders, Endres: aparte niederdeutsche Variante zu ▶ Andreas, **Anders**.

Endre: nicht häufig, aber nicht abgehoben. Rumänische Form von ▶ Andreas.

Endrich: herbe niederdeutsche Nebenform von ▶ Henrik. Auch: **Endric**, **Endrik**. Abkürzungen: **Enno**, **Rick**, **Rik**.

Engin: türkischer Name, im Deutschen kaum bekannt. Bedeutung: weit, endlos, im Sinne von »unendliche Weite« oder »offenes Meer«.

Enno: seltene, niederdeutsch-friesische Kurzform von Namen, die mit Egin-, Ein- oder Arn- gebildet werden. Passt am besten zu einem norddeutschen Familiennamen. Auch: **Enne**.

Enoch: sehr ungewöhnlich und kaum verwendet. Aus der Bibel übernommener hebräischer Name. Bedeutung: der Einweihte. Auch: **Henoch**. Er war einer der sieben Urväter.

Enrico, Enriko: italienische Form von ▶ Heinrich. Schön zu einem mediterranen Familiennamen. Koseform: **Enzo**. Eingedeutschte Form: **Enric** oder **Enrik**. Spanische Form: **Enrique**.

Eoban: nach dem griechischen Wort für Morgenröte. Bedeutung: der auf die Morgenröte Zuschreitende. Namenstag: 7. Juni.

Epaminondas: sehr lang. Neugriechischer Vorname mit

der Bedeutung: der zum Besseren strebt. Nach einem berühmten Feldherrn aus dem 4. Jh. v. Chr.

Ephraim, Efraim: biblischer Name aus dem Hebräischen. Vermutliche Bedeutung: Landschaftsname, der einen der zwölf Stämme Israels bezeichnet. Bekannter Namensträger: der israelische Autor Ephraim Kishon.

Epimachus: griechischer Name, der wörtlich »Mitkämpfer« heißt. Namenstag nach dem heiligen Epimachus: 10. Mai.

Eraldo: italienische Form von ▶ Harald.

Erasmus: eigenwilliger griechisch-lateinischer Name. Bedeutung: liebenswürdig, begehrenswert. Vor allem im Mittelalter verbreitet, heute sehr selten. Namenstag: 2. Juni. Kurzformen: **Asmus, Elms, Ermo, Rasmus** und **Rasso**.

Erhan: neutürkischer Name. Bedeutung: Held, Anführer, mutiger Kerl.

Erhard, Ehrhard, Erhart: alter deutscher Name, heute kaum mehr gebräuchlich. Bedeutung: Ehre, Ansehen, hart, kräftig, stark. Namenstag: 8. Januar.

Eric, Erik: kurz und unprätentiös. Ausgefallenere, moderne Variante des bekannten deutschen Namens ▶ Erich. Passt zu den meisten Familiennamen.

Erich: früher häufiger, heute aus der Mode gekommener Name aus dem Dänischen oder Schwedischen. Bedeutung: Ehre, reich.

Erim: neutürkischer Name. Bedeutung: einer, der es erreicht hat. Passt zu einem türkischen Familiennamen.

Erin: eigenwillig und kaum bekannt. Aus dem Irisch-Gälischen. Bedeutung: der aus Irland Stammende.

Erkan: typisch türkischer Name. Bedeutung: Mann, Blut.

Erko: Kurzform von Namen, die mit Erk- beginnen.

Erland: typisch skandinavischer Name, der auch in den Niederlanden verwendet wird. Bedeutung: Ausländer. Auch: **Erlan** und **Arland**.

Erling: unkomplizierter skandinavischer Name. Bedeutung: einer, der zu den Edelleuten gehört.

Ermo: kurz und schnörkellos. Kurzform von Namen, die mit Erm- beginnen.

Ernest: international, kein Allerweltsname. Englische Form von ▶ Ernst. Italienische und spanische Form: **Ernesto**. Italienische Kurzform: **Erno**. Koseform: **Ernie**.

Ernst: traditioneller deutscher Name aus dem Althochdeutschen. Bedeutung: Ernst, Eifer, Kampf, Sorge. Heute kaum mehr verwendet. Ungarische Form: **Ernö**. Schweizerische Form: **Erni**.

Errit: nordischer Name. Bedeutung: der Streitbare.

Errol: ausgefallener schottischer Name. Bekannter Namensträger: Errol Flynn, amerikanischer Filmschauspieler. Nebenform von **Earl**.

Erwin: alter deutscher Name, heute nicht mehr gefragt. Bedeutung: Kriegsschar, Heer, Eber, Freund. Nebenform: Irwin. Namenstag: 25. April.

Esben, Espen: geschmackvoller skandinavischer Name. Bedeutung: Gott und Bär. Auch: **Esbern** oder **Esper**.

Esra, Ezra: biblischer Name aus dem Hebräischen. Bedeutung: Hilfe. Auch als weiblicher Vorname bekannt, muss eventuell mit einem zweiten kombiniert werden.

Esteban, Estevan: anspruchsvolle spanische Form von ▶ Stephan.

Ethan: einfach, aber anspruchsvoll. Aus dem Hebräischen. Bedeutung: Stärke.

Ettore: italienische Form von ▶ Hektor.

Etzel: aus dem Mittelhochdeutschen. Im Nibelungenlied Name des Hunnenkönigs Attila.

Eugen: klassischer Name griechischer oder lateinischer Herkunft. Bedeutung: wohlgeboren, von edler Herkunft. Namenstag: 2. Juni und 20. Dezember. Auch in anderen Ländern verbreitet: **Eugene, Eugène, Eugenio, Ewen, Jenö, Evgenois, Jewgenij**.

Eusebius: aus dem Griechischen. Bedeutung: Ich bin fromm. Nach einem Einsiedler, der in der Schweiz lebte. Namenstag: 31. Januar.

Eustachius: klassischer Name mit griechischen Wurzeln. Nach dem heiligen Eustachius. Namenstag: 20. September. Auch in anderen Ländern geläufig: **Eustace, Eustache, Eustachio**.

Evan: aus dem Englischen übernommene walisische Variation von ▶ Johannes. Auch: **Ewan** und **Ewen**. Passt zu schlichten oder angelsächsischen Familiennamen.

Ewald: aus der Mode gekommener alter deutscher Name. Bedeutung: Gesetz, Recht, Ordnung, walten, herrschen. Namenstag: 3. Oktober.

Ezechiel: typisch hebräischer Name. Bedeutung: Gott macht stark. Heute wenig gebräuchlich.

F

Fabian: lange Zeit ein Modename, inzwischen nicht mehr ganz so häufig. Abgeleitet von dem römischen Geschlechternamen Fabius. Bedeutung: die Bohne. Namenstag: 20. Januar. Auch in anderen Sprachen geläufig: Französische Form: **Fabien**. Spanische und italienische Form: **Fabio**. Ältere Form: **Fabius**.

Fabrizio: typisch italienischer Name. Abgeleitet von dem römischen Geschlechternamen Fabricius. Auch: **Fabricio**.

Faisal: königlicher arabischer Name. In Saudi-Arabien verbreitet.

Falk: kurz und schnörkellos. Nach dem althochdeutschen Wort für Falke, dem Sinnbild für Mut und Gewandtheit. Auch: Falko. Englische Form: **Falcon**.

Farell: individuell und im Deutschen kaum verwendet. Irischer Name. Bedeutung: der Tapfere.

Farley ['Farli]: international und nicht abgegriffen. Nach dem altfranzösischen Wort »Feire« für Markt. Auch: **Fairleigh, Fairley**.

Farold: traditionell und einfach. Erinnert an Harald. Aus dem Althochdeutschen. Bedeutung: herrschen. Auch: **Farolt, Farald**.

Faustin: seltener, sehr eigenwilliger Name, abgeleitet von dem lateinischen **Faustinus** oder **Faustus**. Italienische Form: **Fausto**. Namenstag: 15. Februar und 29. Juli.

Pumuckl & Co.

Kinohits oder Fernsehserien bringen immer neue Lieblingsnamen: Nemo, Legolas, Galdadriel oder Anakin etwa gehören zu den aktuellen Namen, die Eltern ihren Kindern gern geben würden. Überlegen Sie aber, ob sich Ihr Nachwuchs auch längerfristig mit solch einem Namen anfreunden kann. Bestes Beispiel: der Name Pumuckl. Der ist als erster Name zwar nicht möglich, aber als zweiter Vorname erlaubt. Fragt sich, ob Ihr Sohn glücklich damit wird, wenn er den Namen eines rothaarigen Kobolds trägt ...

Fedder: friesische Kurzform von Namen, die mit Fried- beginnen. Auch: **Fedde, Feddo**.

Fedon: anspruchsvoller neugriechischer Name. Bedeutung: Licht. Abgeleitet von Phaeton, in der griechischen Mythologie der Sohn des Sonnengottes Helios.

Fedor, Feodor, Fjodor: russische Form von ▶ Theodor.

Felix: zeitloser, stets beliebter Name lateinischen Ursprungs. Bedeutung: fruchtbar, glücklich, Glück bringend. Namenstag: 30. Dezember. Immer passend. Weiterentwicklung: **Felizian**.

Felton: ausgefallener, altnordischer Name. Bedeutung: Hügel, Dorf. Kurzform: **Felt**. Passt am besten zu einem einfachen Familiennamen.

Ferdinand: zeitloser Name westgotischen Ursprungs. Bedeutung: kühner Schützer. Abkürzung: **Ferdi**. Bayrische

Form: **Ferdl**. Französische Form: **Fernand**. Spanische und italienische Form: **Fernando**. Namenstag: 30. Mai. Passt zu den meisten Familiennamen.

Ferenc ['Ferents]: schwungvolle ungarische Form von ▶ Franz. Koseform: **Ferke**.

Fergal: irischer Name mit der Bedeutung: Schmied oder Eisen. Auch: **Farrall, Farrell**.

Fergus ['Förges]: aus dem Altirischen. Bedeutung: Mann. Kurzform: **Fergie**.

Fermin ['Fermin]: ungewöhnlicher englischer Name mit lateinischen Wurzeln. Bedeutung: stark. Nach dem heiligen Firmius, im 5. Jahrhundert Bischof von Metz.

Fidelis: traditionell, aber wenig geläufig. Bedeutung: treu. Nach dem heiligen Fidelis. Namenstag: 24. April. Auch: **Fidelius**. Kurzform: **Fidel**.

Filimon: neugriechischer Name nach der griechischen Sagengestalt des Philemon.

Fingal: nach einem schottischen Sagenhelden. Bedeutung: blonder Fremder, Wikinger.

Finn: keltischer Name. Kurzform von **Finlay**. Auch: **Fynn**. Bedeutung vermutlich: Finne. Held des irischen Sagenkreises.

Firmin: ungewöhnlich und kein Allerweltsname. Kurzform von **Firminus** und **Firmus**.

Fitzgerald: anspruchsvoller Name mit Stil. Aus dem Altenglischen. Bedeutung: Geralds Sohn. Abkürzung: **Fritz, Gerry, Jerry**.

Flavio: italienische Form von **Flavius**. Schön zu einem mediterran klingenden Familiennamen.

Florens, Florenz: italienisch klingender Name mit lateinischen Wurzeln. Bedeutung: blühend. Nebenformen:

Florentinus, Florentius. Italienische Form: **Fiorenzo**. Kurzform: **Florentin**.

Florestan: interessante italienische Weiterentwicklung von Florus.

Florian: über viele Jahre ein absoluter Modename. Aus dem Lateinischen. Bedeutung: blühend. Auch: **Florianus**. Namenstag: 4. Mai. Abkürzung: **Flori**. Variante: **Florin**.

Floris: niederländischer Vorname mit der Bedeutung: Blume, Blüte. Im Neugriechischen: **Florus**.

Floyd ['Floid]: lautliche Variante von ▶ Lloyd.

Flurin: seltene rätoromanische Form von ▶ Florin.

Flynn, Flinn: international und modern. Aus dem Gälischen: Sohn des Rothaarigen.

Fock, Focke, Focko: friesisch-niederdeutsche Kurzformen von Namen, die mit Folk- oder Volk- beginnen. Auch: **Fokke** oder **Fokko**.

Folker: siehe auch ▶ Volker.

Franjo: südslawische Kurzform zu **Francisko**.

Frank: einfach und schlicht. Aus dem Althochdeutschen. Bedeutung: vermutlich nach einer Ortbezeichnung in Franken. Passt zu allen Familiennamen.

Franklin ['Fränklin]: aus dem Mittelenglischen. Bekannter Namensträger: der amerikanische Präsident Franklin D. Roosevelt. Auch: **Francklin, Francklyn, Franklyn**.

Frans, Frantz, Franz: traditionelle Kurzform von ▶ Franziskus. Beliebt und bekannt vor allem im süddeutschen Raum und in Österreich. Namenstag: 4. Oktober, nach dem heiligen Franz von Assisi. Auch in anderen Sprachen verbreitet: Ungarische Form: ▶ Ferenc. Italienische Form: **Francesco**. Englische Form: **Francis**. Auch in Kombination mit einem weiteren Vornamen: **Franz-Joseph, Franz-Xaver**.

Franziskus, Franciskus: traditioneller Name aus dem Lateinischen. Bedeutung: der Franzose. Italienische Form: **Francesco**. Französische Form: **François**. Englische Form: **Francis**. Spanische und portugiesische Form: **Francisco**. Kurzform: ▶ Frans oder ▶ Franz.

Fraser ['Fräser]: englischer Vorname mit schottischen Wurzeln. Bedeutung: Köhler. Auch: **Frasier**.

Frederick: zeitloser Name. Niederdeutsch-friesische Form von ▶ Friedrich. Auch in anderen Ländern bekannt: Französische Form: **Fréderic**. Niederländische und dänische Form: **Frederik**. Abkürzung: **Fred, Freddie, Freddy**. Auch: **Fédéric**.

Fridolin: lustig und unkompliziert. Alte süddeutsche Koseform von ▶ Friedrich. Auch: **Friedolin**. Kurzformen: **Frido, Friedo**.

Fridtjof: dänische und norwegische Form von **Frithjof**. Vermutliche Bedeutung: Friede, Schutz. Passt zu einem schlichten Familiennamen.

Friedbert, Friedebert: alter deutscher Name, heute nicht mehr üblich. Aus dem Althochdeutschen. Bedeutung: Schutz vor Waffengewalt.

Friedemann: traditioneller Name althochdeutscher Herkunft. Bedeutung: Schutz vor Waffengewalt. Heute sehr selten. Auch: **Friedmann**. Passt am ehesten zu einem nicht zu langen Familiennamen.

Friedensreich: bekannt durch den österreichischen Künstler Friedensreich Hundertwasser.

Frieder: frech und unkonventionell. Kurzform von ▶ Friedrich, aber viel moderner. Auch: **Frider**. Passt zu fast allen Familiennamen.

Friedger: nach dem altgermanischen Wort für Speer. Auch: **Fredegar, Friedeger** und **Fridiger**.

Friedhelm: alter deutscher Name. Bedeutung: Schutz vor Waffengewalt. Auch: **Fridhelm**.

Friedolf: etwas antiquiert und kaum noch zu hören. Bedeutung: Wolf.

Friedrich: früher weit verbreitet, heute kaum mehr gebräuchlich. Ältere Form: **Friederich**. Bedeutung: Schutz vor Waffengewalt. Kurzformen: **Frieder**, **Friedo**. Häufig in Verbindung mit einem zweiten Vornamen: **Friedrich-Karl**, **Friedrich-Wilhelm**, **Karl-Friedrich**.

Fritz: seit dem Mittelalter verbreitete Koseform von ▶ Friedrich. Heute wieder vermehrt gefragt. Passt zu den meisten Familiennamen.

Fuat: türkischer Name arabischen Ursprungs. Bedeutung: Herz, Seele.

Fulger: ziemlich unbekannte Variante zu ▶ Volker. Namenstag: 5. Juni.

Fulvian: macht neugierig. Kurzform von **Fulvianus**, einer Weiterentwicklung von **Fulvius**. Italienische Form: **Fulvio**.

Fynn ['Finn]: siehe auch ▶ Finn.

G

Gaard: einfach und unprätentiös. Niederländische Form von ▶ Gerhard.

Gábor: ungarische Form von ▶ Gabriel. Kommt bei uns eher selten vor.

Gabriel: ehemals biblischer Name hebräischer Herkunft. Bedeutung: Mann Gottes. Namenstag: 27. Februar und 29. September.

Gaius: ursprünglich römischer Vorname. Bedeutung: sich freuen.

Gallus: nach dem lateinischen Wort für Gallier.

Galvin: irischer Name aus dem Gälischen mit der Bedeutung: Spatz.

Gamal: klangvoller arabischer Name mit der Bedeutung: Schönheit.

Gandalf: ursprünglich aus dem Altisländischen. Bedeutung: Werwolf. Auch: **Gandulf**. Erinnert an den Zauberer aus dem Roman »Der Herr der Ringe«.

Garbert: herber friesischer Name. In Süddeutschland kaum vertreten. Aus dem Althochdeutschen. Bedeutung: glänzend. Auch: **Garbit, Gerbert**.

Gareth: schlichter walisischer Name. Bedeutung: sanft, gütig. Passt zu einem ebenso schlichten Familiennamen.

Garlef: typisch niederdeutscher und friesischer Name mit althochdeutschen Wurzeln. Bedeutung: Speer, Erbe, Nachlass. Passt am besten zu einem norddeutschen oder schlichten Familiennamen. Friesische Variante: **Garrelf.**

Garrit: interessante friesische Form von ▶ Gerhard. Auch: **Garret, Garriet** und **Garrit.**

Garvin: nach den altenglischen Wörtern für Speer und Freund. Bedeutung: Verbündeter.

Gaston [Gas'to]: in Frankreich sehr verbreitet, in Deutschland ein Geheimtipp. Passt nicht zu allen Familiennamen. Bekannt durch die gleichnamige Comicfigur.

Gaudenz: vor allem in der Schweiz verbreitet. Aus dem Lateinischen. Bedeutung: sich freuen. Abkürzung: **Lenz.** Namenstag: 22. Januar.

Gavin ['Gävin]: moderner englischer Name. Vermutliche Bedeutung: Falke.

Gebhard, Gerhart: alter deutscher Name. Bedeutung: Gabe, Geschenk. Kurzform: **Geppert.**

Gedeon: sehr extravagant. Russische Form von ▶ Gideon.

Gene [Dschien]: englische Kurzform von ▶ Eugen (Eugene). Bekannter Namensträger: der amerikanische Schauspieler und Tänzer Gene Kelly.

Geoffrey, Jeffrey ['Dschoffri]: international. Englische Form von ▶ Gottfried. Kurzform: **Geoff.**

Geordie ['Dschordi]: schottische Koseform von ▶ Georg.

Georg: einfach und unprätentiös. Nach dem griechischen Georgios. Bedeutung: Landmann, Bauer. Im Mittelalter weit verbreitet, nach dem heiligen Georg. Namenstag: 23. April. Auch in anderen Ländern gebräuchlich: Englische Form: **George.** Französische Form: **Georges.** Italienische Form: **Giorgio.**

Gerald: alter deutscher Name aus dem Althochdeutschen. Auch: **Gerold.** Bedeutung: Speer, walten, herrschen.

Gereon, Gerion: seltener Name griechischer Abstammung. Bedeutung: alt, bejahrt. Nach dem heiligen Gereon. Namenstag: 10. Oktober.

Gerhard, Gerhart: alter deutscher Name. Bedeutung: Speer, hart, kräftig, stark. Im Mittelalter weit verbreitet. Auch: **Gerard**. Abkürzung: **Gerd** oder **Gert**. Namenstag: 23. April.

German: ungewöhnlich und kaum bekannt. Aus dem Lateinischen. Bedeutung: Bruder. Namenstag: 28. Mai und 31. Juli. Auch die russische Form von ▸ Hermann. Abkürzungen: ▸ Gero, **Gary**.

Gernot: aus dem Althochdeutschen. Bedeutung: Speer, stoßen, schlagen. Bekannt aus dem Nibelungenlied. Zu vielen Familiennamen passend.

Gero: alter deutscher Name. Kurzform sämtlicher Namen, die mit Ger- beginnen. Namenstag: 28. Juni. Lässt sich auch mit einem längeren Familiennamen kombinieren.

Gerold: erinnert an ▸ Gerald. Nach dem heiligen Gerold, im 12. Jahrhundert Bischof von Oldenburg. Namenstag: 13. August.

Geronimo [Dsche'ronimo]: italienische Form von ▸ Hieronimus.

Gerrit, Gerit, Gerret, Gerriet: vor allem im norddeutschen Raum bekannte Kurzform von ▸ Gerhard. Auch als weiblicher Vorname gebräuchlich. Passt am besten zu einem norddeutschen Familiennamen.

Gerwig: aus dem Althochdeutschen. Bedeutung: Kampf. Namenstag: 26. Oktober.

Gerwin: alter deutscher Name aus dem Althochdeutschen. Erinnert an ▸ Erwin. Bedeutung: Speer und Freund. Abkürzung: **Gerry**.

Ghislain, Gislain [Gis'lä, Schis'lä]: eleganter französischer Name. Bezieht sich auf einen Heiligen. Abkürzung: **Gian.**

Giacomo: typischer italienischer Vorname. Entspricht dem deutschen Namen ▶ Jakob.

Gian, Gianni ['Dschan, 'Dschanni]: italienische Kurzform von **Giovanni.**

Gideon, Gedeon, Gidon: biblischer Name aus dem Hebräischen. Vermutliche Bedeutung: schneiden, fällen.

Gil: Kurzform von Namen, die mit Gil- beginnen wie **Gilbert** oder **Gilbrecht.** Passt gut zu einem längeren Familiennamen.

Gildo: kaum verwendete Kurzform des italienischen Namens **Ermenegildo.** Bedeutung: allumfassend, groß. Namenstag: 13. April.

Gilg: kurz, aber mit Stil. Niederländischer Name, verwandt mit ▶ Ägid. Auch: **Gils.** Passt gut zu einem längeren Familiennamen. Auch: **Gilgian.**

Gillian ['Gillien]: ungewöhnlicher englischer Name nach dem gälischen **Gillean.** Bedeutung: Diener des heiligen Johannes. Auch als weiblicher Vorname gebräuchlich. Lässt sich nicht eindeutig als männlicher Name identifizieren, muss daher eventuell mit einem zweiten kombiniert werden.

Gilmar: zeitloser alter Name. Aus dem Althochdeutschen. Bedeutung: der Spross und berühmt. Abkürzung: **Gill,** ▶ Gil.

Gino ['Dschino]: pfiffiger italienischer Kosename für ▶ Luigi.

Giordano ['Dschordano]: bekannte italienische Form von ▶ Jordan.

Giorgio ['Dschordscho]: italienische Entsprechung zu ▶ Georg.

Giuliano [Dschu'liano]: beliebte italienische Form von ▶ Julian.

Giulio ['Dschulio]: entspricht dem deutschen ▶ Julius. In Italien ein weit verbreiteter Name.

Giuseppe [Dschu'seppe]: traditionelle italienische Form von ▶ Josef oder ▶ Joseph.

Glenn, Glen: ehemals altwalisischer Name oder auch aus dem Irisch-Gälischen. Bedeutung: Talbewohner. Auch: **Glyn** oder **Glynn**.

Göran: im Deutschen eher unbekannte schwedische Form von ▶ Georg.

Götz: einfach und unprätentiös. Alte Kurzform zu Namen, die mit Gott- beginnen, z. B. ▶ Gottfried.

Golo: alte Kurzform zu Namen, die mit God- oder Gott- beginnen. Auch: **Godo**. Bekannter Namensträger: der Historiker und Publizist Golo Mann.

Goran: serbokroatische Kurzform zu **Grigor**.

Gorch: herbe niederdeutsche Kurzform von ▶ Georg. Bekannt durch das Segelschulschiff »Gorch Fock«.

Gordian: klassischer, ausgefallener Name. Aus dem Lateinischen. Bedeutung: Bezieht sich auf die Stadt Gordium. Abkürzung: **Goran**.

Gordon [Gordn]: beliebter schottischer Name nach einem alten schottischen Adelsgeschlecht. Auch: **Gordan** oder **Gorden**.

Gorm: schlichter dänischer Name. Bedeutung: Gott und Ehre.

Gosbert: ungewöhnlicher alter deutscher Name. Bedeutung: glänzend. Heute kaum mehr gebräuchlich.

Goswin: aus dem Althochdeutschen. Heute kaum noch bekannt. Bedeutung: Gott und Freund. Namenstag: 9. Oktober.

Gottfried: früher gängiger Name aus dem Althochdeutschen. Bedeutung: Schutz vor Waffengewalt. Heute nicht mehr gefragt. Namenstag: 13. Januar und 8. November. Kurzform: ▶ Götz.

Gotthard: heute unüblicher alter deutscher Name. Bedeutung: Gott und hart, kräftig, stark. Namenstag: 5. Mai.

Gotthelf, Gotthilf: traditionelle Namen, die heute ziemlich unmodern klingen.

Graham ['Greiam]: englischer Name. Bedeutung: der aus dem grauen Land. Kurzform: **Gram**.

Gratian, Grazian: aus dem Lateinischen. Bedeutung: Anmut. Passt nicht zu allen Familiennamen. Italienische Form: **Graziano**.

Gregor: Name griechischer Herkunft. Bedeutung: wachen, wachsam sein. Im Mittelalter war der Name sehr verbreitet. Namenstag: 2. Januar, 25. Mai, 3. September und 7. November. Auch in anderen Sprachen gebräuchlich, z. B. englische Form: **Gregory**.

Guido ['Gido]: eigenwilliger Name romanischer Herkunft, abgeleitet von Wido. Passt zu den meisten Familiennamen. Französische Formen: **Guide, Guy**.

Guillaume [Gi'jom]: elegante französische Form von ▶ Wilhelm.

Gunar, Gunnar: typisch nordischer Name. Skandinavische Form von ▶ Günther. In Süddeutschland kaum gebräuchlich.

Günther, Günter: traditioneller althochdeutscher Name. Bedeutung: Kampf und Kriegsschar, Heer. Im Mittelalter weit verbreitet. Nebenform: **Gunter** oder **Gunther**. Bekannt aus dem Nibelungenlied. Namenstag: 9. Oktober.

Guntram: traditionell und etwas angestaubt. Bedeutung: Rabe.

Gustav: aus dem Schwedischen übernommener, etwas altmodischer Name, der allerdings wieder im Kommen ist. Bedeutung: Fremder, Gast, Ruhm, Ehre. Auch: **Gustaf**. Französische Form: **Gustave**. Koseform: **Gustel**.

Guy [Gi]: kurz und schnörkellos. In England und Frankreich verbreitet. Schön zu einem längeren Familiennamen. Bekannter Namensträger: der französische Schriftsteller Guy de Maupassant.

Gyula ['Djula]: ungarischer Name nach einem militärischen Würdenträger.

H

Habib: erinnert an 1001 Nacht. Arabischer Name mit der Bedeutung: Geliebter.
Hadrian: geschmackvolle ältere Form zu ▶ Adrian. Beliebter Papstname.
Hagen: alter deutscher Name. Bedeutung: Einhegung. Bekannt durch das Nibelungenlied. Auch aus dem Irisch-Gälischen, wo der Name der Kleine bedeutet. Passt zu vielen Familiennamen.
Haiko: siehe ▶ Heiko.

Wie entstehen Modenamen?

Damit ein Name zum Modenamen wird, bedarf es eines gewissen Nachahmungseffektes. Dabei spielen die Vorbilder aus der Medienwelt eine untergeordnete Rolle. Wichtig ist, wie die Kinder in der Nachbarschaft und im Bekanntenkreis heißen.
Übrigens: Modenamen gab es bereits im Mittelalter. Zu den beliebtesten Namen der damaligen Zeit zählten beispielsweise Johann, Christian, Jordan, Stephan, Urban, Sebastian und Thomas.

Haimo, Heimo: bekannt durch den heiligen Heimo, Bischof von Halberstadt.

Hajo: kurz und unprätentiös. Bedeutung: Einhegung, Hag. Verkürzte Form von **Hansjoachim**. Passt zu vielen Familiennamen. Auch: **Hanjo, Heio, Heyo**.

Hakan: alter türkischer Name. Bezeichnung für Herrscher und Landesfürsten.

Hakim: orientalischer Name aus dem Arabischen. Bedeutung: weise, vernünftig, klug. Passt am besten zu einem arabischen oder schlichten Familiennamen.

Haldan: eigenwilliger nordischer Name mit der Bedeutung: halber Däne. In Norwegen und Schottland verbreitet. Im Deutschen eher unbekannt.

Haldor: sehr ausgefallen und im Deutschen weitgehend unbekannt. Aus dem Nordischen. Bedeutung: Stein, Name des Donnergottes Thor. Nebenform: **Halldor**.

Halil: märchenhaft und sinnlich. Aus dem Hebräischen. Bedeutung: die Flöte.

Halim: orientalisch klingender Name arabischer Herkunft mit einem sehr positiven Hintergrund. Bedeutung: freundlich, höflich, geduldig.

Halvar: nordischer Name. Erinnert an die Wikingerära. Auch: Halvard. Bedeutung: der Stein. Abkürzung: **Harry**.

Hamal: arabischer Name mit der Bedeutung: Lamm.

Hamish ['Hejmisch]: interessante schottische Form zu ▶ James.

Hamit: türkischer Name arabischen Ursprungs. Bedeutung: lobenswert, dankenswert.

Hanfried: schlicht und unprätentiös. Zusammenziehung von Johann und Friedrich.

Hanjo: Kurzform von **Hans-Joachim**.

Hank ['Henk]: knapp und nicht kompliziert. Amerikanische Koseform von ▶ Henry.

Hanke, Hanko: niederdeutsch-friesische Koseform von ▶ Johannes. Hanke ist auch als weiblicher Vorname gebräuchlich.

Hannes: bekannte Kurzform von ▶ Johannes. Auch: **Hanno** oder **Hans**. Hans ist auch in Kombination mit anderen Vornamen gebräuchlich: **Hansbernd, Hansdieter, Hansjörg, Hanspeter** etc. Koseform von **Hans: Hansi**, in Süddeutschland auch **Hänsel**.

Was sich mit Hans alles machen lässt

Hansbernd, Hansdieter, Hansgerd, Hansheinz, Hansjakob, Hansjoachim, Hansjochem, Hansjochen, Hansjörg, Hansjosef, Hansjürg, Hansjürgen, Hanskarl, Hansmartin, Hanspeter, Hansrolf, Hansrudi, Hansrüdi, Hansuli, Hansulrich, Hanswalter, Hanswerner

Hannibal: historisch interessant. Name des großen karthagischen Feldherrn.

Harald: beliebt und zeitlos. Im skandinavischen Sprachraum: **Herold**. Abkürzung: **Harry**. Bekannt durch Harry Potter, den Helden aus Joanne K. Rowlings Romanen.

Hardeep ['Hardiep]: sehr extravagant. Indisch-pakistanischer Name. Bedeutung: Gott, Liebende. Auch: **Harpreet**.

Hardi, Hardy: Koseform zu Namen, die mit -hard enden, z. B. ▶ Eberhard.

Hari: besonderer indischer Name. Bedeutung: goldgelb.
Harley ['Harli]: englischer Vorname mit der Bedeutung: Flachs- oder Hanffeld. Erinnert an die gleichnamige Motorradmarke.
Harm: kurz und schlicht. Niederdeutsch-friesische Kurzform von Harmen und ▶ Hermann. In Süddeutschland nahezu unbekannt. In Norddeutschland häufiger vertreten. Auch: **Harman, Harmen, Harms, Haro, Harro**.
Harper: im Deutschen recht unbekannt und daher selten. Aus dem Altenglischen. Auch als weiblicher Name gebräuchlich. Bedeutung: Harfenspieler.
Hartlieb: gut eingeführter, gediegener Name aus dem Althochdeutschen.
Hartmut: Name aus dem Althochdeutschen. Bedeutung: hart, kräftig, stark, Sinn, Gemüt, Geist. Nach einer bekannten Gestalt aus der Gudrunsage.
Harun: eigenwilliger Name arabischen Ursprungs, der dem biblischen Namen ▶ Aaron entspricht. Bekannt aus 1001 Nacht.
Harvey ['Harwi]: typisch englischer Name mit bretonischen Wurzeln. Passt am besten zu einem angelsächsischen Familiennamen. Bekannter Namensträger: der amerikanische Filmschauspieler Harvey Keitel.
Hassan: beliebter islamischer Name arabischen Ursprungs. Bedeutung: schön, gut. In der Türkei: **Hasan**.
Hasse: schwedische Kurzform von ▶ Johannes. In Süddeutschland eher unbekannt.
Hauke, Hauko: vor allem in Norddeutschland bekannter Name friesischen Ursprungs. Koseform von ▶ Hugo. Bedeutung: Gedanke, Verstand, Geist, Sinn. Hauke ist auch als weiblicher Vorname gebräuchlich.

Hector: englische und französische Form von ▶ Hektor.

Heiko, Haiko, Heike, Heyko: im Norden häufiger, im Süden seltener. Niederdeutsch-friesische Koseform von ▶ Heinrich. Die Nebenform Heike ist auch als weiblicher Vorname gebräuchlich.

Heilmar: eigenwilliger Name aus dem Althochdeutschen. Bedeutung: heil, gesund, berühmt. Dänische und schwedische Form: **Helmer**.

Heimito: extravagant und kaum bekannt. Eindeutschung des spanischen Namens **Jaimito**. Koseform von **Jaime**, der spanischen Entsprechung zu ▶ Jakob.

Heimo, Haimo, Haymo: alter deutscher Name, heute so gut wie unbekannt. Kurzform von Namen, die mit Heim- gebildet werden.

Hein: typisch norddeutsch. Niederdeutsche Abkürzung von ▶ Heinrich. Eher selten, da Hein mit dem Tod in Zusammenhang gebracht wird: Mit »Freund Hein« ist der Knochenmann gemeint.

Heiner: Kurzform von ▶ Heinrich. Kein Allerweltsname, vor allem im Norden und in der Mitte Deutschlands geläufig. Auch: **Heinar**.

Heinrich: traditioneller Name. Bedeutung: Haus, Herrschaft, Macht, Herrscher. Im Mittelalter einer der beliebtesten männlichen Vornamen. Namenstag: 13. Juli. Italienische Form: **Enrico**. Schwedische und norwegische Form: **Henrik**. Niederländische Form: **Hendrik**. Auch: **Henrich**. Abkürzung: **Heini**, **Heino** oder **Heinz**.

Heintje: niederländische Koseform von ▶ Heinrich. Bekannt durch den Kinderstar.

Hektor: strenger Name griechischen Ursprungs. Bedeutung: durch Kampf erwerben. Nach dem trojanischen

Helden gleichen Namens. Französische und englische Form: Hector. Italienische Form: **Ettore**.

Helaku: besonderer Name indianischer Herkunft. Bedeutung: sonniger Tag.

Helge: typisch norddeutscher Name aus dem Altnordischen. Bedeutung: heilig. Auch: **Helgo**.

Helinand: aus dem Althochdeutschen. Nach einem Heiligen aus dem 12. Jahrhundert. Namenstag: 3. Februar.

Helmar: einfach und kein Modename. Aus dem Althochdeutschen. Bedeutung: berühmt. Auch: **Helmer**.

Helmke: im Süden unüblich, im Norden bekannter. Niederdeutsche Koseform von **Helm** und **Helmo**. Auch als weiblicher Vorname gebräuchlich.

Helmut, Hellmut, Helmuth, Hellmuth: gediegen und unkompliziert, aber eher unmodern. Bedeutung: gesund, unversehrt, Sinn, Gemüt, Geist, heller Mut.

Hendrik: freundlich und nicht zu häufig. Niederländische Form von ▶ Heinrich.

Henner: norddeutscher Name. Abgeleitet von ▶ Heinrich.

Hennes: rheinische Abkürzung von ▶ Johannes.

Hennig, Henning: niederdeutsch-friesische Koseform von ▶ Johannes oder ▶ Heinrich. Passt gut zu einem schlichten oder norddeutschen Familiennamen.

Henri, Henry: modern und international. Kurzform von ▶ Heinrich. Passt zu vielen Familiennamen.

Henrik: im Norden verbreitet. Niederdeutsche Form von ▶ Heinrich. Auch in Dänemark, Schweden, Norwegen und Ungarn verbreitet.

Herbert: alter deutscher Name aus dem Althochdeutschen. Bedeutung: Kriegsschar, Heer und glänzend. Auch: **Heribert**. Namenstag: 16. März.

Hercule ['Erkül]: elegante französische Form von Herkules. Bekannt durch den belgischen Detektiv Hercule Poirot in den Romanen von Agatha Christie.

Herdan: sehr extravagant. Alter deutscher Name. Kurzform von **Herdegen**. Bedeutung: Kriegsschar, Heer, junger Held, Krieger. Niederländische Koseform: **Hergen**.

Heribert: ältere Form von ▶ Herbert.

Herlof, Herluf: herb und nicht mehr zeitgemäß. Aus dem Altdeutschen. Bedeutung: Wolf.

Hermann, Herman: schnörkellos und bewährt. Aus dem Althochdeutschen. Bedeutung: Kriegsschar, Heer und Mann. Im Mittelalter weit verbreitet. Kurzform: **Herm**. Passt zu vielen Familiennamen.

Hermes: klassischer Name aus der griechischen Mythologie. Name des griechischen Götterboten. Passt nicht zu allen Familiennamen.

Hermien, Hermin: seltener niederländischer Name. Bedeutung: Heer. Abkürzung: **Herm**.

Hernando: schwungvoller spanischer Name. Nebenform von ▶ Fernando.

Hesekiel: Nebenform von ▶ Ezechiel.

Hiddo: kurz und prägnant. Friesische Kurzform von Vornamen, die mit Hild- beginnen.

Hieronymus: eigenwilliger Name griechischen Ursprungs aus der Bibel. Bedeutung: den Göttern geweiht. Namenstag: 30. September. Auch in anderen Sprachen bekannt: Englische Form: **Jerome**. Italienische Form: **Geronimo**. Französische Form: **Gérome**.

Hilarius: ausgefallener Name lateinischen Ursprungs. Auch: **Hilar**. Bedeutung: heiter, fröhlich. Italienische Form: **Ilario**. Namenstag: 13. Januar.

Hildebrand: alter deutscher Name, heute nicht mehr zeitgemäß. Bedeutung: Kampf und Brand.

Hilger: alter Name mit gutem Klang. Aus dem Althochdeutschen. Bedeutung: Kampf und Speer. Abkürzungen: **Gero, Hinz.**

Hilmar, Hilmer, Hildmar: jüngere Form von **Hildemar.** Bedeutung: Kampf und bekannt, berühmt, angesehen.

Hilpert: traditioneller Name aus dem Althochdeutschen. Abgeleitet von ▶ Hildebrecht. Bedeutung: der Kampf. Abkürzung: **Hinz.**

Hinderk: beliebter Name im Norden Deutschlands und in den nördlichen Nachbarländern. Auch: **Hinnerk.** Norddeutsche Form von ▶ Heinrich. Abkürzung: **Hinz.**

Hiob: biblischer Name hebräischer Herkunft. Auch: **Job** oder **Jiob.** Bedeutung: Wo ist mein Vater Gott.

Hippolyt: klassischer Name für Pferdeliebhaber. Aus dem Griechischen. Bedeutung: der die Pferde loslässt. Nicht sehr gebräuchlich. Abkürzung: **Hippo.**

Hiram: beliebter Name in den USA mit biblischen Wurzeln. Kurzform: **Hy.**

Hjalmar: eigenwillig und wenig bekannt. Aus dem Altnorwegischen. Bedeutung: Helm, Heer.

Hoimar: friesischer Name. Im Süden kaum bekannt. Vermutliche Bedeutung: berühmt, Verstand.

Holger: zeitlos, aber nicht mehr so häufig. Aus dem Dänischen und Schwedischen. Bedeutung: Insel, Speer. Abkürzungen: **Holm** oder **Holly.** Passt zu vielen Familiennamen.

Holm: schlicht, kurz und einfach. Nordischer Name. Auch: **Holmer.** Bedeutung: Inselbewohner. Kurzform von ▶ Holger.

Homer: englischer Vorname nach dem griechischen Dichter gleichen Namens. Auch bekannt durch die Zeichentrickfigur des Homer Simpson.

Honoré [Ono're]: elegant und aristokratisch. Französischer Name, abgeleitet vom lateinischen **Honorius**. Bedeutung: der Geehrte. Italienische Form: **Onorio**. Namenstag: 21. April.

Horatius: anspruchsvoller Name aus dem Lateinischen. Auch: Horatio. Nach einem altrömischen Geschlechternamen.

Horst: einfach und schnörkellos. Aus dem Angelsächsischen. Bedeutung: Pferd, Gehölz. Passt zu den meisten Familiennamen.

Howard ['Hauad]: beliebter englischer Vorname. Koseform: Howie.

Hubert: alter deutscher Name, heute fast in Vergessenheit geraten. Nach dem lateinischen **Hubertus**. Bedeutung: Gedanke, Verstand, glänzend. Namenstag: 3. November. Auch: **Hugbert**. Italienische Form: **Umberto**.

Hugo: alte, verselbständigte Kurzform von Namen, die mit Hug- gebildet werden. Bedeutung: Gedanke, Verstand, Geist, Sinn. Namenstag: 28. April. Englische Form: **Hugh**.

Humphrey ['Hamfri]: häufiger englischer Name. Bekannter Namensträger: der amerikanische Filmschauspieler Humphrey Bogart.

Hyazinth: sinnlicher, klassischer Name aus der griechischen Sagenwelt. Hyazinth war der Liebling von Apoll, aus seinem Blut entsprang die Hyazinthe. Passt nicht zu jedem Typ. Namenstag: 17. August und 11. September. Auch: **Hyazint** und **Hyacinth**.

I

Ian [Eian]: typisch schottischer Name, abgeleitet von ▶ John bzw. ▶ Johannes. Passt am besten zu einem längeren Familiennamen.

Iannis: Kurzform zu ▶ Ioannis.

Ibbe, Ibbo: kurz und wenig melodisch. Friesische Form von ▶ Ivo.

Ibrahim: arabische Form von ▶ Abraham.

Ido: einfach und kurz. Friesischer Name. Schön zu einem längeren Familiennamen.

Ignatius: eigenwillig und kaum verwendet. Ursprungsform von **Ignatz** oder **Ignaz**. Aus dem Lateinischen. Bedeutung: Feuer.

Igor: typisch russischer Name. Bei uns eher selten. Abkürzung: **Gori** oder **Gory**.

Ike: einfacher englischer Name. Kurzform von ▶ Isaac. Auch als friesischer Name in Gebrauch. Auch: **Iko**.

Ildefons: eigenwillig und nahezu unbekannt. Romanische Form zu **Hildefons**.

Ilian: melodisch und sinnlich. Abwandlung von ▶ Ägid.

Ilja: russische Form zu ▶ Elias. Auch: **Ilija**.

Ilmar: ausgefallen und recht unbekannt. Estnische und schwedische Form des finnischen Namens **Ilmari**. Bedeutung: Luft.

Immanuel: biblischer Name hebräischen Ursprungs. Bedeutung: Mit uns ist Gott. Die griechisch-lateinische Form lautet ▶ Emanuel. Kurzformen: **Manu, Manuel, Nallo.** Bekannter Namensträger: der Philosoph Immanuel Kant.

Immo: typisch friesischer Name. Kurzform von Namen, die mit Irm- beginnen. Aus dem Althochdeutschen. Bedeutung: groß, Frieden. Auch: **Imo, Ino** und **Inno**.

Imre: schlicht und unprätentiös. Ungarische Form zu ▶ Emmerich.

Indra: besonderer Name aus der indischen Mythologie: Name des Gottes der Atmosphäre und des Himmels, der über den Regen herrscht. Bedeutung: die Regentropfen Besitzenden. Auch als weiblicher Name gebräuchlich, muss deshalb eventuell mit einem zweiten, eindeutig männlichen Namen kombiniert werden.

Ingbert: traditioneller deutscher Name, heute fast vergessen. Ableitung von ▶ Ingobert. Kurzformen: **Bert, Ingo**.

Inger: schwedischer Name. Nebenform zu **Ingvar**. Auch als weiblicher Name gebräuchlich. Passt am besten zu einem schlichten oder typisch nordischen Namen.

Ingmar: typisch schwedischer Name. Auch: **Ingemar** oder **Ingomar**. Kurzform: **Ingo**.

Ingobert: Name aus dem Althochdeutschen. Name einer germanischen Gottheit, Bedeutung: glänzend. Kurzform: Ingo.

Ingolf, Ingulf: alter deutscher Name. Name einer germanischen Gottheit, Bedeutung: Wolf.

Ingram: sehr ausgefallener alter deutscher Name einer germanischen Gottheit, Bedeutung: Rabe.

Ingvar: nordischer Name. Bedeutung: Wächter, Hüter.

Kurzform: **Ivar**. Russische Form: ▶ Igor. Auch: **Ingwar** oder **Ingwer**.

Inigo: selten und eigenwillig. Aus dem Spanischen. Abgeleitet von ▶ Ignatius.

Innozenz: traditioneller Name lateinischer Herkunft. Bedeutung: unschuldig. Beliebter Papstname. Kurzform: Inno. Namenstag: 12. März.

Ioakim: neugriechische Form von ▶ Joachim.

Ioannis: beliebte neugriechische Form von ▶ Johannes. Kurzformen: **Iannis, Jannis**.

Ion: rumänische Form von ▶ Johannes. Schön zu einem längeren Familiennamen.

Iosif: Neugriechische Form von ▶ Josef oder **Joseph**.

Ippokratis: neugriechischer Name für Pferdeliebhaber. Bekannt durch den berühmten griechischen Arzt Hippokrates aus dem 4. Jahrhundert v. Chr. und den »Eid des Hippokrates«.

Ira: englische Kurzform von **Iram**. Aus dem Hebräischen. Bedeutung: wachsam.

Irenäus: sehr extravagant. Griechisch-lateinischer Ursprung. Bedeutung: Frieden. Namenstag: 28. Juni.

Iring, Irinc: modern und nicht abgegriffen. Herkunft unbekannt. Passt zu vielen Familiennamen.

Irmfried: aus der Mode gekommener germanischer Name. Bedeutung: allumfassend, groß, Schutz vor Waffengewalt.

Irmin: verselbständigte Kurzform von Namen, die mit Irmin- gebildet werden. Bedeutung: allumfassend, groß.

Irving ['Örving]: englischer Name aus dem Schottischen. Bedeutung: Eber, Freund. Auch Nebenform zu ▶ Erwin.

Isaak, Isaac: biblischer Name hebräischen Ursprungs. Bedeutung: Gott lächelt dem Kind zu. Isaak war der Sohn Abrahams und Saras und einer der Erzväter Israels.

Isaiah: englischer Vorname nach dem Propheten Jesaja.

Ishmael: englische Form von ▶ Ismael.

Isidor: früher häufiger, heute fast in Vergessenheit geraten. Aus dem Griechischen. Bedeutung: Geschenk der Göttin Isis. Namenstag: 4. April. Abkürzung: **Iso**.

Ismael: biblischer Name aus dem Hebräischen. Bedeutung: Gott erhörte. Ismael war der Sohn Abrahams und der ägyptischen Sklavin Hagar. Arabische, türkische und russische Form: **Ismail**. Nach islamischer Auffassung gilt Ismail als Stammvater der Araber.

Ismar: traditioneller Name aus dem Althochdeutschen. Bedeutung: berühmt.

Ismet: beliebter türkischer Name. Auch als weiblicher Vorname gebräuchlich. Bedeutung: Reinheit, Freiheit von Sünde.

Italo: bekannter italienischer Vorname. Bekannter Namensträger: der Schriftsteller Italo Calvino.

Ivar, Iwar: nordischer Name. Bedeutung vermutlich: Eibe, Bogen aus Eibenholz und Heer, Heerführer. Nebenform ▶ Ingvar. Dänische und norwegische Form: **Iver**.

Iven: frisch und unbeschwert. Dänische Kurzform von ▶ Johannes.

Ives [If]: deutsche Schreibweise des französischen Namens ▶ Yves.

Ivo [Iwo]: kurz und prägnant. Auch: **Iwo**. Alter deutscher Name. Bedeutung: Eibe, Bogen aus Eibenholz. Der heilige Ivo ist der Schutzheilige der Juristen, auch »Advokat der Armen« genannt. Namenstag: 19. Mai. Auch: serbische Kurzform von ▶ Johannes.

Ivor: englischer Vorname zu dem lateinischen Wort für Elfenbein (ebur). Auch: **Ifor**.

Iwan: russische Form von ▶ Johannes. Auch: **Ivan**. Bulgarische Form: **Wanko**.

Fremdsprachige Einflüsse

Im 17./18. Jahrhundert prägte das Vorbild Frankreichs unsere Mode und Kultur. Später übernahm England diese Rolle. Das führte dazu, dass französische und englische Namen in Deutschland Fuß fassen konnten. Im Laufe der Zeit kamen auch noch andere Einflüsse hinzu. Heute bereichern Namen aus der ganzen Welt unsere Namenslandschaft.

J

Jaap: unprätentiöser niederländischer Name. Kurzform von ▸ Jakob.

Jacinto [Cha'sinto]: blumig und südländisch. Spanische Form von ▸ Hyazinth.

Jack [Dschäk]: international und unkompliziert. Koseform von ▸ John oder ▸ Johannes. Passt am besten zu einem schlichten Familiennamen. Koseform: **Jake**.

Jacob, Jakob: zeitloser beliebter biblischer Name aus dem Hebräischen. Bedeutung: Gott möge schützen. In der Bibel ist Jakob der schlaue Betrüger. Namenstag: 3. Mai und 25. Juli. Auch: **Jacobus**. Englische Form: **James**. Französische Form: **Jacques**. Russische Form: **Jakow**. Koseform: **Jockel**.

Jago: selten. Nach der gleichnamigen Figur in Shakespeares Drama »Othello«.

Jalal: außergewöhnlicher arabischer Name. Bedeutung: Ruhm, Größe. Wird häufig von afroamerikanischen Eltern gewählt.

Jamal: klangvoll und besonders. Aus dem Arabischen. Bedeutung: schön.

Jan, Jann: kurz und schnörkellos. Niederdeutsch, friesische, niederländische, schwedische, polnische und tschechische Form von ▸ Johannes. Koseform: **Janni**.

Janek, Jannek: modern. Polnische und tschechische Koseform von ▶ Jan und ▶ Johannes. Passt zu vielen Familiennamen. Andere Schreibweisen: **Janick, Janik, Jannek, Yannick**.

Janis, Jannis: sehr trendiger Name. Niederländische und lettische Form von ▶ Johannes. Passt zu den meisten Familiennamen. Auch: **Jannes**.

Janko: nicht sehr geläufige niederdeutsch-friesische Koseform von ▶ Jan. Eher in Norddeutschland bekannt.

Janosch: originell und kein Allerweltsname. Abgeleitet von ▶ Johannes. Braucht einen besonderen Familiennamen.

Janpeter: Doppelform aus ▶ Jan und ▶ Peter.

Janus: ansprechend und wenig bekannt. Latinisierte Form von ▶ Jan. Auch niederländische Kurzform von ▶ Adrianus (Adrian).

Jared: sehr eigenwilliger, ehemals biblischer Name aus dem Hebräischen. Bedeutung: herabsteigend. Im englischsprachigen Raum beliebt und verbreitet.

Jarl: kurz und recht ungewöhnlich, aber interessant. Nordischer Name mit der Bedeutung: **Edler**.

Jaromir: anspruchsvoll und individuell. Aus dem Polnischen und Tschechischen. Bedeutung: kühn, stark, zornig, streng, Frieden. Kurzform: **Jaro**.

Jaron: Name griechischen Ursprungs. Bedeutung: heilig, geheiligt, den Göttern geweiht.

Jaroslaw, Jaroslav: polnischer und tschechischer Name. Bedeutung: kühn, stark, zornig, streng und Ruhm, Ehre. Auch: **Jarosch**.

Jascha: freundlich und nicht zu ausgefallen. Russische Form von ▶ Jakob. Passt zu vielen Familiennamen.

Jason: klassischer Name aus der griechischen Mythologie.

Bedeutung: heilen. Jason war der Anführer der Argonauten, die nach Kolchis zogen, um das Goldene Vlies zu holen.

Jasper: niederdeutsche Form von ▶ Kaspar. Passt zu schlichten oder norddeutschen Familiennamen.

Javier [Cha'bier]: spanische Form von ▶ Xaver.

Jean [Scha]: französische Form von ▶ Johannes. Auch als weiblicher Vorname gebräuchlich.

Jedidiah: sehr ausgefallen. In den USA beliebter biblischer Name, der »Liebling des Herrn« bedeutet und als Beiname von König Salomon verwendet wurde.

Jeffrey ['Dscheffri]: international und modern. Aus dem Englischen. Nebenform von Geoffrey. Kurzform: **Jeff**.

Jehudi: hebräischer Name mit der Bedeutung: der aus Judäa. Auch: **Yehudi**.

Jelderk, Jeldrich, Jeldrick, Jeldrik: typisch norddeutsch. Friesische Formen zu **Adalrich**.

Jelger: klingt sehr norddeutsch. Friesische Form von **Adalger**.

Jelso: eigenwilliger friesischer Name. Kurzform von ▶ Jelderich.

Jem ['Dschem]: Kurzform von ▶ Jeremy.

Jendrik: erinnert an Hendrik. Vermutlich eine Nebenform zu **Jindrich**.

Jenning: ausgefallene niederdeutsche Koseform von ▶ Johannes.

Jens: einfach und unprätentiös. Dänisch und niederdeutsch-friesische Form von ▶ Johannes. Passt zu den meisten Familiennamen.

Jephtah: aus dem Hebräischen. Bedeutung: Er (Gott) entließ.

Jeremias: anspruchsvoller biblischer Name aus dem Hebräischen. Bedeutung: Jahwe erhöht. Englische Form: Jeremy. Kurzform: **Jerry**.

Jerk: typisch norddeutsch. Auch: **Jerik**, **Jerker** und **Jerrik**. Abgeleitet von ▶ Erich. Abkürzung: Erko, Rick, Ricky.

Jermaine [Dscher'mein]: amerikanischer Vorname.

Jerome [Dsche'room]: englische Form von ▶ Hieronymus. In Spanien: Jeronimo.

Jerrit: friesische Form zu ▶ Gerhard.

Jerry [Dscheri]: englische Kurzform von ▶ Jeremias (Jeremy).

Jerzy ['Jezi]: polnische Form zu ▶ Georg. Koseform: **Jurek**.

Jesko: slawische Kurzform von ▶ Jaromir. Passt zu vielen Familiennamen.

Jethro ['Dschesrou]: englischer Vorname hebräischen Ursprungs. Bedeutung: Überfluss.

Jim [Dschim]: international. Englische Kurzform von ▶ James (Jakob). Auch bekannt aus Michael Endes Kinderbuch »Jim Knopf und Lukas der Lokomotivführer«. Koseform: **Jimmy**.

Jirk: typisch friesisch. Erinnert an ▶ Jörg. Kurzform von ▶ Georg.

Joachim: beliebt und zeitlos. Überkonfessioneller Name aus dem Hebräischen. Bedeutung: Jahwe möge aufrichten. Namenstag: 26. Juli. Immer passend.

Jobst: nicht unbekannt, aber doch besonders. Kurzform von ▶ Jodokus. Abkürzung: **Jo**, **Job**, **Joe**.

Jochen, Jochem, Jochim: Kurzform von ▶ Joachim.

Jodokus: außergewöhnlich. Aus dem Bretonischen. Bedeutung: Krieger. Auch: **Jodocus**. Kurzformen: **Jodok, Jost**, ▶ Jobst.

Joe [Dschou]: englische Kurzform zu ▶ Joseph. Koseform: **Joey**.

Joel [Yo'el]: geschmackvoller biblischer Name. Aus dem Hebräischen. Bedeutung: Jahwe ist Gott.

Johann: seit dem Mittelalter gebräuchlich. Verkürzte Form von ▶ Johannes. Kurzform: **Hans**.

Johannes: beliebter biblischer Name aus dem Hebräischen. Bedeutung: Jahwe hat Gnade erwiesen. Namenstag: 24. Juni und 27. Dezember. Auch in anderen Sprachen geläufig: Spanische Form: ▶ Juan. Französische Form: ▶ Jean. Niederländische Form: ▶ Jan. Dänische Form: ▶ Jens. Griechische Form: ▶ Jannis. Englische Form: **John**. Kurzformen: ▶ Hannes, **Hanno, Hannu, Hans, Joke, Jon, Jorn**, ▶ Jörn.

Jonas: sehr beliebt und weit verbreitet. Biblischer Name aus dem Hebräischen. Bedeutung: Taube. Jonas war der Prophet, der von einem Wal vor dem Ertrinken gerettet wurde. Passt eigentlich immer. Auch: **Jonah**.

Jonathan: wohlklingender biblischer Name. Bedeutung: Jahwe hat gegeben. Jonathan war der älteste Sohn König Sauls. Schön zu einem nicht ganz so langen Familiennamen.

Jordan: eigenwillig und kaum bekannt. Nach dem Fluss in Palästina, in dem Jesus getauft wurde. Englische Aussprache möglich.

Jörg: schlichter kurzer Name. Seit dem Mittelalter gebräuchliche Form von ▶ Georg. Passt zu den meisten Familiennamen, auch zu längeren.

Jorge [Chorge]: portugiesische und spanische Form von ▶ Georg.

Jorin: originell und angenehm im Klang. Friesisch-niederdeutsche Ableitung von ▶ Georg oder ▶ Gregor.

Joris: niederdeutsch-friesische und niederländische Form von ▶ Gregor und ▶ Georg.

Jörn: typisch norddeutscher Name. Kurzform von Jörgen oder ▶ Jürgen.

Jorrit, Jorit: friesische Form zu ▶ Eberhard. In Norddeutschland passend.

Joschka: ungarische Koseform von ▶ Josef. Russische Koseform von ▶ Hiob.

Josef, Joseph: bekannter biblischer Name hebräischen Ursprungs. Bedeutung: Hinweggenommen hat Jahwe meine Schmach. Heute aus der Mode gekommen – außer in Süddeutschland. Kurzform: **Jupp**. Koseformen: **Josi**, **Pepe** und **Peppo**.

Joshua, Josua [Joschua]: beliebter biblischer Name. Bedeutung: Jahwe ist Retter. Auch im englischsprachigen Raum weit verbreitet.

Jost, Joost: Weiterentwicklung des altfranzösischen **Josse** (▶ Jodokus). Im Norden häufiger als im Süden. Erfordert einen schlichten Familiennamen.

Joyce [Dschois]: im englischsprachigen Raum verbreitet. Ableitung von Josse.

Juan [Chuan]: beliebte spanische Form von ▶ Johannes.

Jürgen: niederdeutsche Form von ▶ Georg. Bis vor 40 Jahren sehr beliebt, inzwischen etwas in Vergessenheit geraten. Kurzform: **Jürn**.

Jules [Schül]: französische Form von ▶ Julius. Bekannter Namensträger: der französische Schriftsteller Jules Verne.

Julian: wohlklingender trendiger Name lateinischen Ursprungs. Passt eigentlich immer.

Julius: klassischer Name aus dem Lateinischen. Nach einem altrömischen Geschlechternamen. Häufiger Papstname. Namenstag: 12. April. Passt zu den meisten Familiennamen. Italienische Form: **Giulio**.
Jurek: kurzer, individueller Name aus dem Polnischen.
Justin, Justinus: Name lateinischen Ursprungs. Weiterentwicklung von ▶ Justus. Namenstag: 1. Juni.
Justus, Just: lateinischer Name. Bedeutung: gerecht, rechtschaffen, redlich.

Die beliebtesten Jungennamen in Deutschland im Jahr 2007

1. Leon
2. Lukas/Lucas
3. Luca/Luka
4. Finn/Fynn
5. Tim/Timm
6. Felix
7. Jonas
8. Luis/Louis
9. Maximilian
10. Julian
11. Max
12. Paul
13. Niclas/Niklas
14. Jan
15. Ben
16. Elias
17. Jannick/Jannik/Yannic/Yannick/Yannik
18. Philipp/Philip/Phillip
19. Noah
20. Tom

Quelle: www.beliebte-Vornamen.de

K

Kaan: türkischer Name arabischen Ursprungs. Bedeutung: Anführer. Titel alttürkischer Herrscher.

Kadri: eigenwilliger Name aus dem Türkischen. Bedeutung: Stärke, Macht.

Kai: nordischer Name. Herkunft und Bedeutung sind unbekannt. Auch: **Cai, Cay, Kaj, Kay**. Auch als weiblicher Name gebräuchlich. Braucht einen längeren Familiennamen.

Kajetan: kein Allerweltsname. Bedeutung: der Mann aus der Stadt Gaeta. Lateinisch: Cajetanus. Auch: **Cajetan**. Namenstag: 7. August.

Kajus, Cajus: Nebenformen zu dem lateinischen Gaius. Herkunft und Bedeutung unklar. Namenstag: 22. April nach dem heiligen Cajus.

Kalani: melodisch und exotisch. Polynesischer Name, der auf Hawaii verwendet wird. Bedeutung: Himmel.

Kaleb: seltener biblischer Name aus dem Hebräischen. Bedeutung: treuer Diener.

Kalle: frisch und unkompliziert. Schwedische und finnische Koseform von ▸ Karl. Bekannt durch »Kalle Blomquist« von Astrid Lindgren.

Kalman: eingedeutschte Form des ungarischen Kálmán. Abgeleitet von ▸ Koloman. Auch: **Calman**.

Kamal: poetischer indischer Name aus dem Sanskrit. Bedeutung: blassrot. Der Name bezieht sich auf die Blüte der Lotusblume.

Kamil: arabischer Name mit der Bedeutung: vollendet.

Kamill: deutsche Form von ▶ Camillo.

Kane [Kein]: in den USA weit verbreiteter Name irischer Herkunft. Vermutliche Bedeutung: hell, Kämpfer.

Kanut: ältere Form von ▶ Knut.

Karel: tschechische und niederländische Form von ▶ Karl.

Karim: ausgefallener arabischer Name. Bedeutung: wohltätig, großmütig. Türkische Form: **Kerim**.

Karl: einfacher, traditioneller Name. Aus dem Althochdeutschen. Bedeutung: Mann, Ehemann. Auch: ▶ Carl. Namenstag: 4. November. Häufig in Kombination mit einem anderen Vornamen: **Karl-August**, **Karl-Gustav**, **Karl-Friedrich**, **Karl-Heinz** etc. Spanische Form: ▶ Carlos. Englische und französische Form ▶ Charles. Nebenform: Carolus.

Karlo: deutsche Form von ▶ Carlo.

Karsten: niederdeutsche Form von ▶ Christian. Auch ▶ Carsten.

Kasimir: lustiger polnischer Name. Bedeutung: verderben, vernichten, Frieden. Namenstag: 4. März, nach dem heiligen Kasimir, dem Schutzpatron von Polen und Litauen. Auch ▶ Casimir. Abkürzungen: **Cass**, **Kass**, **Miro**, **Simio**.

Kaspar: Name persischer Herkunft. Bedeutung: Schatzmeister. Bekannt durch einen der Heiligen Drei Könige. Bei uns ist er vor allem bei den Kindern als lustige Gestalt beliebt. Auch ▶ Caspar, ▶ Casper, Kasper, ▶ Jasper, ▶ Jaspar.

Kassian, Cassian: Name lateinischen Ursprungs. Weiterentwicklung von ▶ Cassius. Namenstag: 13. August.

Kastor, Castor: einwillig und nahezu unbekannt. Aus dem Griechischen. Nach der Sage war Kastor einer der Dioskuren.

Keefe [Kiefi]: typisch irischer Name. Auch: **Kief, Kiefer**.

Keith [Kies]: beliebter, ursprünglich schottischer Name. Bedeutung: Wald. Bekannter Namensträger: der amerikanische Jazzpianist Keith Jarret.

Keld: kurz und maskulin. Nordischer Name. Bedeutung: Helm. Auch: **Kield, Kjeld, Kjell.**

Kelvin, Celvin: englischer Name nach einem schottischen Fluss. Passt zu vielen Familiennamen.

Kemal: türkischer Name. Bedeutung: Vollkommenheit.

Ken: Kurzform von Namen, die mit Ken- beginnen. Könnte Assoziationen an den »Barbie«-Mann wecken.

Kenan: sehr ausgefallener biblischer Name aus dem Hebräischen. Bedeutung: Lanze.

Kendrick: besonders, aber nicht abgehoben. Zu dem altenglischen Namen Cynric. Bedeutung: königlicher Herrscher.

Kenneth ['Kennis]: englischer Name keltischen Ursprungs. Kurzform: ▶ Ken. Koseform: **Kenny**.

Keno: friesischer Name mit exotischem Klang. Hergeleitet von ▶ Kuno und ▶ Konrad.

Kent: einfach und zu vielen Familiennamen passend. Aus dem Walisischen. Bedeutung: der Weiße.

Kerim: türkischer Vorname, abgeleitet von dem arabischen alla kerim = der Großmütige.

Kerry ['Kerri]: typisch irischer Name keltischen Ursprungs. Bedeutung: der Finstere.

Kersten: niederdeutsche Form von ▶ Christian. Auch: Kirsten. Auch als weiblicher Name gebräuchlich.

Die beliebtesten Jungennamen in Schweden im Jahr 2007

1. William
2. Lucas
3. Elias
4. Oscar
5. Hugo
6. Viktor
7. Filip
8. Erik
9. Emil
10. Isak

Quelle: Statistika central byrån

Kevin: lange Zeit ein Modename. Englischer Name irischen Ursprungs. Bedeutung: schön.

Khalil: märchenhaft und orientalisch. Aus dem Arabischen. Bedeutung: enger Freund.

Kian ['Kien]: wenig bekannter irischer Name. Bedeutung: alt, anhaltend, fortdauernd.

Kieran ['Kiren]: kaum bekannter irischer Name. Auch: **Kieren** und **Kieron**. Bedeutung: schwarz. Erfordert einen schlichten Familiennamen.

Kilian: traditioneller Name, der auf den heiligen Kilian zurückgeht. Kein Allerweltsname. Seit dem Mittelalter verbreitet. Namenstag: 8. Juli.

Kim: kurz und originell. Aus dem Englischen. Kurzform von Kimball oder Kimberley. Im englischen Sprachraum auch als weiblicher Vorname gebräuchlich. Auch russische, schwedische und norwegische Kurzform von ▸ Joachim. Muss eventuell mit einem zweiten, eindeutig männlichen Vornamen kombiniert werden.

Kinta: sehr ausgefallener Name indianischen Ursprungs. Bedeutung: Biber.

Kirby: ursprünglich nordischer Name, der im angloamerikanischen Raum verbreitet ist. Bedeutung: der aus dem Kirchhof.

Kiriakos: griechischer Vorname mit der Bedeutung: das Sonntagskind.

Kirk [Körk]: schottischer Name. Bedeutung: Kirche. Bekannter Namensträger: der amerikanische Filmschauspieler Kirk Douglas. Auch: **Kerk**.

Kiyoshi [Ki'oschi]: japanischer Name. Bedeutung: ruhig.

Klaas, Claas: typisch norddeutscher Name. Niederdeutsche und niederländische Kurzform von ▸ Nikolaus. Auch: **Clas** und **Klas**.

Klaudius: Schreibvariante von ▸ Claudius.

Klaus: seit dem Mittelalter verbreitete Kurzform von ▸ Nikolaus. Auch in Kombination mit anderen Vornamen: **Klausdieter, Klauspeter**. Auch ▸ Claus.

Klemens: zeitloser Name aus dem Lateinischen. Bedeutung: mild, gelinde von Charakter und Benehmen. Auch ▸ Clemens.

Klothar: fränkischer Name aus dem Althochdeutschen. Bedeutung: laut, hörbar, berühmt. Bekannter ist die jüngere Variante ▸ Lothar.

Knut: früher häufiger, heute fast in Vergessenheit geraten. Aus dem Nordischen. Bedeutung: waghalsig, vermessen, keck. Namenstag: 10. Juli.

Kolbert: traditionell, aber fast vergessen. Aus dem Althochdeutschen. Bedeutung: die Quelle. Französische Form: **Colbert**. Abkürzung: **Bert**.

Kolja: pfiffig und nicht zu alltäglich. Erweiterung zu **Kolinka**. Kurzform von ▶ Nikolai.

Koloman: Name lateinischen Ursprungs. Bedeutung: Taube. Nach dem irischen Klosternamen Colum. Namenstag: 13. Oktober.

Kolumban: nach dem lateinischen Columbanus: der Taubengleiche. Der heilige Kolumban war ein irischer Mönch, der in Frankreich mehrere Klöster gründete. Namenstag: 23. November.

Konrad: alter deutscher Name aus dem Althochdeutschen. Bedeutung: kühn, tapfer, Rat, Beratung, Ratgeber. Im Mittelalter einer der beliebtesten Vornamen. Namenstag: 21. April und 26. November. Auch **Conrad**. Kurzformen: **Conni**, **Conny**, **Conz**, **Konz**, ▶ Kuno, Kunz, ▶ Kurt, Radel. Koseform: **Konradin**.

Konstantin: wohlklingend, aber etwas lang. Aus dem Lateinischen. Bedeutung: standhaft. Namenstag: 21. Mai. Passt zu den meisten Familiennamen, sofern diese nicht ebenso lang sind. Auch **Constantin**, Kurform: **Costin**. Russische, serbische, kroatische Koseform: **Kosta**.

Korbinian: beliebter Name im süddeutschen Raum. Aus dem Lateinischen. Bedeutung: Rabe. Namenstag: 20. November. Auch **Corbinian**.

Korin: attraktiv und nicht zu häufig. Nebenform zu ▶ Quirin.

Kornel: Kurzform zu ▶ Cornelius. Auch: **Cornel**, **Korneel**.

Kornelius: siehe ▶ Cornelius.

Kosimo: siehe ▶ Cosimo.

Kosmas: Schreibvariante von ▶ Cosmas.

Krischan: niederdeutsche Form von ▶ Christian.

Krispin: Kurzform von **Crispinus**.

Kristian: Schreibvariante von ▶ Christian.

Kristof, Kristoffer: Schreibvariante zu ▶ Christoph.

Kunibert: alter Rittername aus dem Althochdeutschen. Bedeutung: der durch die Sippe Glänzende.

Kuno: alter deutscher Name. Kurzform von ▶ Konrad. Passt zu den meisten Familiennamen.

Kurt: alter deutscher Name. Ebenfalls Kurzform von ▶ Konrad. Beliebt in der Ritterdichtung des 19. Jahrhunderts. Auch: ▶ Curd, ▶ Curt, **Kurd**.

Kyrill: Schreibvariante zu ▶ Cyril.

Vornamen germanischer Herkunft

Vor der Entstehung der Familiennamen im 12. Jahrhundert trugen die Angehörigen der verschiedenen germanischen Stämme nur einen Namen. Dieser bestand meist aus zwei Teilen, die zusammen eine Sinneinheit bildeten. Konrad beispielsweise setzt sich zusammen aus: kühn und Rat bzw. Beratung.

L

Laban: ausgefallener biblischer Name hebräischer Herkunft. Bedeutung: weiß. In der Bibel ist Laban der Vater von Lea und Rahel.

Ladislaus: originell und ungewöhnlich. Slawischer Name mit der Bedeutung: Macht, Ruhm. Am besten zu einem kürzeren Familiennamen. Abkürzung: ▶ Claus, ▶ Klaus.

Lajos: ungarische Form von ▶ Ludwig. Ungewöhnlich, aber nicht abgehoben.

Lambert: jüngere Form von **Lambrecht** oder **Lamprecht**. Auch: **Lammert**, **Lampert**. Aus dem Althochdeutschen. Bedeutung: Land, glänzend. Namenstag: 18. September. Latinisierte Form: **Lambertus**.

Lami: türkischer Name nach dem arabischen lami = der Glänzende.

Lancelot, Lanzelot: ritterlich und extravagant. Der Name geht zurück auf den Ritter der Artussage, der die Gattin von König Artus liebte. Er war ein Muster höfischer Tugenden: ein Name, der verpflichtet.

Landolf, Landulf: alter, fast vergessener Name. Aus dem Althochdeutschen. Bedeutung: Land, Wolf.

Landolin: alter deutscher Name. Koseform von **Lando**. Auch: **Landelin**.

Landuin: aus dem Althochdeutschen. Bedeutung: Freund. Nebenformen: **Landewin**, **Lando**, **Lantwin**, **Lanz**.

Die beliebtesten Jungennamen in den Niederlanden im Jahr 2007

1. Sem	6. Jesse
2. Tim	7. Milan
3. Daan	8. Thijs
4. Ruben	9. Lucas
5. Thomas	10. Stijn

Quelle: Sociale Verzekeringsbank

Larry ['Leri]: englische Kurzform von ▶ Hilarius. Auch: **Lary.**

Lars: nordischer Name, vor allem in Schweden, Dänemark und Norwegen verbreitet, aber auch in Norddeutschland. Koseform: **Lasse.**

László ['Laslo]: populäre ungarische Form von ▶ Ladislaus. Auch: **Laslo.**

Latif: orientalisch klingender Name arabischer Herkunft. Bedeutung: Diener, der Gütige, der Sanftmütige.

Laurens: schwedische Form von Laurentius. Auch **Laurent, Laurentius, Laurenz** oder ▶ Lorenz. Bedeutung: der aus der Stadt Laurentum Stammende. Namenstag: 10. August. Italienische Form: **Lorenzo.** Englische Form: **Laurel, Laurence, Lawrence.** Koseform: **Lauri.**

Laurin: märchenhaft und ausgefallen, aber nicht zu extravagant. Laurin war ein Zwergenkönig in der Heldendichtung. Variante: **Laurian.**

Lauritz: ausgefallen und doch nicht abgehoben. Abgeleitet von **Laurenz.**

Lazarus: aus der Bibel übernommener lateinischer Name. Bedeutung: dem Gott hilft. Im Mittelalter der Patron der Bettler. Namenstag: 17. Dezember.

Leander: Name griechischer Herkunft. Bedeutung: Volk, Mann. Italienische und spanische Form: **Leandro**. Passt zu vielen Familiennamen.

Lebuin [Lebue]: ziemlich unbekannte französische Form von **Liebwein**. Auch: **Leboin**. Namenstag: 12. November.

Lee [Li]: sehr kurz. Englischer Vorname. Kurzform von ▶ Leo oder ▶ Leroy. Nebenform: **Leigh**.

Lenard: moderne Variante von ▶ Leonhard. Auch: **Lenhard**, **Lennard** oder **Lennert**. Kurzform: **Lenny**. Passt eigentlich immer.

Leo: Kurzform von ▶ Lorenz, ▶ Leonhard oder ▶ Leopold. Bedeutung: der Löwe. Häufiger Papstname. Namenstag: 10. November.

Leon: beliebte Variante zu ▶ Leo und Kurzform von ▶ Leonhard. Auch: ▶ Leonidas, **Lion**.

Leonhard, Leonard: alter deutscher Name. Bedeutung: der Löwe, hart, kräftig, stark. Namenstag: 6. November. Italienische Form: **Lenardo**, **Leonardo**, **Linardo**. Im Norden: **Lennart**, **Lennert**, **Linnart**. Englische Form: **Leonard**. In Frankreich: **Léonard**. Kurzformen: **Hardy**, **Lenny** oder **Leo**.

Leonid: im deutschen Sprachraum seltener, ursprünglich griechischer Name. Bedeutung: Sohn des Leon. Namenstag: 22. April.

Leopold: zeitlos und nach wie vor beliebt. Variante von **Luitpold**. Namenstag: 15. November. Früher beliebter Name in Österreich. Passt zu vielen Familiennamen. Abkürzung: **Leo** oder **Poldi**.

Leroy: aus dem Französischen. Bedeutung: der Königliche.

Leslie, Lesley: verspielter englischer Name. Auch als weiblicher Name gebräuchlich.

Lester: seriös und nicht abgehoben. Besonders in Nordengland verbreitet. Abgeleitet von dem Ortsnamen Leicester.

Levent: türkischer Name. Bedeutung: der Großgewachsene, der Gutaussehende.

Levi: biblischer Name aus dem Hebräischen. U. a. bekannt durch den Erfinder der Jeans: Levi Strauss.

Levin, Lewin: niederdeutsche Form von **Liebwein**. Bedeutung: lieb, wert, freundlich. Passt zu vielen Familiennamen. Auch: **Lewin**.

Lew: russische und polnische Form von ▶ Leo.

Lex: Kurzform von ▶ Alexander. Bekannter Namensträger: der amerikanische Filmschauspieler Lex Barker.

Liam ['Liem]: angenehm im Klang. Irische Kurzform von ▶ William.

Liborius: anspruchsvoll und ungewöhnlich. Aus dem Lateinischen. Bedeutung: frei.

Liebrecht: alter deutscher Name mit der Bedeutung: lieb, glänzend.

Lienhard: gediegen und kein Allerweltsname. Oberdeutsch-schweizerische Form von ▶ Leonhard. Auch: **Lienhart**. Abkürzung: **Lenz**.

Lindsay ['Lindsi]: schottischer Name mit Charakter. Auch: **Lindsey, Linsay** oder **Linsey**.

Lino: pfiffige italienische Form zu ▶ Linus.

Linus: attraktiv und sehr beliebt. Aus dem Griechischen und Lateinischen. Bedeutung vermutlich: der Klagende. Kurzform von Paulinus. Namenstag: 23. September. In englischer oder deutscher Aussprache möglich.

Lion: seriös, aber nicht langweilig. Vermutlich eine Nebenform zu ▶ Leon. Bekannter Namensträger: der deutsche Schriftsteller Lion Feuchtwanger.

Lionel, Lyonel ['Laionel]: englische Form von ▶ Lion.

Livius: römischer Name mit lateinischen Wurzeln. Bedeutung: aus dem Geschlecht der Livier stammend.

Lloyd [Loid]: aus dem Walisischen. Bedeutung: braun. Auch: **Floyd**.

Lois: Kurzform von ▶ Alois. Im süddeutschen Raum verbreitet.

Lorenz: italienische Form von ▶ Laurentius. Passt zu den meisten Familiennamen.

Lorin: bei uns seltene englische Version von **Loren** bzw. Kurzform von ▶ Lorenz.

Loris: italienische und schweizerische Form von ▶ Laurentius.

Lothar: Name aus dem Althochdeutschen. Bedeutung: laut, berühmt und Kriegsschar, Heer. Heute eher selten.

Louis ['Lui]: französische Form von ▶ Ludwig. Beliebt ist heute vor allem die deutsche Form: **Luis**. Kurzform: **Lou**, **Lu**.

Lovis: niederdeutsche Form von ▶ Louis. Bekannter Namensträger: der deutsche Maler Lovis Corinth. Auch: Lowis.

Lowell [Lauel]: extravaganter Name nach dem altenglischen Wort lufu = Liebe.

Luca: beliebte italienische Version von ▶ Lukas. Passt zu den meisten Familiennamen. Abkürzung: **Luc**.

Lucian, Luzian: elegant und ausgefallen. Abgeleitet vom römischen **Lucianus**. Italienische Form: **Luciano**. Französische Form: **Lucien**.

Lucio, Lucius, Luzius: römischer Name. Bedeutung: der Lichte, der Glänzende, der vor Tagesanbruch Geborene.

Ludger: niederdeutsche Form des sehr seltenen Namens **Luitger**. Bedeutung: Volk und Speer. Namenstag: 26. März. Passt zu den meisten Familiennamen.

Ludwig: alter deutscher Name. Bedeutung: laut, berühmt, Kampf, Krieg. Häufiger Königsname. Namenstag: 25. August. Auch in anderen Sprachen geläufig: Französische Form: ▶ Louis. Englische Form: **Lewis**. Spanische Form: **Luis**. Italienische Form: **Luigi**.

Luitpold: edler, vor allem in Bayern bekannter Name. Heute allerdings nicht mehr sehr häufig. Aus dem Althochdeutschen. Bedeutung: das Volk, kühn. Abkürzung: **Poldi**.

Lukas: beliebter und zeitloser Name lateinischen Ursprungs. Abgeleitet von ▶ Lucius. Einer der Evangelisten. Namenstag: 18. Oktober. Gilt als Schutzheiliger der Maler. Auch: **Lucas**.

Lutz: Koseform von ▶ Ludwig.

Luzian: eingedeutschte Form von ▶ Lucian.

Luzius: eingedeutschte Form von ▶ Lucius.

Lyder [Lüder]: ausgefallener nordischer Name. Bedeutung: Volk, Krieger.

Lysander [Lüsander]: märchenhafter Name mit lateinischen und griechischen Wurzeln. Bedeutung: lösen, befreien, der Männer Befreiende. Passt nicht zu jedem Familiennamen und auch eher zu zarten Knaben. Abkürzung: **Sander, Sandro**.

M

Maarten: niederdeutsch-friesische und niederländische Form von ▶ Martin. Passt am besten zu einem norddeutschen oder schlichten Namen. Bekannter Namensträger: der niederländische Schriftsteller Marten 't Hart.

Magnus: ausgefallener intellektueller Name aus dem Lateinischen. Bedeutung: groß. Seit dem Mittelalter verbreitet. Namenstag: 19. August. Bekannter Namensträger: der Lyriker und Schriftsteller Hans Magnus Enzensberger. Norwegische Form: **Magnar**.

Mahir: türkischer Name mit arabischen Wurzeln. Bedeutung: der Geschickte, der Talentierte.

Maik: Schreibvariation von ▶ Mike.

Mainart: norddeutscher Name, abgeleitet von ▶ Meinhard. Passt zu vielen Familiennamen, nicht nur zu norddeutschen.

Makani: interesssanter und ausgefallener polynesischer Name. Bedeutung: Wind.

Maksim: typisch russischer Name. Abgeleitet von Maximus. Bekannter Namensträger: der russische Schriftsteller Maksim Gorkij. Auch: **Maxim**.

Malcom ['Mälkem]: englischer Name mit gälischen Wurzeln. Beliebter Name schottischer Könige im Mittelalter.

Malik: ausgefallener arabischer Name. Bedeutung: Diener Gottes. Auch bulgarische Koseform von **Malomir**.

Malte: dänischer Name. Bedeutung: Helm und walten, herrschen. Auch: **Molte**. Passt am besten zu einem norddeutschen Namen.

Malvin, Malwin: sehr ausgefallen. Abwandlung des alten deutschen Namens **Madalwin**. Bedeutung: Verhandlung, Versammlung, Freund.

Manfred: einfacher, ursprünglich normannischer Name: **Manfried**. Bedeutung: Mann, Schutz vor Waffengewalt, Friede. Abkürzung: **Fred, Mani, Manni**. Heute etwas in Vergessenheit geraten.

Manolo: verspielt, aber nicht kindisch. Spanische Kurzform von ▶ Emmanuel oder ▶ Immanuel.

Mansur: eigenwillig und etwas streng. Aus dem Arabischen. Bedeutung: der, dem Gott zum Sieg verholfen hat. Ehrentitel der Kalifen.

Manuel: beliebte Kurzform von ▶ Emanuel. Passt zu den meisten Familiennamen. Koseform: ▶ Manolo.

Manus: einfache irische Form von ▶ Magnus.

Marbert: traditionell und seriös. Aus dem Althochdeutschen. Bedeutung: glänzendes Pferd.

Marc [Mark]: beliebte, moderne französische und katalanische Form von ▶ Markus. Bekannter Namensträger: der russische Maler Marc Chagall. Auch: **Mark**.

Marcel [Mar'sel]: bekannter französischer Name. Auch bei uns beliebt und verbreitet. Kurzform von **Marcellinus** oder **Marcellus**. Auch: **Marzell**. Namenstag: 16. Januar.

Marco [Marko]: beliebte italienische, portugiesische und spanische Form von ▶ Markus. Auch: **Marko**. Bekannter Namensträger: der venezianische Weltreisende Marco Polo.

Marek: polnische und tschechische Form von ▶ Markus.

Marian: beliebt, aber kein Allerweltsname. Deutsche Form des römischen Beinamens **Marianus**. Auch als weiblicher Name gebräuchlich. Der heilige Marian war ein irischer Wandermönch. Namenstag: 22. Dezember. Passt zu den meisten Familiennamen.

Marinus: ausgefallen, aber nicht abgehoben. Aus dem Lateinischen. Bedeutung: am Meer lebend. Italienische Form: **Marino**. Passt zu den meisten Familiennamen.

Marius: beliebter, ehemals lateinischer Name. Bedeutung: aus dem Geschlecht der Marier stammend. Namenstag: 27. Januar. Erweiterung ▶ Marian. Italienische Form: **Mario**.

Markus: zeitloser lateinischer Name, abgeleitet von **Marcus**. Nach dem Evangelisten Markus. Namenstag: 25. April. Passt eigentlich immer. Nicht an einen bestimmten Typ gebunden.

Markward, Markwart: alter deutscher Name. Heute nicht mehr gefragt. Bedeutung: Hüter der Grenze.

Marlin, Merlin: englische Nebenform von **Marlon**. Wohlklingend und kaum bekannt.

Martin: weit verbreiteter Name mit lateinischen Wurzeln. Bedeutung: nach dem Kriegsgott Mars. Seit dem Mittelalter als Name des heiligen Martin bekannt. Namenstag: 11. November. Auch: **Marten**, ▶ Morten, **Morton**. Abkürzung: **Mart**.

Marvin: Modename aus dem Englischen. Die deutsche Entsprechung **Marwin** ist ein alter Name aus dem Hochdeutschen. Bedeutung: angesehener Freund.

Mateo, Matteo: attraktiv und wenig verbreitet. Spanische bzw. italienische Form von ▶ Matthäus.

Mathis: typisch nordischer Name, im Süden wenig gebräuchlich. Niederdeutsche Kurzform von ▶ Matthias. Bekannt durch den Jugendroman »Ronja Räubertochter« von Astrid Lindgren.

Matthäus: biblischer Name nach dem Apostel und Evangelisten. Nebenform von ▶ Matthias. Namenstag: 21. September.

Matthew [Maesju]: geläufige englische Form von ▶ Matthias.

Matthias: gleichbleibend beliebter Name hebräischer Herkunft. Bedeutung: Geschenk Gottes. Namenstag: 24. Februar. Der heilige Matthias gilt als Patron der Handwerker. Auch: **Mathias.** Kurzformen: **Mathi, Mats, Matts.**

Maurice [Mo'ris]: elegant und weltläufig. Englische und französische Form von **Mauritius.**

Maurus: eigenwillig und wenig verbreitet. Aus dem Lateinischen. Bedeutung: der Mohr. Namenstag: 15. Januar. Italienische Form: **Mauro.**

Maxence [Maksos]: edel und außergewöhnlich. Französische Form zu **Maxentius.** Bedeutung: der Größte.

Maximilian: schnörkelloser, gleichbleibend beliebter Name mit lateinischen Wurzeln. Bedeutung: der Größte. Namenstag: 12. Oktober. Gebräuchliche Abkürzungen: **Max, Maxi, Milian.**

Maximin: nach dem heiligen Maximin, Bischof von Trier. Namenstag: 29. Mai. Kurzform: **Maxim.**

Mehmet: sehr bekannte, geläufige türkische Form von ▶ Mohammed.

Meik, Maik, Meiko: aparter niederdeutscher Name. Bedeutung: Macht.

Meinard, Meinhard: alter deutscher Name, heute kaum noch gebräuchlich. Bedeutung: Kraft, Stärke, Macht.

Melcher, Melchert: angenehm und nicht abgegriffen. Friesisch. Verwandt mit ▶ Melchior.

Melchior: origineller Name aus dem Hebräischen. Bedeutung: König ist Licht. Seit dem Mittelalter bekannt als einer der Heiligen Drei Könige.

Melf: kurzer friesischer Name. Schön zu einem längeren Familiennamen. Bedeutung unbekannt.

Melvin: englischer Name. Auch: **Melvyn** oder **Malvin**. Passt zu den meisten Familiennamen.

Menachem: klangvoller hebräischer Name mit der Bedeutung: Tröster.

Merle: englischer Name. Bedeutung: Amsel. Auch als weiblicher Vorname gebräuchlich.

Merlin, Marlin: melodischer Name, der ursprünglich aus England kommt. Passt zu jedem Familiennamen.

Merten: herb und nicht zu häufig. Rheinisch-niederländische Nebenform zu ▶ Martin.

Mewes: niederdeutsche Kurzform von ▶ Bartholomäus.

Michael: traditioneller und trotzdem immer wieder aktueller Name. Aus dem Hebräischen. Bedeutung: Wer ist wie Gott? Namenstag: 29. September nach dem Erzengel Michael. Abkürzungen: **Micha, Michal, Michel, Michi, Mick, Mickel, Mike**. In vielen anderen Ländern bekannt: Bulgarische Form: **Michail**. Polnische Form: **Michal**. Französische Form: **Michel**. Englische Form: **Mike**. Schwedische Form: **Mickel**. Neugriechische Form: **Mikis**. Russische Form: ▶ Mischa.

Milan: aus dem Tschechischen. Bedeutung: lieb, teuer. Bei uns wenig verbreitet.

Miles [Mailz]: alter englischer Name unbekannter Bedeutung. Nebenform: **Milo**.

Milos: tschechische Kurzform von ▶ Bogumil.

Mirek: slawische Kurzform von ▶ Jaromir oder ▶ Miroslaw.

Mirko, Mirco: serbokroatischer Name. Kurzform von ▶ Miroslaw.

Miroslaw [Miroslaf]: typisch slawischer Name. Bedeutung: Ruhm, Friedensruhm.

Mischa: typisch russischer Name. Koseform von **Michail** (▶ Michael). Passt zu einem schlichten Namen.

Modest: sehr ausgefallen. Aus dem Lateinischen. Bedeutung: bescheiden, sanftmütig. Namenstag: 15. Juni und 3. Dezember.

Mohammed: beliebtester männlicher Vorname der islamischen Welt. Aus dem Arabischen. Bedeutung: preisen. Name des Propheten, Begründer des Islam. Türkische Form: ▶ Mehmet oder Muhammet.

Mombert: traditioneller deutscher Name, heute fast vergessen. Bedeutung: Geist, glänzend. Abkürzung: **Bert**.

Moritz: frisch und unkompliziert. Abgeleitet von ▶ Maurus und **Mauritius**. Namenstag: 22. September. Bekannt durch die beliebte Kindergeschichte »Max und Moritz«. Koseform: **Momo**. Nebenformen: **Maurits, Mauritz**. Französische Form: **Maurice**. Englische Form: **Morris**.

Morten: Dänische und norwegische Form von ▶ Martin.

Mortimer: sehr distinguiert. Englischer Name nach einem Ortsnamen in der Normandie. Passt nicht zu jedem Familiennamen. Koseform: **Morty**.

Moses: biblischer Name ägyptischer Herkunft. Bedeutung: Sohn des … Nach der Bibel war Moses Führer der Israeliten aus der ägyptischen Unterdrückung. Auch: **Mose**. Englische Kurzform: **Moss**. Französische Form: **Moise**.

Moshe [Mosche]: verbreiteter israelischer Vorname: Bedeutung: siehe ▶ Moses.

Murphy [Mörfi]: origineller irischer Name zu dem gälischen Wort für Meer (muir).

Mustafa: bekannter türkischer Name arabischen Ursprungs. Bedeutung: der Auserwählte.

Myron ['Mairen]: englischer Name mit griechischen Wurzeln. Bedeutung: Öl, parfümierte Salbe.

Die beliebtesten Jungen-Doppelnamen in Deutschland im Jahr 2007

(mit oder ohne Bindestrich)

1. Finn-Luca	11. Luca-Leon
2. Jan-Luca	12. Tim-Lukas
3. Ben-Luca	13. Gian-Luca
4. Tom-Luca	14. Jan-Lukas
5. Jan-Niklas	15. Luis-Maximilian
6. Leon-Pascal	16. Noah-Joel
7. Jan-Erik	17. Tim-Niklas
8. Jan-Philipp	18. Luca-Joel
9. Leon-Maurice	19. Tim-Luca
10. Leon-Alexander	20. Jan-Ole

Quelle: www.beliebte-Vornamen.de

N

Nabil: eigenwillig und wenig geläufig. Aus dem Arabischen. Bedeutung: edel, ehrenwert. In der Türkei verbreitet.

Nabor: Herkunft vermutlich hebräisch. Bedeutung: Prophet des Lichts.

Nadim: wohlklingender arabischer Name mit der angenehmen Bedeutung: Freund.

Nadir: arabischer Name. Bedeutung: selten, kostbar.

Nafi: türkischer Name arabischer Provenienz. Bedeutung: der Nützliche, der Wertvolle.

Nahum: sehr ausgefallener biblischer Name aus dem Hebräischen. Bedeutung: Tröster.

Nail: extravaganter arabischer Name. Bedeutung: jemand, der seine Ziele erreicht. In der Türkei beliebt.

Naim: türkischer Name arabischen Ursprungs. Bedeutung: sorglos, glücklich.

Namid: poetischer indianischer Name. Bedeutung: Sternentänzer.

Namik: türkisch und arabisch: der Schreiber, der Schriftsteller.

Nandolf: alter deutscher Name. Bedeutung: kühn, wagemutig. Heute in Vergessenheit geraten.

Nanno: friesischer Name aus dem Germanischen. Bedeutung: wagemutig. Passt auch zu einem süddeutschen Familiennamen.

Nantwin: ein alter, fast vergessener Name. Bedeutung: wagemutiger Freund. Kurzform: **Nanno**.

Narciss, Narziss: sagenumwobener Name aus der griechischen Mythologie. Demnach war Narziss ein schöner Jüngling, der aus Liebe zu sich starb, als er sein Spiegelbild in einer Quelle erblickte. Nach seinem Tod wurde er in eine Narzisse verwandelt. Aufgrund seiner Bedeutung ein nicht ganz unproblematischer Name.

Nasir: türkischer Name zu dem arabischen Wort für Helfer.

Nathan, Natan: überkonfessioneller Name hebräischen Ursprungs, der sich wachsender Beliebtheit erfreut. Bedeutung: Jahwe hat gegeben. Kurzform von ▶ Jonathan. Nebenformen: **Nathanael** und **Nathaniel**. Kurzform: **Nat**.

Nayati [Najati]: indianischer Name. Bedeutung: Ringer.

Nazarius: ausgefallen und vermutlich lateinischen Ursprungs. Bedeutung: der Nazarener. Namenstag: 28. Juli. Französische Form: **Nazaire**.

Nehemia: ausgefallen und kaum als männlicher Name zu erkennen. Aus dem Hebräischen. Bedeutung: Jahwe hat getröstet.

Neidhard, Neidhart: alter deutscher Name. Bedeutung: feindselige Gesinnung, hart, kräftig, stark.

Neil, Neal [Nil]: bekannter englischer Name nach dem irischen Niall. Vermutliche Bedeutung: Wolke, leidenschaftlich.

Neklas: niederdeutsche Variante zu ▶ Niklas.

Nelson: typischer Seemannsname aus dem englischsprachigen Raum.

Nepomuk: lustig und frisch. Nach dem heiligen Nepomuk. Namenstag: 26. Mai. Kurzform: **Muck**.

Die beliebtesten Jungennamen in Dänemark im Jahr 2006

1. Lucas	6. Emil
2. Mikkel	7. Oliver
3. Frederik	8. Sebastian
4. Magnus	9. Mathias
5. Mads	10. Tobias

Quelle: Danmarks Statistik

Nestor: seltener Name aus der griechischen Mythologie. Im hohen Alter von 90 Jahren soll Nestor 90 Schiffe gegen Troja geführt haben. Bekannt wegen seiner Weisheit und seiner Beredsamkeit.

Neville [Nevil]: beliebter englischer Name, bei uns eher selten.

Niccolò: unverbraucht und frech. Italienische Form von ▸ Nikolaus. Abkürzung: **Nic**, **Nico**.

Nicholas: englische Form von ▸ Nikolaus.

Niels: kurz und schnörkellos. Dänische Form von ▸ Nikolaus. Besonders verbreitet in Norddeutschland. Nebenform: **Nils**. Kurzform: **Nisse**.

Niklas: frisch und modern. Kurzform von ▸ Nikolaus. Nebenformen: **Nicklas**, **Niclas**, **Nicolas**, **Niklaas**. Kurzformen: **Nick** oder **Nicky**.

Nikodemus, Nikodem: biblischer Name mit griechischen Wurzeln. Bedeutung: Volkssieger. Nach der Bibel war Nikodemus ein Gelehrter. Namenstag: 3. August. Auch: **Nicodemus**.

Nikolai, Nicolai, Nikolaj: russische Form von ▶ Nikolaus. Nebenformen: **Kolja, Nik, Nikita.**

Nicolas: französische Form von ▶ Nikolaus.

Nigel [Naidschl]: kurz und unprätentiös. Englischer Name, vermutlich abgeleitet von ▶ Neil.

Nihat: aus dem Arabischen. Bedeutung: Naturell.

Nikolaus: traditioneller Name mit griechischen Wurzeln. Bedeutung: Sieg und Volk. Seit dem Mittelalter verbreitet durch den heiligen Nikolaus. Namenstag: 6. Dezember. Abkürzung: **Nico, Niko, Claus, Klaus.**

Níkos: neugriechische Kurzform von ▶ Nikolaus.

Nino: kurz und unprätentiös. Aus dem Italienischen. Kurzform von **Giovannino (Johannes)**.

Noa, Noah: zunehmend beliebterer überkonfessioneller Name aus dem Hebräischen. Bedeutung: Beruhige dich, Gott. Passt zu vielen Familiennamen, auch zu längeren.

Nolan: keltischer Name mit der Bedeutung: Nordland.

Norbert: traditionell, aber aus der Mode gekommen. Bedeutung: Norden, glänzend. Namenstag: 6. Juni.

Norman: internationaler alter deutscher Name. Bedeutung: der Mann aus dem Norden. Vor allem im englischsprachigen Raum beliebt. Auch: **Normann.**

Notger, Notker: aus dem Althochdeutschen. Umkehrung von ▶ Gernot. Bedeutung: Speer. Namenstag: 6. April und 29. Juli.

Nureddin: orientalisch klingender arabischer Name. Bedeutung: Licht der Religion. Im Türkischen: **Nürettin.**

O

Obbo: schlichter friesischer Name. Abgeleitet von ▶ Otto. Bedeutung: Besitz.

Oberon: anspruchsvoll und wenig bekannt. Englische Form von **Alberich**.

Ocko, Okke, Ocko, Oke: sehr eigenwillig und ungewöhnlich. Friesische Koseform von Namen, die mit Ot- gebildet werden.

Octavian, Oktavian: ausgefallener Name aus dem Lateinischen. Beiname des römischen Kaisers Augustus (Octavianus), der eigentlich Gaius Octavianus hieß. Französische Form: **Octave**. Italienische und spanische Form: **Octavio**.

Ode, Odde: typisch friesisch. Abgeleitet von ▶ Otto. Bedeutung: Besitz.

Odilo: alter deutscher Name. Koseform von ▶ Odo.

Odin: nordischer Name nach der höchsten Gottheit der nordgermanischen Mythologie. Entspricht Wotan bei den Westgermanen. Bedeutung: der Rasende – daher ein Name, der nicht leichtfertig vergeben werden sollte. Schwedische Form: **Odon**.

Odo: aus dem Althochdeutschen. Bedeutung: Besitz, Reichtum. Kurzform von Namen, die mit Ot- gebildet werden wie ▶ Otfried oder ▶ Otmar.

Ödön: geschmackvoll und selten. Ungarischer Name.

Oguz: türkischer Name mit arabischen Wurzeln. Bedeutung: Stier, der Mutige.

Olaf: bekannter altnordischer Name. Bedeutung: Nachkomme des Urahns. Alter norwegischer Königsname. Namenstag: 10. Juli. In Schweden: **Olof**. Dänische Form: **Oluf**.

Oldrik: niederdeutsche Form von ▸ Ulrich. Passt am besten zu einem norddeutschen Familiennamen.

Ole: immer beliebter werdender Name. Dänische und norwegische Kurzform von ▸ Olaf.

Oleg: russische Form von ▸ Helge.

Olerk: schlicht und maskulin. Nordischer Name. Verwandt mit ▸ Olrik.

Oliver: lange Zeit ein Modename. Aus dem Altfranzösischen **(Olivier)**. Bedeutung: Ölbaum. Abkürzung: **Olli** oder **Olly**. Bekannter Namensträger: der amerikanische Komiker Oliver Hardy. Passt zu allen Familiennamen.

Olrik: typisch norddeutscher Name. Bedeutung: edel, reich.

Oltmann: anspruchsvoll und etwas streng. Friesischer Name aus dem Althochdeutschen. Bedeutung: bewährt, Mann.

Omar: orientalischer Name arabischen Ursprungs. Bedeutung: blühend. Beliebter Name in der islamischen Welt. Bekannter Namensträger: der ägyptische Filmschauspieler Omar Sharif. Türkische Form: **Ömer**.

Onko: herber friesischer Name. Jenseits von Norddeutschland kaum bekannt.

Onno: sehr eigenwilliger friesischer Name. Kurzform von ▸ Arnold.

Onur: eigenwillig, aber interessant. Aus dem Französischen. Bedeutung: Stolz, Ehre. In der Türkei verbreitet.

Orell: schweizerische Form von ▸ Aurelius.

Orest: aus der griechischen Mythologie. Bedeutung: Bergbewohner. Nach der Sage ist Orestes der Sohn von Agamemnon und Klytämnestra. Er rächt den Tod seines Vaters, indem er seine Mutter ermordet.

Orhan: vornehmer Name aus dem Alttürkischen.

Orion: einfallsreicher Name aus dem Griechischen. Bedeutung: Sohn des Feuers.

Orlando: schwungvolle italienische Entsprechung zu ▶ Roland. Kurzform: **Lando**.

Orson [Orsn]: internationaler Name aus dem Althochdeutschen. Passt zu vielen Familiennamen. Verwandt mit ▶ Roland. Auch: nach dem altfranzösischen Wort für kleiner Bär (ourson). Bekannter Namensträger: der amerikanische Regisseur und Schauspieler Orson Welles.

Ortger: etwas altmodisch, aber mit Pfiff. Bedeutung: Speer. Gestalt aus dem Nibelungenlied.

Ortwin: kaum mehr gebräulicher Name aus dem Althochdeutschen. Bedeutung: Spitze der Waffe. Typischer Name der deutschen Heldensage.

Oskar, Oscar: unkompliziert und trendig. Vermutlich aus dem Altnordischen, entspricht dem altdeutschen Namen ▶ Ansgar. Abkürzung: **Ossi**. Bekannter Namensträger: der englische Dichter Oscar Wilde.

Osman: türkisch-arabischer Vorname. Bedeutung: Trappe (Vogelart).

Osmar: in Vergessenheit geratener alter deutscher Name. Bedeutung: Gottheit, bekannt, berühmt, angesehen.

Ossip: kaum bekannt. Russische Form von ▶ Joseph oder ▶ Josef.

Ostian: Name mit Klasse. Bedeutung: der aus Ostia Stammende.

Oswald: altsächsische Nebenform von **Answald**. Bedeutung: Gottheit, herrschen, walten. Beliebter Heiligenname. Namenstag: 5. August. Passt zu vielen Familiennamen. Kurzform: **Ossi**.

Oswin: altsächsisch. Nebenform von **Answin**. Bedeutung: Gottheit, Freund.

Otfried, Ottfried: Name mit langer Tradition, heute jedoch kaum mehr vergeben. Aus dem Althochdeutschen. Bedeutung: Besitz, Reichtum, Schutz vor Waffengewalt, Friede. Bekannter Namensträger: der beliebte Kinder- und Jugendbuchautor Otfried Preußler.

Otmar: alter deutscher Name mit vielen Schreibvarianten: **Ottmar, Othmar, Ottomar**. Bedeutung: Besitz, Reichtum, bekannt, berühmt, angesehen.

Ottheinrich: ein wenig altbacken klingende Doppelform von ▸ Otto und ▸ Heinrich. Auch: **Ottheinz**.

Otto: seit dem Mittelalter bekannt und geschätzt, heute weitgehend ohne Bedeutung. Kurzform von Namen, die mit Ot- gebildet werden. Bedeutung: Besitz, Reichtum. Beliebter Herrschername. Namenstag: 30. Juni. Kurzform: **Otil**.

Ottokar: alter Name, der heute unmodern klingt. Bedeutung: Besitz, Reichtum, wachsam, munter.

Ottorino: südländisch anmutender Name italienischer Herkunft. Erweiterung zu **Ottone**.

Owen ['Ouin]: eigenwilliger walisischer Name. Bedeutung unbekannt.

P

Paale: interessanter, außergewöhnlicher Name. Westfriesische Kurzform von ▶ Paul.

Paavo: international und ausgefallen. Finnische Form von ▶ Paul.

Pablo: klingt nach Sonne und Süden. Spanische Entsprechung zu ▶ Paul. Bekannter Namensträger: der spanische Maler Pablo Picasso. Niederdeutsch: **Pabel**.

Paco [Pako]: spanische Koseform von **Francisco (Franz)**. Bekannter Namensträger: der spanische Gitarrist Paco de Lucia. Auch: **Pako**.

Paddy: verspielt und unkompliziert. Aus dem Englischen. Kurzform von **Patrick**.

Pancho: spanisch. Kurzform zu **Francisco**.

Pankratz: traditioneller Name griechischen Ursprungs. Bedeutung: all, ganz, Kraft, Macht. Einer der drei Eisheiligen. Namenstag: 12. Mai. Auch: **Pankraz**.

Paolo: beliebte italienische Form von ▶ Paul. Passt am besten zu einem südländischen Familiennamen.

Parsimonius: sehr ausgefallen und lang. Bedeutung: Sparsamkeit.

Pascal: aus dem Französischen. Bei uns eher als weiblicher Vorname bekannt (Pascale). Italienische Form: **Pasquale**.

Patrick: international und beliebt. In Irland wird der heilige Patrick als Schutzpatron der Insel verehrt. Namenstag: 17. März. In Italien: **Patrizio**. Abkürzung: **Pat**.

Paul: zeitlos und unkompliziert. Abgeleitet von dem lateinischen **Paulus**. Bedeutung: klein. Paulus war einer der Apostel. Er trug zugleich den hebräischen Namen Saul. Paul gehört zu den beliebtesten Namen im deutschsprachigen Raum. Italienische Form ▶ Paolo. Spanische Form ▶ Pablo. Nebenformen: ▶ Paale, **Pai, Palle, Paulin, Pay, Peye, Poh, Pol, Pua**.

Pavel: beliebte tschechische Form von ▶ Paul. Auch: **Pawel**.

Pedro: spanische Form von ▶ Peter. Bekannter Namensträger: der spanische Regisseur Pedro Almodóvar.

Peer: niederländische, norwegische und dänische Form von ▶ Peter.

Pelagius: eigenwillig. Aus dem Griechischen. Bedeutung: offene See, Meer. Namenstag: 1. September.

Pelin: wohlklingender türkischer Name. Bedeutung: Wermutpflanze.

Pelle: pfiffig und besonders. Schwedische Koseform von Per (Peter).

Pellegrino: italienische Form zu ▶ Peregrin (Peregrinus).

Percy ['Pörsi]: moderner englischer Name nach einem Ort in der Normandie.

Peregrin: nach dem lateinischen Namen **Peregrinus**. Bedeutung: der Fremde. Kurzform: **Perry**.

Peter: lange Zeit einer der gefragtesten männlichen Vornamen. Abgeleitet vom lateinischen **Petrus**. Bedeutung: der Fels. Einer der Apostel. Namenstag: 29. Juni. Auch in anderen Sprachen gebräuchlich: italienische Form: **Pietro** oder **Piero**. Niederländische Form: **Pieter**. Französische

Form: **Pierre**. Russische Form: **Pjotr**. Passt zu allen Familiennamen. Abkürzung: **Piet** oder **Pit**.

Petronius: eigenwillig und selten. Aus dem Griechischen. Bedeutung: Felsblock.

Petrus: lateinische Form von ▶ Peter.

Philibert: schöner alter Name mit griechischen Wurzeln. Bedeutung: Pferdefreund. Auch: **Filibert**. Italienische Form: **Filiberto**. Abkürzung: **Bert, Phil**.

Philip, Philipp: klassischer griechischer Name. Bedeutung: Pferdefreund. Nach dem lateinischen **Philippus**. Namenstag: 11. Mai. Italienische Form: **Filippo**. Spanische Form: **Filipe**. Englische Form: **Philip**. Französische Form: **Philippe**. Kurzform: **Phil**.

Philo ['Filo]: pfiffig und nicht zu ausgefallen. Kurzform zu Namen, die mit Phil- beginnen.

Phöbus: etwas gewöhnungsbedürftig, aber nicht uninteressant. Aus dem Griechischen. Bedeutung: der Strahlende. Beiname des Apollon als Sonnengott.

Pidder: friesische Form von ▶ Peter.

Piet: niederländische und niederdeutsche Kurzform von ▶ Peter. Auch: **Pit**.

Pim: nett und unkonventionell. Niederländischer Name. Abgeleitet von ▶ Wilhelm.

Pinar: türkischer Name. Bedeutung: Quelle.

Pinkas: freundlicher biblischer Name. Aus dem Hebräischen. Bedeutung: der Dunkelhäutige. Passt nicht zu allen Familiennamen. Auch: **Pinkus**.

Pio: italienische Form von ▶ Pius.

Pipin, Pippin: netter Name für einen Jungen, im Erwachsenenalter vielleicht nicht so geeignet. Im 8. Jahrhundert war Pippin III. fränkischer König.

Pirmin: nach dem heiligen Pirminius, dem Schutzheiligen gegen Schlangen, Vergiftungen und Rheuma. Am ehesten vertreten in Süddeutschland und in der Schweiz.

Pius: aus dem Lateinischen. Bedeutung: fromm, rechtschaffen. Beliebter Papstname. Namenstag: 21. August. Italienische Form ▶ Pio.

Plácido ['Plasido]: spanische Form des römischen Namens **Placidus**. Bedeutung: sanft, friedlich, mutig.

Polykarp, Polykarpus: sehr eigenwillig. Aus dem Griechischen. Bedeutung: der reiche Frucht bringt. Kurzform: **Karpus**.

Prosper: interessant. Abgeleitet von dem lateinischen Prosperus. Bedeutung: glücklich, erwünscht.

Pulcher: ungewöhnlicher Name aus dem Lateinischen. Bedeutung: schön.

Die beliebtesten Jungennamen in den USA im Jahr 2007

1. Jacob
2. Michael
3. Ethan
4. Joshua
5. Daniel
6. Christopher
7. Anthony
8. William
9. Matthew
10. Andrew

Quelle: Social Security Administration

Q

Quentin ['Kwentin]: frisch und originell. Englische und französische Form von **Quintinus (Quintin)**. Einer der beliebtesten Jungennamen in Frankreich. Nebenform: **Quinton**. Bekannter Namensträger: der Regisseur Quentin Tarantino.

Quinn [Kwin]: fröhlich und unverbraucht. Irischer Name mit gälischen Wurzeln. Bedeutung: der Weise.

Quintus [Kwintus]: ausgefallener Name aus dem Lateinischen. Bedeutung: der Fünfte. Quintus wurden ursprünglich Jungen genannt, die im fünften Monat des alten – im März beginnenden – römischen Kalenders geboren wurden. Kurzform: **Quint**.

Quirin [Kwirin]: attraktiv und nicht zu ausgefallen. Zurückgehend auf den Namen des römischen Gottes Quirinus. Im Mittelalter als Heiligenname verbreitet. Namenstag: 30. März und 16. Juni. Passt zu vielen Familiennamen.

R

Raban: ungewöhnlich und selten, aber seit dem Erfolg der Bücher und Filme »Die wilden Kerle« unter jungen Fußballfans sehr bekannt. Latinisierte Form des althochdeutschen Hraban, was so viel heißt wie Rabe. Abgeleitet von **Rabanus**. Namenstag: 4. Februar.

Radolf, Radulf: Name aus dem Althochdeutschen. Bedeutung: Rat, Beratung, Ratgeber, Wolf. Der Name spielt heute keine Rolle mehr.

Radomir: typisch osteuropäischer Name. Bekannt und verbreitet in Serbien, Kroatien, Polen und Tschechien. Bedeutung: froh, Friede.

Rafael, Raffael, Raphael: klangvoller biblischer Name mit hebräischen Wurzeln. Bedeutung: Gott heilt. Im Mittelalter bekannt als Name des Erzengels. Abkürzung: Raffi. Namenstag: 29. September.

Ragnar: herbe und ungewöhnliche nordische Form von ▸ Rainer. Auch: **Ragner**.

Raimund: aus dem Althochdeutschen. Bedeutung: Rat, Beschluss, Schutz. Patron der Angeklagten und Wöchnerinnen. Namenstag: 31. August. Englische Form: **Raymond**. Italienische Form: **Raimondo**. Spanische Form: **Ramón**.

Rainald: traditionell und doch außergewöhnlich. Nebenform von ▸ Reinhold. Passt zu den meisten Familiennamen. Auch: **Reinald, Rinald**. Italienische Form: **Rinaldo**.

Rainer, Reiner: In den 1940er und 1950er Jahren einer der beliebtesten Jungennamen, heute nicht mehr so verbreitet. Bedeutung: Rat, Beschluss, Schicksal, Kriegsschar, Heer. Passt zu allen Familiennamen. Bekannter Namensträger: der deutsche Schriftsteller und Regisseur Rainer Werner Fassbinder.

Rajan ['Radschan]: melodisch und fremdländisch. Indischer Name aus dem Sanskrit. Bedeutung: König. Auch: **Raja**.

Rajnish [Rainisch]: aus Indien. Bedeutung: Herrscher der Nacht. Titel eines göttlichen Gurus. Auch: **Rajneesh**.

Ralf, Ralph: in Deutschland einer der gefragtesten Jungennamen in den 1960er und 1970er Jahren. Mittlerweile aus der Mode gekommen. Mit altnordischen Wurzeln.

Ramazan: interessant und exotisch. Aus dem Türkischen. Nach dem arabischen Ramadan (9. Monat des islamischen Mondjahres und damit der Fastenmonat).

Ramiro: temperamentvoll und südländisch. Aus dem Spanischen mit westgotischen Wurzeln. Bedeutung: keilförmige Anordnung des Heeres, bekannt, berühmt, angesehen.

Ramón: klingt feurig und südländisch. Spanische Form von ▶ Raimund.

Ramses: bei uns seltener ägyptischer Name. Bedeutung: Der Gott ist es, der ihn geboren hat. Beliebter Pharaonenname. Ein Name, der »verpflichtet«.

Randolf: alter deutscher Name. Bedeutung: Schild, Wolf. Englische Form: **Randolph**. Auch: **Randulf**. Koseform: **Randy**.

Raschid: orientalisch und geheimnisvoll. Aus dem Arabischen. Bedeutung: der Weise. Bekannt durch den Kalifen von Bagdad Harun al Raschid, dem Scheherezade 1001 Nacht lang Geschichten erzählen musste. Türkische Form: **Rasit**.

Rasim: außergewöhnlich und klangvoll. Türkischer Name mit arabischen Wurzeln. Bedeutung: der Zeichnende.

Rasmus: Kurzform von ▶ Erasmus. Typisch dänischer Name.

Rasso: kaum geläufige Koseform von Namen, die mit Rat- gebildet werden.

Rathard: Name aus dem Althochdeutschen, an den sich heute kaum mehr jemand erinnert. Bedeutung: Rat, Beratung, Ratgeber, hart, kräftig, stark.

Ratje: ausgefallener Name aus dem Friesischen. Auch: **Ratke**. Bedeutung: Ratgeber.

Raul: selten, aber nicht zu extravagant. Französische Form: **Raoul**. Passt zu fast allen Familiennamen.

Ravi: hübsch in Klang und Bedeutung. Indischer Name, der im Sanskrit Sonne bedeutet.

Rayan: ausgefallen, aber nicht zu extravagant. Französischer Name mit keltischen Wurzeln.

Reginald: ältere, kaum mehr gebräuchliche Form von ▶ Reinhold.

Reiko: beliebter Jungenname in der ehemaligen DDR. Auch: **Rajko**.

Reimar: alter deutscher Name mit etlichen Schreibvarianten: **Raimar, Raimer, Reimer, Reinmar, Remmer**. Aus dem Althochdeutschen. Bedeutung: Rat, Beschluss, Schicksal, bekannt, berühmt, angesehen. Im Mittelalter ein weit verbreiteter Name, heute in Vergessenheit geraten.

Reinhard: einst häufiger deutscher Name, heute selten.

Aus dem Althochdeutschen. Bedeutung: Rat, Beschluss, Schicksal, hart, kräftig, stark. Auch: **Rainhard**, **Reenhard**, **Reinard**, **Reinhart**. Kurzform: **Renzo**.

Reinhold: etwas antiquiert. Nebenform von **Reinold**. Bedeutung: der Reine, Holde. Nebenform von ▸ Reginald.

Rembert: alter deutscher Name. Bedeutung: Rat, glänzend. Abkürzung: **Renz**.

Remigius: sehr seltener lateinischer Name. Bedeutung: der Ruderer. Im Mittelalter verbreitet durch den heiligen Remigius, Bischof von Reims. Namenstag: 1. Oktober. Kurzform: **Regis**.

Remmert: ausgefallen und etwas streng. Aus dem Niederdeutschen. Bedeutung: Rat, glänzend.

Remus: geschichtsträchtiger Name aus dem Lateinischen. Bekannt durch die Sage von Romulus und Remus.

Renatus: ebenfalls aus dem Lateinischen. Bedeutung: wiedergeboren. Heute nur noch wenig gebräuchlich. Französische Form: **René**. Letztere zählte in den 1970er Jahren vor allem in der ehemaligen DDR zu den gefragtesten Jungennamen.

Renja: offen und unkompliziert. Russische Kurzform von **Andrej**.

Renke, Renko: ungewöhnlich und wenig bekannt. Niederdeutsch-friesische Koseform von Namen, die mit Rein- gebildet werden.

Resul: edler türkischer Name arabischen Ursprungs. Bedeutung: Prophet, Gesandter Allahs.

Reto: schlicht und unprätentiös. Beliebter Name in der Schweiz. Bedeutung: der Räter, der Rätoromane. Auch: **Retus**.

Reuben, Reuven: englische Form von ▸ Ruben.

Rex [Reks]: kurz und schlicht. Englischer Name lateinischen Ursprungs. Bedeutung: König. Kurzform von ▶ Reinhold. Bekannter Namensträger: der Sänger Rex Gildo.

Richard: klassischer deutscher Name mit zahlreichen Variationen: Rickert, Ridsert, Righard. Bedeutung: Herrschaft, Herrscher, Macht, hart, kräftig, stark. In England von den Normannen eingeführt. Bekannt nach der historischen Gestalt »Richard Löwenherz«. Italienische Form: Riccardo. Abkürzung: **Richie** oder **Rick**.

Richmar: traditionell und unverbraucht. Aus dem Althochdeutschen. Bedeutung: berühmt.

Richwald: alter deutscher Name. Bedeutung: herrschen, walten. Nebenform: **Richold**.

Ricklef, Ricklef: ausgefallener friesischer Vorname. Bedeutung: Herrscher, Macht, reich, Erbe, Nachlass, Sohn, Tochter.

Ridley: englische Nebenform zu **Rider**. Bedeutung: rote Wiese.

Rigobert: kaum mehr gebräuchlich. Nach einer romanischen Form von Richbert. Bedeutung: Herrschaft, Herrscher, Macht, reich, mächtig, hoch, glänzend. Namenstag: 4. Januar.

Rinaldo, Renaldo: italienische Form von ▶ Reinhold.

Ringo: einfach und doch ungewöhnlich. Kurzform zu **Ringolf**. Bekannter Namensträger: Ringo Starr von den Beatles.

Risto: sehr ausgefallene finnische Kurzform von ▶ Christoph. Passt zu den meisten Familiennamen.

Roald: sehr ungewöhnlich. Aus dem Norwegischen. Bedeutung: Ruhm und Herrscher.

Robert: geläufig und unkompliziert. Niederdeutsche Form von **Rupert**. Namenstag: 29. April. Englische Kurzform: **Bob**. Italienische Form: **Roberto**.

Robin: frisch und modern. Englische Koseform von ▶ Robert. Bekannt und beliebt durch die Gestalt des edlen Räubers Robin Hood. Auch als weiblicher Name gebräuchlich. Auch: **Robyn**.

Rochus: latinisierte Form des althochdeutschen Namens **Roho**. Bedeutung: brüllen, der den Schlachtruf Ausstoßende. Namenstag: 16. August nach dem heiligen Rochus, Schutzheiliger gegen die Pest. Italienische Form: **Rocco**.

Roderich, Roderic, Roderik: alter deutscher Name aus dem Altsächsischen. Bedeutung: Ruhm, mächtig, gewaltig, reich. Heute nicht mehr üblich.

Rodger, Roger: niederdeutsche Form von ▶ Rüdiger. Beliebter Name im englischen Sprachraum.

Rodney: englischer Vorname mit der Bedeutung: Schilfinsel. Abkürzung: **Rod**.

Rodrigo: temperamentvoll und sehr maskulin. Italienische und spanische Form von ▶ Roderich. Französische Form: **Rodrique**.

Rogan: streng und maskulin. Aus dem Irischen. Bedeutung: der Rothaarige.

Roger [Rodscher]: internationale Form von ▶ Rüdiger. Abkürzung: Rodge. Nebenform: **Rodger**.

Roland: alter germanischer Name, bekannt aus dem »Rolandslied«. Bedeutung: wagemutig, kühn. Italienische Form: **Orlando**. Passt zu jedem Familiennamen. Auch: **Rolland, Rowland, Ruland, Rutland**.

Rolf: kurz und prägnant. Kurzform von ▶ Rudolf. Eher im Norden üblich. Auch: **Roluf**.

Roman: zeitlos und unkompliziert. Abgeleitet von der lateinischen Form **Romanus**. Bedeutung: der Römer. Namenstag: 23. Oktober. Italienische Form: Romano. Französische Form: Romain. Polnische Form: Romek. Bekannter Namensträger: Exbundespräsident Roman Herzog.

Romeo: leidenschaftlicher Name italienischen Ursprungs. Bedeutung: der Römer. Bekannt durch das Drama von Shakespeare »Romeo und Julia«. Passt nicht zu jedem Familiennamen.

Ronald: englischer Vorname schottischer Abstammung. Die deutsche Entsprechung lautet ▶ Reinhold. Kurzform: **Ron**. Koseform: **Ronny**.

Ronan: ausgefallener ehemals irischer Name. Bedeutung: kleine Robbe.

Ronimus: Kurzform von ▶ Hieronymus.

Rorik: typisch norddeutsch. Kurzform von ▶ Roderich. Auch: **Rurik**.

Rory [Roari]: irischer Name mit gälischen Wurzeln. Bedeutung: rot.

Roswin: vermutlich aus dem Althochdeutschen. Bedeutung: Pferdefreund.

Rowan [Roan]: irischer Name nach einem gleichnamigen irischen Heiligen.

Roy [Roi]: englischer Name mit gälischen Wurzeln. Bedeutung: rot.

Ruben: selten, aber nicht zu extravagant. Aus dem Hebräischen. Bedeutung: Seht den Sohn! In der Bibel ist Ruben der älteste Sohn von Jakob und Lea. Nebenform: **Rubin, Rouven**.

Rudolf, Rudoph: beliebt und verbreitet seit dem Mittelalter. Aus dem Althochdeutschen. Bedeutung: Ruhm,

Wolf. Beliebter Herrschername vor allem im süddeutschen Raum und in der Schweiz. Italienische Form: **Rudolfo**. Kurzform: **Rudi**.

Rüdiger: aus dem Althochdeutschen. Bedeutung: Ruhm und Speer. Auch: ▸ Rodger, **Rötger, Rüdeger, Rudgar, Rütger**.

Rufus: eigenwilliger Name lateinischen Ursprungs. Bedeutung: rothaarig, fuchsrot. Namenstag: 21. November. Nebenform: **Rufin**.

Runar: typisch nordischer Name schwedisch-norwegischer Herkunft. Passt am besten zu einem schlichten Familiennamen.

Rupert: alter deutscher Name mit einigen Variationen: **Rupertus, Ruppert, Rupprecht, Ruprecht**. Bedeutung: Ruhm, glänzend. Namenstag: 24. September. Eine bekannte Gestalt ist Knecht Ruprecht, der finstere Begleiter des heiligen Nikolaus.

Rurik: kurz und herb. Russische Form von ▸ Roderich.

Russell [Rasl]: englischer Name altfranzösischer Herkunft. Bedeutung: rot. Kurz- und Koseform: **Russ**. Beliebter Name in den USA.

Ruud: interessante niederländische Kurzform von ▸ Rudolph.

Ryan [Raien]: seltener Name irischer Abstammung. Bedeutung: Nachkomme des Rian.

S

Sabri: türkischer Name arabischen Ursprungs mit der Bedeutung: Geduld, Ausdauer, Kraft.

Sahil: indischer Name mit der Bedeutung: Führer.

Said: orientalisch klingender Name aus dem Arabischen. Bedeutung: glücklich. Türkische Form: **Sait**.

Saladin: ein arabischer Name, der an 1001 Nacht denken lässt. Bedeutung: Rechtschaffenheit des Glaubens. Türkische Form: **Selahattin**.

Salah: wohlklingender arabischer Name mit der Bedeutung: Rechtschaffenheit.

Salesius: extravagant und edel. Nach dem Schloss Sales bei Annecy in Hochsavoyen.

Salih: türkischer Name, der im Arabischen fromm und rechtschaffen bedeutet.

Salim: ebenfalls ein arabischer Name. Bedeutung: sicher, unversehrt. Türkische Form: **Selim**.

Salman: islamischer Vorname, der heil, gesund bedeutet. Bekannter Namensträger: der indisch-britische Schriftsteller Salman Rushdie.

Salomon: wohlklingend und individuell. Biblischer Name hebräischen Ursprungs. Bedeutung: Glück, Wohlergehen, Friede. Bekannt ist der Name durch das »salomonische Urteil«. Passt nicht zu jedem Namen und auch nicht zu jedem Jungentyp. Auch: **Salomo**.

Salvatore: temperamentvoll mediterran. Aus dem Italienischen mit lateinischen Wurzeln. Bedeutung: der Retter.
Salvio: angenehm in Klang und Bedeutung. Italienischer Name, Bedeutung: unversehrt. Namenstag: 10. September.
Sam [Sem]: frisch und unkompliziert. Englische Kurzform von ▶ Samuel.
Sami: interessant und nicht zu exotisch. Aus dem Arabischen. Bedeutung: erhaben. Passt am besten zu einem schlichten Familiennamen.
Samir: ebenfalls aus dem arabischen Sprachraum. Bedeutung: sich am Abend unterhalten.
Samuel: wohlklingender Name aus dem Hebräischen. Bedeutung: Gott ist erhaben. Namenstag: 20. August. Koseform: **Sammy**. Passt eigentlich immer.
Sander: Kurzform von ▶ Alexander.
Sandro: italienische Kurzform von ▶ Alessandro (Alexander).
Sargon: sehr eigenwillig. Aus dem Assyrischen. Bedeutung: Der König ist eingesetzt.
Sascha: freundlich und immer passend. Aus dem Russischen. Koseform von ▶ Alexander. Auch als weiblicher Name gebräuchlich. Französische Form: **Sacha**. Bekannter Namensträger: der deutsche Schauspieler Sascha Hehn.
Saul: kurzer biblischer Name mit hebräischen Wurzeln. Bedeutung: der von Gott Erbetene. Nach der Bibel war Saul der erste König Israels. Zugleich war Saul der jüdische Name des heiligen Apostels Paulus.
Scott: englischer Name mit der Bedeutung: der Schotte.
Seamus [Simes]: irische Form zu ▶ Jakob. Nebenform: **Shamus**.

Sean [Schoan]: ursprünglich keltischer Name. Irische Form von ▶ Johannes. Bekannter Namensträger: der schottische Schauspieler Sean Connery.

Sebald: wohlklingender alter deutscher Name. Nebenform von Siegbald. Namenstag: 19. August.

Sebastian: traditioneller Name, der bis heute nichts von seiner Beliebtheit eingebüßt hat. Aus dem Griechischen. Bedeutung: Mann aus Sebaste, erhaben. Im Mittelalter wurde der heilige Sebastian als Schutzheiliger gegen die Pest verehrt. Namenstag: 20. Januar. Kurzform: **Bastian**. Koseformen: **Basti, Wastel, Wasti**. Auch in anderen Sprachen verbreitet: Französische Form: **Sébastien**. Italienische und spanische Form: **Sebastiano**.

Sefik: türkischer Vorname mit arabischen Wurzeln. Bedeutung: gütig, liebevoll.

Seraphin, Serafin, Seraphim: edel und ausgefallen. Biblischer Name aus dem Hebräischen. Bedeutung: brennen. Namenstag: 14. Januar und 12. Oktober. Erfordert einen ebenso klangvollen Familiennamen.

Serenus: seltener lateinischer Name. Bedeutung: heiter, hell, leuchtend.

Serge: kurz und schlicht. Englische und französische Form zu **Sergius**.

Sergej: typisch russischer Name, abgeleitet von Sergius nach einem altrömischen Geschlechternamen. Italienische Form: **Sergio**.

Serif: türkischer Name mit arabischen Wurzeln. Bedeutung: vornehm, heilig.

Servaz: süddeutsche Variante von ▶ Salvatore.

Seth: ausgefallener biblischer Name. Bedeutung: Setzling. Im Alten Testament der dritte Sohn von Adam und Eva.

Severin: beliebter Jungenname mit lateinischen Wurzeln. Weiterentwicklung von **Severus**. Namenstag: 8. Januar und 23. Oktober.

Shahin [Schahin]: edler arabischer Name mit der Bedeutung: Falke.

Sidney: international und modern. Kurzform: **Sid**. Auch: **Sydney**.

Siegbert, Sigisbert: alter, nicht mehr oft vergebener deutscher Vorname. Bedeutung: glänzend. Koseform: **Siegi** oder **Siggi**.

Siegfried: Name aus dem Althochdeutschen. Bedeutung: Sieg, Schutz vor Waffengewalt. Seit dem Mittelalter verbreitet. Bekannt durch die Heldengestalt des Drachentöters gleichen Namens. Namenstag: 15. Februar. Abkürzung: **Siegi** oder **Siggi**.

Siegmar, Sigmar: traditioneller deutscher Name. Bedeutung: Sieg, bekannt, berühmt, angesehen.

Siegmund: heute kaum noch gebräuchlicher Name aus dem Althochdeutschen. Bedeutung: Sieg und Schutz, Schützer. Auch: **Siegesmund**, **Sigismund**, **Sigmund**. Namenstag: 1. Mai. In der Nibelungensage ist Siegmund der Vater Siegfrieds.

Siem, Siemen: typisch norddeutscher Name. Niederdeutsch-friesische Kurzform von Namen, die mit Sieg- gebildet werden. Gilt auch als Nebenform von ▶ Simon.

Sigolf, Sigulf: weitgehend unbekannter alter Vorname. Bedeutung: Sieg und Wolf.

Sigurd: typisch norddeutsch. In Friesland verbreitet. Aus dem Althochdeutschen. Bedeutung: Sieg, Hüter. Kurzform: **Siggi**. Namenstag: 15. Februar.

Silas: eigenwilliger biblischer Name. Aramäische Nebenform von ▶ Saul oder griechische Kurzform von Silvanus (▶ Silvan). Namenstag: 13. Juli.

Silvan: alter lateinischer Name, abgeleitet von Silvanus, dem altrömischen Gott des Waldes, des Feldes und der Herden. Italienische Form: **Silvano**.

Silvester, Sylvester: ebenfalls ein lateinischer Name. Bedeutung: zum Wald gehörend, im Wald lebend. Namenstag: 31. Dezember.

Silvio: italienische und spanische Form von **Silvius**.

Simeon: wohlklingender biblischer Name hebräischer Herkunft. Bedeutung: weil der Herr hörte, Geschenk der Erhörung. Namenstag: 1. Juni, 25. Juli und 8. Oktober. Passt zu vielen Familiennamen.

Simon: biblischer Name griechischen Ursprungs. Nebenform von ▶ Simeon. Namenstag: 16. Mai und 28. Oktober. Auch in anderen Sprachen geläufig.

Simson: bekannter biblischer Name aus dem Hebräischen. Bedeutung: Sonne. Nebenform: **Samson**.

Sinan: wohlklingender türkischer Name. Bedeutung: eiserne Speerspitze. Name eines berühmten Baumeisters des Osmanischen Reiches. Schön zu einem schlichten Familiennamen.

Sinclair: schottischer Name normannischer Herkunft nach einer französischen Ortschaft.

Sion: angenehme walisische Form von ▶ Johannes.

Sixtus: lateinischer Name mit griechischen Wurzeln. Bedeutung: schaben, abreiben, glätten. Beliebter Papstname. Einer von ihnen (Papst Sixtus IV.) ließ die Sixtinische Kapelle erbauen. Namenstag: 6. April und 7. August.

Sönke: im Norden verbreitet, im Süden eher unbekannt. Auch: **Söhnke** oder **Sunke**. Typisch friesischer Name. Bedeutung: Sohn. Bekannter Namensträger: Sönke Wortmann, deutscher Schauspieler und Regisseur.

Sören: dänische Form von ▶ Severin. Bekannter Namensträger: der dänische Theologe und Philosoph Sören Kierkegaard.

Sophus [Sofus]: intellektueller Name aus dem Griechischen. Bedeutung: klug. Ein Name, der »verpflichtet«.

Spencer [Spenser]: international und modern. Englischer Name, der auf die altfranzösische Berufsbezeichnung »despensier« (Verwalter, Kellermeister) zurückgeht.

Spiridon: originell. Neugriechischer Vorname. Bedeutung: Sämann. Kurzform: **Spiro.**

Stanislaus: aus dem Lateinischen. Schutzpatron von Polen. Namenstag: 11. April und 13. November. Polnische Form: **Stanislaw**. Bedeutung: Festigkeit, Härte, Ruhm, Ehre. Kurzform: **Stanko.**

Stanley: bekannter englischer Vorname. Bedeutung: steinige Wiese. Kurzform: **Stan.**

Stefan, Stephan: einfach und schnörkellos. Zählte in der zweiten Hälfte des 20. Jahrhunderts zu den beliebtesten Jungennamen. Namenstag: 16. August. Nebenform: **Steffen.** Englisch: **Steve** oder **Steven.** Passt zu allen Familiennamen.

Sten, Steen: nordischer Name aus dem Altnordischen. Bedeutung: Stein.

Stuart: englischer Name mit schottischen Wurzeln. Auch: **Stewart.** Bedeutung: Hausbewahrer.

Sükran: türkischer Name aus dem Arabischen. Bedeutung: Dankbarkeit, Danksagung.

Suleiman: etwas lang, aber wohlklingend. Persische und türkische Form von ▶ Salomon.

Sune: schwedischer Name mit der Bedeutung: Sohn.

Sven: ebenfalls nordischer Name. Bedeutung: junger Mann. Zwischen 1960 und 1970 einer der gefragtesten männlichen Vornamen. Auch: **Svenn** oder **Swen**.

Gewöhnlich oder exotisch?

Seit einigen Jahren fällt der Trend zu ausgefallenen, fremdländischen Namen auf. Dabei sollten Sie sich nicht nur nach dem Klang des Namens richten, sondern auch dessen Bedeutung berücksichtigen, damit es später keine unangenehmen Überraschungen gibt. Bei zu exotischen Namen gibt es häufig Probleme mit der Aussprache oder mit der Schreibweise, auch daran sollten Sie denken. All diese Schwierigkeiten hat Ihr Kind mit einem traditionellen deutschen Namen nicht, dafür ist dieser nicht so einzigartig und Ihr Kind muss ihn möglicherweise mit Altersgenossen teilen.

T

Taako: sehr selten. Am ehesten im norddeutschen Raum bekannt. Auch: **Tako**. Bedeutung: das Volk. Kurzform von Namen, die mit Diet- beginnen.

Taddeo: originell, aber nicht zu ausgefallen. Italienische Form von ▶ Thaddäus. In Spanien: **Tadeo**.

Tahir: türkischer Name arabischer Herkunft. Bedeutung: rein, sauber.

Tahsin: in der Türkei verbreitet. Bedeutung: Schmuck, Bewunderung.

Tam: kurz und schnörkellos, aber doch kein Allerweltsname. Abkürzung von ▶ Thomas.

Tamino: märchenhaft und besonders. Aus dem Griechischen. Bedeutung: Herr, Gebieter. Bekannt aus der Mozart-Oper »Die Zauberflöte«.

Tankred: wenig gebräuchliche normannische Form von Dankrad.

Tarek: geheimnisvoller Name arabischer Herkunft. Bedeutung: der an der Tür klopft.

Taro: aus dem Japanischen. Bedeutung: dicker junger Mann, Gatte.

Tassilo, Thassilo: traditioneller Name. In Süddeutschland bekannt durch Tassilo III., Herzog von Bayern. Namenstag: 11. Dezember. Kurzform: **Tasso**.

Teja: ausgefallener Name, der auf den letzten Ostgotenkönig zurückgeht.

Tekin: aus dem Türkischen. Bedeutung: Prinz.

Tell: kurz und prägnant. Aus dem Althochdeutschen. Bekannt durch den Schweizer Nationalhelden Wilhelm Tell.

Terence ['Terens]: englischer Name mit lateinischen Wurzeln. Kurzform: **Terry**.

Thaddäus: biblischer Name unbekannter Herkunft. Namenstag: 28. Oktober. Passt am besten zu einem kürzeren Familiennamen.

Theodolius: ungewöhnlich und wenig bekannt. Lateinische Umbildung des griechischen Theodulos. Bedeutung: Gottesknecht.

Themke: typisch norddeutsch. Aus dem Althochdeutschen. Abgeleitet von ▶ Dietmar. Bedeutung: Volk, berühmt.

Theobald: fast vergessener Name. Aus dem Althochdeutschen. Bedeutung: Volk. Abkürzung: **Theo**.

Theodor: alter Name, nicht mehr ganz zeitgemäß. Aus dem Griechischen. Bedeutung: Gottesgeschenk. Namenstag: 9. November. Russische Form: **Fjodor**, eingedeutscht: **Fedor** oder **Feodor**. Englische Kurzformen: **Ted**, **Teddy**. Abkürzung: **Theo**.

Theophil [Teofil]: alter deutscher Name. Mit der Bedeutung: Gottesfreund.

Thido: kurz und unprätentiös. Kurzform von Namen, die mit Diet- gebildet werden. Bedeutung: Volk. Im Süden weniger geläufig als im Norden.

Thiedemann: aus dem Althochdeutschen. Bedeutung: Volk. Abkürzung: **Tilo**.

Thielmann, Thielemann: norddeutscher Name aus dem

Althochdeutschen. Verwandt mit ▶ Tilmann. Bedeutung: Gefolgsmann. Schön zu einem kürzeren Familiennamen. Abkürzung: **Till, Tilo, Tim, Timmy.**

Thilo: Koseform von Namen die mit Diet- gebildet werden, z. B. von **Dietrich**. Passt auch zu längeren Familiennamen.

Thomas: lange Zeit einer der beliebtesten Jungennamen. Heute ist vor allem die Kurzform gefragt: **Tom**. Biblischer Name aramäischen Ursprungs. Bedeutung: Zwilling. Namenstag: 3. Juli, 24. Juli und 29. Dezember. Passt eigentlich immer. Auch in vielen anderen Ländern verbreitet. Dänische Form: **Tammes**. Finnische Form: **Tuomo**. Französische Form: **Thomé**. Italienische Form: **Tomaso**. Osteuropäische Form: **Toma**. Koseform: **Thommy**.

Thor, Thore, Tore: norwegischer Vorname. Passt gut nach Norddeutschland. Nach dem nordgermanischen Gewittergott gleichen Namens. Bekannter Namensträger: Thor Heyerdahl, der berühmte norwegische Zoologe und Völkerkundler. Schwedische Form: **Thure**.

Tiberius: alter römischer Name. Bedeutung: dem Flussgott Tiberis geweiht. Nach dem römischen Kaiser Tiberius. In Ungarn: **Tibor**.

Tibo: kurzer friesischer Name. Kurzform von Namen, die mit Diet- anfangen. Bedeutung: Volk.

Tillmann, Tilman, Tilmann: traditioneller deutscher Name aus dem Althochdeutschen. Bekannter Namensträger: der Bildhauer Tilman Riemenschneider. Kurzform: **Till, Til**. Bekannt durch den Spaßmacher Till Eulenspiegel. Vor allem in Norddeutschland verbreitet.

Tim, Timm: kurz und unkompliziert. Kurzform von ▶ Timotheus oder ▶ Timo. Bekannt und beliebt durch die Geschichten von »Tim und Struppi«. Lässt sich mit fast allen Familiennamen kombinieren. Koseform: **Timmy**.

Timo: etwas seltenere Nebenform von ▶ Tim. Auch: **Tiemo**.

Timon: aus dem Griechischen. Bedeutung: Ehre, Ansehen. Kurzform von ▶ Timotheus. Erweiterung von ▶ Tim. Namenstag: 19. April. Immer passend.

Timotheus: eigenwilliger biblischer Name. Aus dem Griechischen. Bedeutung: Gott ehren. Namenstag: 26. Januar. Englische Form: **Timothy**.

Timur: Name alttürkischer Herkunft. Nach dem mittelasiatischen Eroberer Timur i Leng.

Tino: frisch und unkompliziert. Italienische Kurzform von ▶ Valentino.

Titus: alter römischer Name. Bedeutung: der Geehrte. Bekannt durch den römischen Kaiser gleichen Namens. Italienische Form: **Tito**. Namenstag: 26. Januar.

Tiziano: männliche Form von Tiziana. Auch: ▶ Tizian. Kurzform: **Tizio**.

Spitznamen sind hartnäckig

Manche Namen sind geradezu prädestiniert für einen Spitznamen, andere weniger. Wer seinen Sohn Tobias nennt, kommt um den »Tobi« kaum herum. Vor allem lange Namen wie Maximilian werden häufig abgekürzt, kurze dagegen seltener. Oft werden Spitznamen – wenn überhaupt – erst im Erwachsenenalter abgelegt.

Tobias: einer der meist vergebenen Jungennamen. Biblischer Name aus dem Griechischen. Bedeutung: Jahwe ist gütig. Kurzform: **Tobi**.

Tomke: originell. Friesische Koseform von ▶ Thomas. Passt gut zu einem norddeutschen Familiennamen.

Toni, Tony: Kurzform von ▶ Anton. Auch als weibliche Namen gebräuchlich. Italienische Form: **Tonio**. Friesische Form: Tönjes oder Tönnies.

Torben: herb und typisch nordisch. Dänische Form von Torbjörn. Auch **Thorben**. Kurzform: **Thure**.

Torger: herb und streng. Nordischer Name, der sich auf Wotan bezieht (Gott Thor). Bedeutung: Speer.

Torquil [Torkwil]: eigenwiller englischer Name mit nordischen Wurzeln. Bedeutung: Thors Kessel.

Torsten, Thorsten: beliebter Jungenname zwischen 1960 und 1980. Nordische Herkunft, abgeleitet von Thor, dem Donnergott. Passt zu vielen Familiennamen.

Torwald: strenger nordischer Name mit vielen Schreibvarianten: **Thorald**, **Thorvald**, **Thorwald**, **Torald** und **Torvald**. Bedeutung: Donnergott und Herrscher.

Tove: beliebter Name in Schweden. Bezieht sich auf Gott Thor (Wotan).

Trevor [Trewa]: englischer Name mit walisischen Wurzeln, nach der Ortschaft Trefor.

Tristan: keltischer Name. Bedeutung: Waffenlärm. Bekannt durch die keltisch-französische Liebesgeschichte von »Tristan und Isolde«. Englische Kurzform: **Tris**. Nebenform: **Tristram**.

Troy [Troi]: beliebter australischer Name nach der antiken Stadt Troja. Kurzform zu **Troilus**.

Truman: aus dem Altenglischen. Bedeutung: getreu. Bekannter Namensträger: der amerikanische Schriftsteller Truman Capote.

Trutz: eigenwilliger mittelhochdeutscher Name. Bedeutung: Trotz, Widerstand. Typischer Rittername. Heute eher ungewöhnlich.

Turan: türkischer Name nach einem Tiefland in Mittelasien.

Tyron [Tai'ren]: aus dem irischen Namensschatz nach einer irischen Grafschaft. Kurzform: **Ty**.

U

Ubald: traditionell und seriös. Aus dem Althochdeutschen. Bedeutung: Geist, Verstand. Der heilige Ubald war im 12. Jahrhundert Bischof von Gubbio in Italien. Namenstag: 16. Mai. Abkürzung: **Baldo**.

Ubbe: typisch friesisch. Auch: **Ubbo, Ubo**. Kurzform von ▶ Ubald.

Udo: alter deutscher Name. Nebenform von **Odo**. In den 1930er und 1940er Jahren sehr beliebt. Schön zu einem längeren Familiennamen. Auch: **Uto**.

Ugo: italienische Kurzform von ▶ Hugo.

Ugur: herber türkischer Name. Bedeutung: gutes Omen.

Uland: solider alter Name. Aus dem Althochdeutschen. Bedeutung: Heimat, Land.

Ulbert: alter, etwas angestaubter Name. Bedeutung: Heimat, glänzend.

Ulf, Ulv: Kurzform von nordischen Vornamen, die mit Ulf- beginnen oder auf -ulf enden. Bedeutung: Wolf.

Ulfilas: sehr eigenwillig. Nach dem gotischen Vornamen **Wulfila**.

Ulick: ausgefallen und doch nicht abgehoben. Irische Form von ▶ William.

Ullmann: Aus dem Althochdeutschen. Bedeutung: Heimat. Abkürzung: **Ullo**.

Ulrich, Ullrich: schlichter, traditioneller deutscher Name.

Bedeutung: mächtig, reich. Nebenformen: **Ole**, **Uli**, **Ulli**, **Utz**. Schwedische Form: **Ulrik**. Namenstag: 4. Juli.

Ulvi: türkischer Name mit arabischen Wurzeln. Bedeutung: himmlisch, erhaben.

Umberto: italienische Form von ▶ Humbert. Bekannter Namensträger: der italienische Schriftsteller und Philosoph Umberto Eco.

Urban: zeitlos und schnörkellos. Aus dem Lateinischen. Bedeutung: Städter. Namenstag: 25. Mai.

Uriah: ausgefallener biblischer Name. Uriah war ein Prophet im Alten Testament.

Uriel: besonderer hebräischer Name. Bedeutung: Gott ist mein Licht. Name eines Erzengels.

Urs: abgeleitet von Ursus: der Bär. Namenstag: 30. September. Nebenform: Ursin.

Usmar: traditionell und bewährt. Nebenform zu ▶ Osmar. Bedeutung: Gott und berühmt.

Utz: alte Kurzform von Namen, die Ul- beginnen, z.B. ▶ Ulrich.

Uwe: typisch nordischer Name. Bedeutung: tätig sein. Zwischen 1930 und 1960 ein sehr beliebter Name. Bekannter Namensträger: der Fußballer Uwe Seeler. Auch: **Uve**, **Uvo** oder **Uwo**. In Schweden: **Ove**.

V

Václav ['Watzlaf]: beliebte tschechische Form von **Wenzelaus.**

Vadin [Wadim]: angenehm im Klang. Indischer und pakistanischer Name. Bedeutung: gelehrter Redner.

Vakur [Wakur]: türkischer Name mit arabischen Wurzeln. Bedeutung: ernst, würdig.

Valentin [Walentin]: klangvoll und sehr gefragt. Aus dem Lateinischen. Bedeutung: kräftig, gesund. Nebenform: Velten. Bekannter Namensträger: der Münchner Komiker Karl Valentin. Namenstag: 14. Februar. In Italien: **Valentino**. Kurzform: **Valtin**.

Valerian [Walerian]: lateinischer Name nach einem römischen Märtyrer. Namenstag: 14. April. Abkürzungen: **Tino, Valtin**.

Valerius [Walerius]: ebenfalls ein lateinischer Name nach einem altrömischen Geschlechternamen. Bedeutung: kräftig, stark. Namenstag: 29. Januar. Italienische Form: **Valerio**.

Varus [Warus]: knapp und etwas herb. Beliebter Name in der Schweiz. Bezieht sich auf die Varusschlacht im Teutoburger Wald. Abkürzung: **Vasja**.

Vaughan [Woan]: aus dem englischsprachigen Raum. Variante zu keltisch: klein.

Vedat [Wedat]: aparter türkischer Name aus dem Arabischen. Bedeutung: Liebe, Freundschaft.

Veit: süddeutsche Kurzform von ▸ Vitus. Der heilige Vitus gehört zu den 14 Nothelfern und gilt als Helfer gegen Krämpfe, Fallsucht und die Blindheit. Daher der Ausdruck »Veitstanz«. Namenstag: 15. Juni.

Vergil [Wergil]: geschmackvoll und historisch. Aus dem Lateinischen (Vergilius). Bedeutung: Aus dem Geschlecht der Vergilier. Auch: **Virgil.**

Verner [Werner]: dänische Form von ▸ Werner.

Viktor, Victor [Wiktor]: zeitlos und immer passend. Aus dem Lateinischen. Bedeutung: Sieger. Namenstag: 30. September und 10. Oktober. In Italien: **Vittorio**. Abkürzung: **Vico** oder **Vicco**. Weiterentwicklung: **Viktorian.**

Vilém [Wilem]: tschechische Form von ▸ Wilhelm. Auch: **Viliam.**

Vilmar [Wilmar]: traditionell und seriös. Aus dem Althochdeutschen. Bedeutung: sehr berühmt.

Vilmos [Wilmos]: interessant und kein Allerweltsname. Ungarische Form von ▸ Wilhelm.

Die beliebtesten Jungennamen in Österreich im Jahr 2006

1. Lukas
2. Tobias
3. David
4. Florian
5. Simon
6. Maximilian
7. Fabian
8. Alexander
9. Sebastian
10. Julian

Quelle: Statistik Austria

Vincent, Vincenz [Winzent]: deutsche, niederländische, englische und französische Nebenform von **Vinzenz**. Bekannter Namensträger: der niederländische Maler Vincent van Gogh.

Vitus: lateinische Form von ▶ Veit. Vor allem in Süddeutschland beliebt.

Vivian [Wivien]: wohlklingend und wenig verbreitet. Aus dem Lateinischen. Bedeutung: lebendig, lebhaft. Auch als weiblicher Name verbreitet. Kurzform: **Viv**. Nebenform: **Vivien**. Italienische Form: **Viviano**. Französische Form: **Vivien**.

Vladimir: Schreibvariante zu ▶ Wladimir.

Volker: aus dem Althochdeutschen. Bedeutung: Kriegsschar, Heer.

Volkmar: traditionell. Aus dem Althochdeutschen. Nebenform: **Volmar**.

Volkwin: alter deutscher Name mit der Bedeutung: Freund. Kurzform: **Fock**. Nebenform: **Folkwein**.

W

Waldemar: im Mittelalter ein königlicher Name, heute in Vergessenheit geraten. Aus dem Althochdeutschen. Bedeutung: walten, herrschen, bekannt, berühmt, angesehen. Kurzform: **Waldo**, **Walo**. Nebenformen: **Waldomar**, **Woldemar**.
Walentin: russische Form von ▶ Valentin.
Wallace ['Wäles]: ernst und etwas düster. Aus dem Altenglischen. Bedeutung: Fremder. Auch: **Wallis**.
Walt [Wolt]: international und modern. Englische Kurzform von ▶ Walter. Bekannter Namensträger: Walt Disney, der Erfinder von Micky Maus, Donald & Co.
Walter, Walther: alter deutscher Vorname. Bedeutung: walten, herrschen und Kriegsschar, Heer. Beliebter Name im Mittelalter: Walther von der Vogelweide. Bis vor 50 Jahren noch häufig vergeben, heute nicht mehr gefragt. Nebenform: **Wolter**.
Wanja: russischer Name. Koseform von **Iwan (Johannes)**. Auch als weiblicher Name gebräuchlich. Auch: **Vanja**.
Wanko: bulgarische Form von ▶ Iwan.
Warin [Warä]: aus dem Französischen. Bedeutung: zum Stammesnamen der Warnen (Wasserzieher). Nebenformen: **Warren**, **Werin**. Französische Form: **Garin**.
Wasmut: traditionell und seriös. Aus dem Althochdeutschen. Bedeutung: Gemüt, Sinn, Geist.

Wassili: freundlich. Auch: **Wassilij** oder **Vasilij**. Russisch mit griechischen Wurzeln. Bedeutung: König. Abkürzungen: **Wasio, Wasja**.

Wendel: Kurzform zu Namen, die mit Wen- oder Wendel- beginnen. Aus dem Germanischen.

Wendelin: Kurz- und Koseform von Namen, die mit Wendel gebildet werden. Nach dem heiligen Wendelin, einem iroschottischen Königssohn. Auch bekannt durch den Zeichentrick-Elefanten von Loriot.

Wenja: russischer Name. Kurzform zu verschiedenen slawischen Vornamen.

Wenzel: alter deutscher Name. Kurzform von Wenzeslaus. Bedeutung: mehr Ruhm und Ehre. Namenstag: 28. September. Abkürzung: **Wenz**.

Werner: traditioneller deutscher Name, bis 1960 häufig vergeben, seither unmodern. Bedeutung: Heer. Namenstag: 19. April. Niederdeutsch-friesische Koseform: **Wessel**. Auch: **Warner, Wernher, Werno, Wernt, Wetzel**.

Wesley: freundlich und nicht abgedroschen. Aus dem Altenglischen. Bedeutung: Wiese im Westen.

Wieland, Wielant, Wiland: alter, lange vergessener Name. Bedeutung: kühn, wagemutig. Bekannt durch Wieland, den listigen Schmied der germanischen Heldensage.

Wigand, Wiegand: früher weit verbreitet, heute weitgehend unbekannt. Aus dem Althochdeutschen. Bedeutung: der Kämpfende. Kurzform: **Wigo**.

Wilber, Wilbur: beliebter Name in den USA. Englische Form von ▶ Wilbert.

Wilbert: traditionell, aber nicht antiquiert. Aus dem Althochdeutschen. Bedeutung: glänzend. Nebenform: **Willbrecht**.

Wilfred, Wilfrid: aus dem Althochdeutschen. Bedeutung: Schutz vor Waffengewalt.

Wilhelm: vom Mittelalter bis in die 1930er Jahre einer der beliebtesten Namen. Bedeutung: Helm, Schutz. Namenstag: 28. Mai. Abkürzungen: **Wellem, Wilke, Wilko, Will, Willi, Willy** oder **Wim**. Auch in anderen Sprachen bekannt: italienische Form: **Guglielmo**. Französische Form: **Guillaume**. Englische Form: **William**.

Wilken: einfach und doch mit Stil. Verwandt mit ▶ Wilhelm. Abkürzung: **Will**.

Willem: niederdeutsche und niederländische Form von ▶ Wilhelm.

Willibald: aus dem Althochdeutschen. Bedeutung: kühn. Heute kaum mehr gebräuchlich.

Wilmar: aus dem Althochdeutschen. Bedeutung: berühmt. Auch: **Willmar**.

Wilson [Wilsn]: zeitgemäßer englischer Name mit der Bedeutung: Sohn des Will.

Winfried, Winfred, Winfrid: alter, früher beliebter Name, heute antiquiert. Bedeutung: Freund, Schutz vor Waffengewalt. Auch: **Winefred, Winnefred**. Kurzform: **Winnie**. Bekannt durch die Geschichte »Winnie the Pooh« von Alan A. Milne.

Winston ['Winstn]: englischer Vorname. Bekannter Namensträger: der britische Politiker Winston Churchill.

Wladimir, Vladimir: originell, aber nicht zu extravagant. Aus dem Russischen. Passt zu einem schlichten oder osteuropäisch klingenden Familiennamen. Bekannter Namensträger: der Autor Wladimir Kaminer.

Wolfgang: bis vor 40 Jahren beliebt und verbreitet, heute etwas aus der Mode gekommen. Bedeutung: Wolfsgänger.

Namenstag: 31. Oktober. Kurzformen: **Wolf, Wolff, Wulf, Wulff**. Auch als Doppelnamen: **Wolfdieter, Wolfdietrich, Wolfgerd, Wolfgisbert, Wolfgünther, Wolfheinrich, Wolfhorst.**

Wolfram: alter deutscher Name. Zusammenziehung aus Wolf und Rabe, die in der germanischen Mythologie eine Rolle spielten. Auch: **Wulfram.**

Wolter: niederdeutsche Form von ▶ Walter.

Woltje: netter friesischer Name. Verwandt mit ▶ Walter.

Woody ['Wudi]: pfiffiger englischer Name. Kurzform von **Woodrow**. Bekannter Namensträger: der amerikanische Regisseur und Schauspieler Woody Allen.

Wotan: gewichtiger Name aus der germanischen Mythologie. Wotan war der höchste germanische Gott. Bedeutung: der Inspirierte. Ein Name, der »verpflichtet«.

X

Xander [Ksander]: frisch und unverbraucht. Kurzform von ▶ Alexander. Abkürzung: **Xandi**.

Xaver [Ksafer]: in Süddeutschland lange ein häufig gebrauchter Name. Latinisierte Form: **Xaverius**.

Xeno [Kseno]: kurz und schnörkellos. Englische Form von **Xenos**. Bedeutung: der Fremde.

Xeres, Xerus [Kseres]: fremdländisch und sehr ausgefallen. Griechische Form eines altpersischen Königsnamens.

Die beliebtesten Jungennamen in Deutschland im Jahre 1900

1. Wilhelm
2. Karl
3. Heinrich
4. Hermann
5. Friedrich
6. Paul
7. Otto
8. Ernst
9. Hans
10. Walter

Quelle: www.beliebte-Vornamen.de

Y

Yadigar ['Jadigar]: ausgefallener türkischer Name aus dem Persischen. Bedeutung: Andenken, Erinnerungsstück.

Yahsi [Jasi]: aus dem Türkischen. Bedeutung: schön, anmutig.

Yale: wenig gebräuchlich. Ostfriesische Kurzform zu Namen, die mit Geil- beginnen. Bedeutung: üppig, ausgelassen, lustig.

Yan, Yanick [Jan, Janik]: Schreibvariante zu ▶ Jan, ▶ Jannik oder ▶ Janick.

Yank [Jenk]: eigenwilliger, englischer Name aus dem Niederländischen. Der Name Yankee wurde ursprünglich als Spitzname für die niederländischen Siedler in Nordamerika geprägt. Heute gilt er als eher abwertender Ausdruck für alle US-Amerikaner.

Yaver [Jawer]: türkischer Name mit arabischen Wurzeln. Bedeutung: Gehilfe, Helfer.

Yehudi [Jehudi]: Schreibvariante zu ▶ Jehudi. Bekannter Namensträger: der amerikanische Dirigent und Geiger Yehudi Menuhin.

Yilmaz [Jilmas]: türkischer Name. Bedeutung: unerschrocken, furchtlos.

Yngve [Ingwe]: nordische Form zu dem germanischen **Ing**, Ingwi, einer nordischen Gottheit.

Yohan, Yohann [Joan]: französische Form von ▶ Johann.

Yorck [Jork]: ostdeutsche und slawische Form von ▶ Georg. Dänische Form: **Yorick** oder **Yorrick**.
Yule [dschul]: beliebter Name in Schottland und Nordengland, nach dem englischen Wort für Weihnacht. In heidnischen Zeiten war Yule der Name für das Mittwinternachtfest.
Yukio [Jukio]: netter Name aus dem Japanischen mit der Bedeutung: Schneejunge.
Yuma [Juma]: Name aus dem Indianischen. Bedeutung: Sohn des Häuptlings. Erfordert einen besonderen Familiennamen.
Yves [Iv]: zeitloser französischer Name und zugleich ein altfranzösischer Rittername. Schön zu einem schlichten Namen, weniger passend zu einem typisch süddeutschen Familiennamen.
Yvor [Iwor]: zeitloser russischer Name. Verwandt mit ▶ Ivar und ▶ Ingvar.

Die beliebtesten Jungennamen in der Schweiz im Jahr 2006

1. Luca	6. Jan
2. Noah	7. Simon
3. Leon	8. Tim
4. David	9. Nico
5. Joël	10. Jonas

Quelle: Bundesamt für Statistik, Schweiz

Z

Zacharias: geschmackvoll und individuell. Ursprünglich aus dem Hebräischen, es gibt aber auch eine griechische Übersetzung. Bedeutung: Jahwe hat sich erinnert. Nach dem Neuen Testament war Zacharias der Vater von Johannes d. Täufer. Namenstag: 5. November. Kurzformen: **Zach**, **Zacher**, **Zoch**, bayerisch: **Zacherl**. In England: **Zachary**.

Zachäus: biblischer Name mit hebräischen Wurzeln. Bedeutung: der Unschuldige. Im Neuen Testament war Zachäus Zollaufseher in Jericho, in dessen Haus Jesus einkehrte.

Zaid [Za'id]: arabischer Name mit der Bedeutung: der Glückliche. Auch: ▸ Said.

Zander: Kurzform von ▸ Alexander.

Zeno, Zenon: attraktiv und ausgefallen. Aus dem Griechischen. Bedeutung: Geschenk des Zeus. Namenstag: 12. April.

Zenobius: griechische Form von ▸ Zenon. Italienische Form: **Zenobio**.

Zino: italienische Kurzform von Namen, die auf -zino enden, z. B. **Lorenzino**.

Zion: attraktiver biblischer Name, nach dem Tempelberg in Jerusalem.

Zölestin: geschmackvolle deutsche Form von ▸ Cölestin.

Zoltán: sehr extravagant, aber interessant. Aus dem Ungarischen. Bedeutung: Sultan. Passt nicht zu allen Familiennamen.

Zyprian: ein ausgefallener Name, den man sich merkt. Eingedeutschte Schreibweise von ▶ Cyprian.

Weibliche Vornamen

»Gute Tage kann man zählen,
aber ein guter Name bleibt für immer.«

aus der Bibel

A

Aaltje, Altje: extravagant und vor allem im süddeutschen Raum sehr selten. Friesische, niederdeutsche sowie niederländische Kurz- und Koseform für ▶ Adelheid. Erfordert einen schlichten Familiennamen.
Abbie, Abbey, Abby ['Äbi]: englische Kurzform zu ▶ Abigail oder zu ▶ Gabrielle.
Abelina, Abeline: ungewöhnlich, passt aber zu gängigen Familiennamen. Aus dem Hebräischen, Bedeutung: Hauch, Vergänglichkeit. Weibliche Form von ▶ Abel, der nach der Bibel von seinem Bruder Kain erschlagen wurde. Abkürzungen: **Aba, Lina**.
Abelke: niederdeutsche Koseform zu allen weiblichen Vornamen, die mit Adal- beginnen, z. B. ▶ Adalberta.
Abelone: sehr extravagant und ungewöhnlich. Klingt interessant, z. B. als Zweitname zu einem gebräuchlichen ersten Vornamen wie **Maria Abelone**. Dänische und norwegische Form von ▶ Appolonia.
Abigail ['Äbigäil]: beschwingter Name aus dem englischen Sprachraum. Kommt ursprünglich aus dem Hebräischen. Bedeutung: Quell der Vaterfreude. Nach dem Alten Testament war Abigail die schöne und kluge Frau Nabals, nach dessen Tod die Frau König Davids. Im Angelsächsischen

ein weit verbreiteter Vorname. Abkürzungen: **Abbie, Abby, Gail.**

Abra: unkonventionell und sehr selten. Weibliche Form von Abraham. Kommt aus dem Hebräischen. Bedeutung: Vater der Menge.

Ada: einfacher und sehr kurzer Vorname, ideal zu einem längeren Familiennamen. Kurzform zu den mit Adal- oder Adel- beginnenden Vornamen, z. B. ▶ Adalberta oder ▶ Adelheid. Auch **Adda**. Kommt aus dem Hebräischen. Bedeutung: schmücken, verzieren. Englische Form: **Adah**. Erweiterung: **Adina.**

Adalberga, Adelberga: ungewöhnlicher althochdeutscher Name. Bedeutung: schützen. Nebenform: **Alberga.**

Adalberta: selten und etwas veraltet. Weibliche Form von ▶ Adalbert. Bedeutung: edel, vornehm. Kurzformen: **Addi, Addie, Berta.**

Adalburg, Adalburga, Adelburga: kaum noch gebräuchlicher althochdeutscher Name. Bedeutung: Schutz, Zuflucht. Kurzformen: **Alburga, Alda, Burga.**

Adalgard, Adelgard: althochdeutscher Vorname. Bedeutung: Schutz.

Adamine: weibliche Form von ▶ Adam. Passt zu den meisten Familiennamen.

Adara: seltener Name arabischen Ursprungs. Bedeutung: Jungfrau.

Addolorata: aufgrund der vielen Silben eher passend zu einem sehr kurzen Familiennamen. Aus dem Lateinischen: die Schmerzhafte.

Adela, Adele: wohlklingender, älterer Name aus dem Französischen: **Adèle**. Nebenform: **Udele**. Kurzform von ▶ Adelaide. Bekannt aus der Operette »Die Fledermaus«

von Johann Strauß. Abkürzungen: **Ada, Adda, Dela, Della, Leda, Lida.**

Adelgunde: traditionsreicher Name mit zahlreichen Varianten: **Adelgonda, Adelgonde, Aldegunde, Adelgundis.** Bedeutung: Kampf. Namenstag: 30. Januar. Kurzformen: **Algonde** oder **Allegonde.**

Adelheid, Adelheide: alter Name, der allerdings etwas streng und ernst klingt. Bedeutung: von edler Art. Passt zu kurzen Familiennamen. Pfiffiger und moderner ist die Kurzform ▶ Heidi oder Heide. Weitere Kurzformen: **Ada, Adan, Adda, Alda, Lida.** Namenstag: 16. Dezember.

Adelhilde, Adelhild: alter Name mit der Bedeutung: Kampf. Kurzform: **Hilde.**

Adelina, Adeline: schöner, alter Name aus Frankreich: Adéline. Bekannt durch das Klavierstück »Ballade pour Adéline« des französischen Pianisten Richard Clayderman. Weiterentwicklung von ▶ Adela.

Adelinde: etwas altmodisch, aber wohlklingend. Deutscher Vorname mit Tradition. Bedeutung: edles Geschlecht, lind, sanft, weich und mild. Auch: **Adelinda, Adelindis, Edelinde.** Kurzform: **Alinda.**

Adella: ungewöhnlich, aber wohlklingend. Englische Nebenform zu ▶ Adela. Kurzform: **Della.**

Adelmut, Adelmute: früher recht häufig, heute selten. Aus dem Althochdeutschen. Bedeutung: von edler Gesinnung. Kurzform: **Almut** oder **Almuth.**

Adeltraud, Adeltrud: früher weit verbreitet, heute eher unmodern. Althochdeutscher Vorname. Bedeutung: edles Geschlecht, Kraft, Stärke. Gebräuchlicher ist die Namensvariante ▶ Edeltraud.

Adely: verspielt und unkonventionell. Kurzform von Namen, die mit Adel- beginnen.

Adesina: ungewöhnlich. Afrikanischer Vorname aus Nigeria. Passt nicht zu jedem Frauentyp.

Adina: aus dem Hebräischen. Bedeutung: weich. Kurzformen: **Ada, Dina**.

Adna: wenig gebräuchliche Variante von ▶ Edna.

Adolfine, Adolfina: alter, wenig gebräuchlicher Name. Weibliche Form von ▶ Adolf. Kurzform: **Ade**.

Adonia: ein Name, der aufgrund seiner Bedeutung bei seiner Trägerin Maßstäbe setzen könnte: weibliche Form von ▶ Adonis.

Adorata: ungewöhnlicher und seltener Name. Bedeutung: die Verehrte. Braucht einen entsprechend ausgefallenen Familiennamen.

Adorna: bei uns wenig bekannt. Aus dem Mittelenglischen. Bedeutung: verschönern.

Adriana, Adriane: klassischer, wohlklingender Name aus dem Mittelmeerraum. Passt zu vielen Familiennamen. Weibliche Form von ▶ Adrian. Auch: **Adrienne**. Kurzformen: **Ada, Ana, Ria, Riana**.

Affrica: ausgefallener Name aus dem angelsächsischen Raum. Bedeutung: geliebt, frei.

Afra: altbewährter Vorname altitalienischer Herkunft. Wird in Süddeutschland noch verwendet. Bedeutung: die Afrikanerin. Namenstag: 7. August.

Agatha, Agathe: etwas streng klingender Name mit Tradition. Kommt aus dem Griechischen. Bedeutung: die Gute. Bekannte Namensträgerin: Agatha Christie. Namenstag: 5. Februar. Kurzform: **Agda, Agi, Aggia, Aggie, Aggy, Gate**.

Aglaia, Aglaja: ein wenig geheimnisvoll klingend und unkonventionell. Aus dem Griechischen. Bedeutung: Glanz. Name jener der drei Grazien, die als Göttin der Anmut mit Hephaistos vermählt wurde. Abkürzung: **Aglae**.

Agnes: alter, wohlklingender Name. Heute wieder häufiger gebräuchlich. Kommt aus dem Lateinischen. Bedeutung: keusch, rein, hehr, geheiligt. Spanische Form: ▶ Ines. Schwedische Form: **Agna, Agneta** oder **Agnetha**. Namenstag: 21. Januar. Kurzformen: **Nees, Nesa, Neta, Netta, Nies**.

Ahimsa: eleganter indischer Name, der besagt, dass man keinem Lebewesen Schaden zufügen soll. Passt nicht zu allen Familiennamen.

Ahulani: ausgefallener polynesischer Name. Bedeutung: himmlischer Schrein. Vor allem auf Hawaii verbreitet. Schön zu einem dunklen Typ.

Aida: klangvoller, extravaganter Name, der nicht zu jedem Frauentyp und nicht zu jedem Familiennamen passt. Bedeutung: edel. Bekannt nach der Verdi-Oper »Aida«.

Aila: seltener, melodischer Name. Finnische Form von ▶ Helga. Auch ▶ Eila. Passt zu vielen Familiennamen.

Ailverat: sehr ausgefallen. Weibliche Form von ▶ Alfred.

Aimée [E'me]: edel und extravagant. Eher für zierliche Mädchen geeignet, passt auch nicht zu allen Familiennamen. Weibliche Form von Aimé.

Aino: finnischer Name. Bedeutung: die Einzige. Auch: **Aina**.

Aischa: sehr ungewöhnlich und extravagant. Aus dem Arabischen. Aischa war die Lieblingsfrau Mohammeds. Bedeutung: lebendig, wohlauf. Auch: **Aiesha, Aishah, Aisha**. Nebenformen: **Ayesha, Iesha**.

Aisling, Aislinn: etwas gewöhnungsbedürftig und sehr ungewöhnlich. Alter irischer Vorname. Bedeutung: Traum, Vision. Im Englischen: **Isleen**. Kurzformen: **Aila, Leen, Linn, Lyn, Lynn**.

Aiyana: melodischer, sehr weiblicher Name indianischen Ursprungs. Passt nicht zu vielen Familiennamen. Bedeutung: ewige Blüte.

Aja: wenig bekannter italienischer Name: Bedeutung: Erzieherin.

Ajda: melodischer türkischer Name persischen Ursprungs. Bedeutung: Größe, Stärke.

Akako: elegant und ausgefallen. Aus dem Japanischen. Bedeutung: rot. Der Name bezieht sich auf die heilende Kraft der Farbe Rot.

Akelei: ungewöhnlich und sehr extravagant. Name einer grazilen Blume aus der Gattung der Hahnenfußgewächse. Passt nicht zu jedem Frauentyp. Auch der Familienname sollte nicht zu gewöhnlich sein.

Akgül: türkischer Name mit der schönen Bedeutung: weiße Rose.

Aki: pfiffiger japanischer Name. Bedeutung: Herbst.

Akulina: klangvoller russischer Name. Bedeutung: Adler.

Alana: ungewöhnlich, aber unprätentiös. Nicht an einen bestimmten Frauentyp gebunden. Weibliche Form von Alan. Auch **Alanah, Alanis, Alanna, Allana**.

Alaula: sehr ungewöhnlich, aber poetisch. Hawaiianischer Name polynesischen Ursprungs. Bedeutung: Morgenröte, Abenddämmerung. Braucht einen entsprechend ungewöhnlichen, wohlklingenden Familiennamen.

Alba: klangvoller Name. Aus dem Lateinischen. Bedeutung: weiß.

Alberta: weibliche Form von ▶ Albert. Klangvoller ist **Albertina**. Bedeutung: edel, glänzend. Kurzformen: **Aja, Ala, Berta, Tina, Tine**.

Alda: wenig verbreitete Kurzform von Namen, die mit Adal- oder Adel- beginnen. Französische Form: **Aude**. Weiterentwicklungen: **Aldina, Aldine**.

Alea: wohlklingender kurzer Vorname. Passt gut zu langen Familiennamen. Verselbständigte friesische Kurzform von ▶ Adelheid.

Alena, Alene: wohlklingend und unprätentiös. Passt zu vielen Familiennamen. Nicht an einen bestimmten Frauentyp gebunden. Englische Variante: Aleen.

Alesia: geschmackvoll und ausgefallen. Variante von ▶ Adelheid. Kurzformen: **Lesly, Lexa, Zia**.

Alessa, Alissa: moderne, zunehmend beliebte Kurzform von ▶ Alexandra. Passt zu allen Familiennamen und Frauentypen.

Aleta: freundliche friesische Kurzform von ▶ Adelheid. Auch: **Aletta, Alette**. Abkürzungen: **Letta, Lexa**.

Alexandra: bewährt und wohlklingend. Weibliche Form von Alexander. Polnische Form: **Aleksandra**. Italienische Form: **Alessandra**. Ausgefallenere Kurzform: **Alexa**. Bedeutung: die Männer Abwehrende. In vielen Ländern gebräuchlich. Weitere Kurzformen: **Alexia, Alix, Alja, Andra, Lexa, Sandra, Xandra**. Schwedische Form: **Alla**. Polnische Form: **Aleksandra**. Italienische Form: **Alessandra**.

Alfrun: heute kaum noch verbreiteter Name aus dem Althochdeutschen. Bedeutung: Geheimnis, Zauber.

Algoma: besonderer Name indianischer Herkunft. Bedeutung: Blumental.

Alice [A'lis]: etwas aus der Mode gekommene Kurzform von ▶ Adelheid. Bekannt aus dem Kinderbuch: »Alice im Wunderland« von Lewis Carroll. Nebenform: **Alix**. Kurzformen: **Ala, Ali, Alisa, Alja, Ally, Lia, Licia, Lilli, Liz, Liza, Lizzi, Lizzy**.

Alika: klangvoll und apart. Aus dem Afrikanischen. Bedeutung: ein Mädchen, das alle an Schönheit übertrifft. Ein Name, der Erwartungen weckt.

Alima: melodisch und weiblich. Arabischer Name mit der Bedeutung: Meerjungfrau.

Alina: klangvolle schwedische und ungarische Form von ▶ Helene. Auch: **Aline**. Abkürzungen: **Ala, Alja, Ali, Lina, Line**.

Alisa: beliebte niederländische Version von ▶ Alice. Wohlklingend durch die drei Vokale a, i und a. Immer passend.

Aliya, Aliyah: aus dem englischen Sprachraum. Hebräischen Ursprungs. Bedeutung: emporsteigen.

Aliza, Alizah: apart und nicht zu ausgefallen. Aus dem Hebräischen. Bedeutung: Freude.

Alja: frisch und unverbraucht. Aus dem Russischen. Variante von ▶ Alexandra. Passt zu den meisten Familiennamen.

Aljona: selten und melodisch im Klang. Russische Koseform von ▶ Alexandra.

Allegra: ungewöhnlich und bei uns kaum bekannt. Italienischer Vorname mit netter Bedeutung: fröhlich, heiter, lebhaft.

Alma: früher häufig, heute nicht mehr sehr gebräuchlich. Königlicher Name, benannt nach dem ostgotischen Königsgeschlecht der Amaler. Bedeutung: tüchtig, tapfer. In Italien bedeutet der Name Segen spendend, nährend. Auch: **Elma**.

Almut, Allmut, Allmuth: etwas altmodischer Name. Kurzform von Adelmut. Bedeutung: edel, vornehm. Nebenform: **Almoda**.

Aloisa: wohlklingend und nicht zu häufig, aber trotzdem nicht ungewöhnlich. Passt zu allen Familiennamen. Weibliche Form von ▶ Alois. Auch: **Aloysia, Loisa**.

Alraune: vielsagend und eine Rarität. Kurzform von Adelrune. Erinnert an die gleichlautende sagenumwobene Pflanze.

Alrike: pfiffiger Name, ungewöhnlich, aber nicht prätentiös. Weibliche Form von ▶ Alrik.

Alste: freundlicher friesischer Name. Passt am ehesten zu einem norddeutschen oder neutralen Familiennamen.

Althea: verheißungsvoll und sehr individuell. Herkunft aus der griechischen Mythologie. Zugleich Name einer Heilpflanze, der wilden Malve. Auch: **Althee**.

Altje: typisch norddeutscher Name friesischen, niederländischen und niederdeutschen Ursprungs. Koseform von ▶ Adelheid.

Alvina: melodisch und außergewöhnlich. Weibliche Form von ▶ Alvin und Nebenform von **Alwine**. Der Name stammt aus dem Nordischen.

Alwara: ziemlich unbekannter, vermutlich aus dem Althochdeutschen stammender Name. Bedeutung: Schutz, Huld. Auch: **Alvara**.

Ama: seltene Kurzform von Namen, die mit Amal- beginnen, z. B. **Amabel, Amabella, Amabilia**.

Amalie: wohlklingender Name mit Tradition und zahlreichen Varianten: **Amalia, Amalina, Amaline, Amelia** und sehr modern **Amelie**. Bedeutung: tapfer, tüchtig. In

Ungarn: **Malika**. Abkürzungen: **Ala, Alia, Ama, Ami, Amy, Lia, Lilli, Lilly, Malia, Melia, Meline**.

Amalinde: schöner Name aus dem Althochdeutschen. Bedeutung: sanft, mild. Auch: **Amalinda, Amalindis**. Abkürzungen: **Linda, Linde**.

Amanda: nicht zu jedem Frauentyp passend. Bedeutung: die Liebenswerte. Braucht einen klangvollen Familiennamen. Kurzform: **Manda** oder **Mandy**.

Amaryllis: poetisch und sehr klangvoll. Nicht für jeden Frauentyp geeignet. Amaryllis war der Name einer altgriechischen Hirtin und ist die Bezeichnung einer exotischen, anmutigen Zierpflanze.

Amata: ausgefallener Name lateinischen Ursprungs. Bedeutung: die Geliebte. Französische Form: ▶ Aimée, in England: **Amy**.

Amina: melodischer arabischer Name. Bedeutung: Vertrauen, Zutrauen. Name der Mutter Mohammeds. Auch: **Emine**.

Aminta: wenig bekannter Name griechischer Herkunft. Bedeutung: Beschützerin. Kurzform: **Minta, Minty**.

Amira: ein märchenhafter Name, der an Beliebtheit zunimmt. Der Ursprung ist arabisch. Bedeutung: Herrin, Prinzessin.

Amöna, Amöne: ein echter Geheimtipp. Aus dem Lateinischen. Bedeutung: die Anmutige. Könnte aufgrund der Bedeutung Erwartungen an die Trägerin stellen. Kurzform: **Mena**.

Amrei: Der Name kommt aus Süddeutschland. Kurzform von ▶ Annemarie.

Anais: sehr individuell und apart. Gilt als weiterentwickelte Form von ▶ Anna.

Anastasia: klangvoller russischer Vorname mit langer Tradition. Ursprünglich griechischen Ursprungs. Namenstag: 25. Dezember.

Andrea: beliebter Name in den 1960er Jahren. Inzwischen etwas unmodern. Weibliche Form von ▶ Andreas. Abkürzung: **Andi, Andy**. Passt zu allen Familiennamen.

Anemone: klangvoll und ausgefallen. Aus dem Griechischen. Erinnert an die gleichnamige Waldblume, auch Buschwindröschen genannt.

Angela: früher häufig, heute nicht mehr so beliebt. Nach dem lateinischen Wort Angelus: Engel. Namenstag: 27. Januar. Polnische Form: **Aniela**.

Angelika, Angelica: wohlklingend, aber etwas aus der Mode. Aus dem Lateinischen. Bedeutung: engelhaft. Französische Form: **Angélique**.

Anica, Anika, Annika: zeitlos und unprätentiös. Niederdeutsche und schwedische Koseform von ▶ Anna.

Anila: klangvolle weibliche Form von Anil. Passt zu vielen Familiennamen.

Anita: geläufiger spanischer und italienischer Vorname, auch bei uns weit verbreitet. Spanische Koseform von ▶ Anna oder Kurzform von **Juanita (Johanna)**. Nicht an einen bestimmten Frauentyp gebunden.

Anja: wohlklingend und immer passend. Extravaganter ist Ania. Russische Form von ▶ Anna. Koseform: **Anjuscha**.

Anjanette: ungewöhnliche Kombination aus ▶ Anja und ▶ Jeanette.

Anke: einfacher, unkomplizierter Name. Gut kombinierbar mit jedem Familiennamen. Niederdeutsch-friesische Koseform von ▶ Anna. Auch Anka.

Anna: zeitloser melodischer Name, auch schön in Kombination mit einem zweiten Namen wie **Anna-Maria**, **Annabritt** oder **Annalena**. Gehört zu den beliebtesten weiblichen Vornamen. Aus dem Hebräischen. Bedeutung: Anmut, Liebreiz. Namenstag: 26. Juli. Lässt sich mit jedem Familiennamen kombinieren. Nebenform: **Aenna**.

Hätten Sie das gewusst?

Anna gehört in Deutschland zu den absoluten Rennern unter den weiblichen Vornamen. Bis zu drei Annas in Schulklassen oder Kindergartengruppen sind keine Seltenheit.

Annabel: nicht zu ausgefallener, wohlklingender Name aus dem Italienischen. Auch **Annabella**. Bedeutung: liebenswert.

Anne: aparter Name, der sich gut mit anderen kombinieren lässt, z. B. **Anne-Sophie**. Wichtigste Nebenform von ▸ Anna und nicht so häufig. Auch **Änne**. Kurzform: **Ann**.

Anneke, Anneken: aus dem norddeutschen Raum. Niederländische Koseform von ▸ Anna.

Anneli, Annely: verspielte, süddeutsche Koseform von ▸ Anna.

Anneliese: aus der Mode gekommene Weiterentwicklung von ▸ Anne. Beliebter Name der 1920er und 1930er Jahre.

Annemarie: früher weit verbreitet, heute etwas altmodisch. Heute eher als **Anne-Marie**. Kurzform: ▶ Amrei, Amrit.

Annemie: liebevoller Name, der sich von ▶ Annemarie ableitet.

Annette, Anette: zeitlos und unkompliziert. Aus dem Französischen übernommene Koseform von ▶ Anna. Passt zu allen Familiennamen.

Annick: liebenswerter bretonischer Name. In Frankreich weit verbreitet.

Annie: Nebenform von **Anni**. Passt eher zu kleineren Frauen. Englische Koseform von ▶ Anna.

Annina: wohlklingend und selten, aber nicht zu extravagant. Weiterentwicklung von ▶ Anna.

Annukka: finnische Koseform von ▶ Anna.

Anouk, Annouk [A'nuk]: sehr ausgefallener, attraktiver Name aus dem Französischen. Verlangt nach einem klangvollen Familiennamen. Passt nicht zu jedem Frauentyp.

Antje: beliebter Name in Norddeutschland. Friesische und niederländische Koseform von ▶ Anna.

Antoinette [Antwa'net]: aus dem Französischen, mit historischem Hintergrund. Bekannte Namensträgerin: Marie Antoinette, Gemahlin Ludwigs XVI.

Antonella: witzig und ausgefallen. Italienische Koseform von ▶ Antonia. Passt gut zu einem italienisch klingenden Familiennamen.

Antonia: klassischer Name, auch heute noch sehr beliebt. Weibliche Form von ▶ Anton.

Anuschka: ausgefallen und sehr apart. Russische Koseform von ▶ Anna.

Anzu: typisch japanisch. Bedeutung: Pfirsich, das Sinnbild der Frau in Japan.

Aphrodite [Afrodite]: Name aus der griechischen Mythologie, nach der Göttin der Schönheit. Ein Name, der Maßstäbe für seine Trägerin setzen könnte. Passt nicht zu jedem Familiennamen.

Apollonia: klangvoller, heute seltener Name mit Tradition. Griechisch-lateinische Herkunft, abgeleitet vom Gott Apoll. Bedeutung: dem Gott Apoll geweiht. Namenstag: 9. Februar.

April ['Eipril]: englischer Vorname nach dem gleichlautenden Monatsnamen. Ungewöhnlich, aber apart.

Apurva: sehr extravagant und kaum bekannt. Indischer Name aus dem Sanskrit. Bedeutung: noch nicht da gewesen.

Arabella, Arabelle: klangvoller Name schottischer Herkunft. Passt auch zu einem längeren Familiennamen.

Aranka: ungewöhnlich und etwas hart. Häufiger Name im osteuropäischen Raum. Aus Ungarn stammend. Bedeutung: Gold.

Ardelia: wohlklingend und kaum bekannt. Weibliche Form von Arden.

Ariadne: klangvoller Name aus der griechischen Mythologie. Ariadne war eine Tochter des kretischen Königs Minos, die Theseus einen Faden gab, damit er aus dem Labyrinth des Minotaurus zurückfinden konnte. Auch Ariane oder Arianna.

Ariela, Ariella, Arielle: seltener Name, der an den Zeichentrickfilm »Arielle, die Meerjungfrau« erinnert. Weibliche Form von ▶ Ariel. Verlangt nach einem wohlklingenden Familiennamen.

Arietta: ungewöhnlich, aber nicht gestelzt. Vermutlich der italienische Kosename von ▶ Ariadne.

Arleen, Arlene: aus dem Englischen entlehnte Form von ▶ Marlene. Stammt aus dem Keltischen. Bedeutung: Liebespfand, Kind.

Arlette, Arlett: etwas gestelzt klingender Name aus dem Französischen. Bei uns sehr selten.

Arnika: nach der gleichlautenden Heilpflanze. Koseform von **Arnhild**.

Artemis: klassischer Name mit Stil. Aus der griechischen Mythologie. Artemis war die Tochter des Zeus und Zwillingsschwester von Apoll. Erfordert einen besonderen Familiennamen.

Ashira [Aschira]: edel und geheimnisvoll. Nach dem hebräischen Wort: wohlhabend.

Assunta: biblischer Name, der aus dem Italienischen stammt. Bedeutung: die in den Himmel Aufgenommene.

Asta: schlicht und zeitlos. Kurzform von ▶ Anastasia, ▶ Astrid oder ▶ Augusta. Passt zu jedem Familiennamen, sofern er nicht zu kurz ist.

Astrid: nordischer Name, der auch bei uns beliebt ist. Bedeutung: schön. Bekannt durch die schwedische Kinderbuchautorin Astrid Lindgren.

Athena: klangvoller Name griechischen Ursprungs. Ein Name, der Erwartungen weckt: Athena war die griechische Göttin der Weisheit, des Krieges und des Friedens. Passt am besten zu einem ungewöhnlichen Familiennamen.

Audrey ['Odri]: pfiffiger Name mit altenglischen Wurzeln. Bedeutung: edel, aber auch Stärke und Macht. Bekannt u. a. durch die amerikanische Filmschauspielerin Audrey Hepburn.

Auguste, Augusta: altmodischer, aber wohlklingender Name. Weibliche Form von ▶ August. Etwas gefälliger und moderner klingen die Verkleinerungsformen **Augustina** oder **Augustine**.

Aurelia: wunderschöner zeitloser Name – ausgefallen, aber nicht gestelzt. Aus dem Lateinischen. Bedeutung: die Goldene.

Aurora: erhabener Name lateinischen Ursprungs. Bedeutung: die Morgenröte. Verlangt nach einem klangvollen Familiennamen.

Hätten Sie das gewusst?

Blumen oder Bäume sind beliebte Vorlagen für weibliche Vornamen. Bekannte Beispiele sind: Anemone, Rosa, Arnika, Calla, Camilla, Hortensia, Chrysantha, Heide, Clivia, Erika, Cynara, Viola, Akelei, Daisy, Mirabelle, Myrthe, Hazel, Holle, Iris, Olivia, Zinnia sowie alle Namen, die mit -linde enden.

B

Babette, Babett: aus dem Französischen. Koseform von ▶ Barbara oder ▶ Elisabeth.

Bahar: aus dem türkischen Sprachgebrauch. Bedeutung: Frühling.

Bala: melodischer indischer Name aus dem Sanskrit. Bedeutung: kleines Kind. Beliebte Koseform.

Balbina: verspielt klingender Name lateinischen Ursprungs. Balbina war eine Heilige aus dem 4. Jahrhundert. Namenstag: 31. März. Auch: **Balbine**.

Bambalina: sehr ausgefallener italienischer Name. Bedeutung: kleines Kind. Koseform: **Bambi**.

Banu: aparter türkischer Name persischen Ursprungs. Bedeutung: angesehene, erhabene Frau. Schahbanu war die Anrede für die Gemahlin des Schahs.

Barbara: etwas aus der Mode gekommen, früher sehr beliebt. Der Name stammt aus dem Lateinischen. Bedeutung: fremd, ausländisch, barbarisch. Namenstag: 4. Dezember. Erweiterung: **Barberina**, **Barberine**. Kurzformen: **Bärbel**, **Barbie**, **Barbro**, **Babs**, **Babsi**, **Baby**, **Barb**, **Barbe**, **Barbli**. Polnische Form: **Basia**.

Bastienne [Bast'jen]: extravagant und attraktiv. Besonders wirkungsvoll zu einem ausgefallenen Familiennamen. Weibliche Form von ▶ Sebastian. Bedeutung: die Verehrungswürdige. Abkürzungen: **Asta**, ▶ Tina, ▶ Tine.

Bathsheba: früher in England weit verbreitet, heute eher ein Geheimtipp. Aus der Bibel. Im Alten Testament war Batseba die Geliebte von König David. Aus dem Hebräischen: Tochter der Fülle. Koseform: **Sheba**.

Bea: Kurzform von dem etwas altbackenen Namen ▶ Beate. Schön zu einem längeren Nachnamen.

Beate: früher sehr beliebter Vorname, heute etwas aus der Mode gekommen. Ursprung lateinisch. Bedeutung: glücklich – ein gutes Omen für einen Namen. Abkürzung: ▶ Bea. Passt zu jedem Familiennamen.

Beatrice, Beatrix [Bea'tris]: etwas ausgefallenere Variante von ▶ Beate. Aus dem Lateinischen. Bedeutung: die Glückbringende. Namenstag: 29. Juli. Abkürzungen: **Bea, Bela, Bele, Trixi, Trixy**.

Begonia: sehr ausgefallener, blumiger Vorname. Benannt nach einer beliebten Zierpflanze, der Begonie.

Bele: schöner alter Name. Kurzform von ▶ Elisabeth oder von ▶ Gabriele.

Belinda, Belinde: sehr weiblicher, klangvoller Name aus dem englischsprachigen Raum. Bedeutung: sanft, weich, mild. Auch: **Belina**. Französische Form: **Béline**. Kurzform: **Linda**.

Bella: vollmundig und südländisch anmutend. Kurzform von ▶ Isabella oder ▶ Arabella, vermutlich italienischer Herkunft. Bedeutung: die Schöne.

Benedikta: traditioneller Name aus dem Mittelalter mit lateinischen Wurzeln. Weibliche Form von Benedikt. Auch: **Benedetta, Benedicta, Benita**. Niederländisch-friesische Form: **Bentje**. Abkürzungen: **Bea, Bena, Beta, Ika, Nita**. Passt zu einem nicht zu langen klangvollen Familiennamen.

Benigna: besonderer Name für Individualisten. Aus dem Lateinischen. Bedeutung: die Gütige.

Berenike, Berenice, Bernice: ausgefallener, aparter Name aus dem Griechischen. Lateinische Variante ▶ Veronika. Bedeutung: die Siegbringerin. Beliebt vor allem in Frankreich, im deutschsprachigen Raum eher selten. Schön zu einem melodiösen Familiennamen. Kurzformen: **Nike**, **Bera**.

Bergisa: ungewöhnlich, aber nicht abgehoben. Weiterentwicklung zu Namen, die auf -berga enden, z. B. **Adalberga**.

Berit, Berrit: aparter und nicht zu ausgefallener Name. Dänische bzw. schwedische Nebenformen zu Brigitte und Birgit. Passt zu jedem Familiennamen.

Bernadette [Bernadet]: Name mir erhabenem Klang. Aus dem Französischen. Passt nicht zu jedem Frauentyp und auch nicht zu jedem Familiennamen. Weibliche Form von ▶ Bernard. Namenstag: 16. April.

Bernharda, Bernhardine: etwas streng. Weibliche Form von ▶ Bernhard. Eher als Zweitname interessant. Französische Form: **Bernarde**. Abkürzung: **Dina**. Erfordert einen kürzeren Familiennamen.

Berta, Bertha: alter deutscher Vorname. Kurzform von **Berthild**. Bedeutung: glänzend. Interessanter und weniger abgegriffen ist die unbekanntere Variante **Berthe** oder **Berte**.

Beryl, Beryll ['Beril]: englischer Name mit Pfiff. Nach dem glashellen Halbedelstein Beryll benannt. Schön zu einem ausgefallenen Familiennamen.

Bess, Bessy: Unkapriziös und doch ausgefallen ist diese englische Koseform von ▶ Elisabeth.

Beta, Betha: schlicht und unkompliziert. Kurzform von ▸ Elisabeth. Passt zu fast jedem Familiennamen.

Betina, Bettina: nicht mehr ganz so populärer Name, der in den 1970er Jahren sehr beliebt war. Erweiterung von ▸ Beta. Abkürzung: ▸ Tina. Bekannte Namensträgerin: die deutsche Dichterin Bettina von Arnim.

Bette [Betti]: Einfach und doch selten: Koseform von ▸ Elisabeth. Bekannte Namensträgerin: Bette Davis.

Betty [Betti]: pfiffig und unkonventionell. Englische Koseform von ▸ Elisabeth. Passt auch zu weniger klangvollen Familiennamen.

Beverley ['Beveli]: hübscher Name aus dem englischsprachigen Raum. Bei uns selten, in England und den USA weit verbreitet. Kurzform: **Bev**.

Bianca, Bianka: aus Italien stammender klangvoller Name. Bedeutung: weiß, glänzend, schön. Auch in Kombination mit einem zweiten Vornamen, z. B. Biancamaria oder Biancarosa. Zu vielen Familiennamen passend.

Bibernelle: ausgefallener Name nach der gleichlautenden Blume.

Bibiana: verspielt und witzig. Variante von ▸ Viviana. Namenstag: 2. Dezember.

Bilke: aparte niederdeutsche Koseform von ▸ Sibylle. In Süddeutschland weniger bekannt. Passt auch besser zu einem norddeutschen Familiennamen.

Billie: verspielt und kindlich – diese englische Koseform von ▸ Sibylle. Weibliche Form von ▸ William.

Bina: kurz und klar. Aus dem Hebräischen. Bedeutung: Verständnis.

Bionda: netter Name für ein blondes Mädchen. Aus dem Italienischen. Auch: **Blonda**. Kosename: **Bionetta**.

Birdie: pfiffiger englischer Name. Bedeutung: kleiner Vogel. Schön für ein zierliches Mädchen.

Birgit, Birgitt, Birgid, Bergit, Berit: früher sehr beliebter, heute seltener Name nordischer Herkunft. Passt zu allen Familiennamen. Nicht an einen bestimmten Frauentyp gebunden.

Birgitta, Birgitte: aparte und unprätentiöse schwedische, norwegische und dänische Form von ▶ Brigitte. Im süddeutschen Raum selten.

Birke, Birka: etwas hart klingender Name, der an den gleichlautenden Laubbaum denken lässt.

Birla: aparter nordischer Name. Bedeutung: kleiner Bär. Schön zu einem schlichten Familiennamen.

Birte, Birtha, Birthe: hübsch und unkonventionell ist diese dänische Kurzform von ▶ Birgit. Passt eher zu burschikoseren Typen. In Norddeutschland verbreitet.

Blanka, Blanca: aus dem Spanischen stammender schlichter Name mit langer Tradition. Bei uns eher selten. Bedeutung: weiß. Französische Form: **Blanche**.

Blia: kurz, aber wirkungsvoll. Aus dem Schwedischen. Bedeutung: die Sanfte.

Bo: sehr kurzer Name, der mit einem längeren Familiennamen kombiniert werden sollte. Die Herkunft ist unklar, vielleicht aus dem Chinesischen, auch als männlicher Vorname bekannt. In Deutschland nur mit einem zweiten, eindeutig weiblichen Vornamen erlaubt.

Bonita: südländisch klingender Name. Bedeutung: hübsch.

Bonnie, Bonny: verspielter Name für Anglophile, bekannt aus dem weltberühmten Roman und Film »Vom Winde verweht« und von »Bonnie and Clyde«.

Brenda: Etwas streng und hart klingt dieser Name schottisch, irischer Herkunft. Bei uns ist er eher unbekannt. Auch Branda.

Brigitte: keltischer Name mit großer Bedeutung: die Hohe, die Erhabene. In aller Munde durch die bekannte Frauenzeitschrift gleichen Namens. Früher sehr beliebt. Mittlerweile ist Brigitte nicht mehr sehr gefragt. Namenstag: 1. Februar und 23. Juli.

Brit, Britt: pfiffiger, kurzer Name mit Stil. Schwedische Kurzform von ▶ Brigitte. Schön zu einem längeren Familiennamen. In Süddeutschland weniger bekannt.

Britta: unkomplizierter Name aus dem Schwedischen. Kurzform von ▶ Brigitte. Bekannt aus dem Kinderbuchklassiker »Wir Kinder aus Bullerbü«.

Brooke [Bruk]: aparter Name englischen Ursprungs. Bei uns selten. Harmonisch nur zu einem englischen Familiennamen.

Brunella: klangvoller altfranzösischer Name. Bedeutung: die Braunhaarige. Auch in Italien beliebt und verbreitet. Nebenform: **Brunetta**.

Brunhild, Brunhilde: deutscher Name aus der Nibelungensage. Bedeutung: Kampf, die Kämpfende. Wird heute kaum mehr gewählt. Kurzform: **Bruni**.

C

Cäcilie, Cäcilia, Cecilie, Celilia, Zäzilie: traditioneller Name lateinischen Ursprungs. Namenstag: 22. November. Hübscher ist die französische Form: **Cécile**. Kurzformen: **Celia, Cilia, Cilie, Silje, Zilla**.

Caitlin [Kaitlin]: ausgefallener irischer Name. Deutsche Entsprechung: ▶ Katharina.

Calida: wohlklingender spanischer Name. Bedeutung: Begeisterung. Kurzformen: **Cala, Calla, Lilli, Lily**.

Calla: schwedische Kurzform von ▶ Karoline.

Calypso: sehr ausgefallen, aber nicht abgehoben. Nach der griechischen Meeresnymphe Kalypso, die Odysseus nach seinem Schiffbruch rettete. Schön zu einem besonderen Familiennamen.

Camilla: aparter, femininer Name mit Charme. Auch: **Kamilla**. Auch in England beliebt. Bekannte Namensträgerin: die Ehefrau von Prinz Charles. Französische Form: **Camille**.

Cara: zeitloser und geschmackvoller Name italienischen Ursprungs. Auch: **Kara**. Bedeutung: lieb, teuer.

Caren: zeitlos, schlicht. Dänische und schwedische Form von ▶ Karin. Passt zu jedem Familiennamen und jedem Frauentyp. Auch ▶ Karen. Ausgefallener als der bekannte Vorname Karin. Auch: **Careen**.

Carena, Carina: wohlklingend und nicht zu extravagant.

Bedeutung: lieb, wert, geschätzt. Name aus dem Italienischen, bei uns bekannt seit den 1960er Jahren.

Carla: gefällig und nicht zu ungewöhnlich. Latinisierende Schreibweise von ▶ Karla. Immer passend.

Carleen, Carlin: seltene Weiterentwicklung des geläufigeren Namens ▶ Carla.

Carlina, Carline: charmant und individuell. Auch: ▶ Karlina.

Carlota, Carlotta: spanische bzw. italienische Form von ▶ Charlotte. Abkürzung: **Lotta**. Bekannt und beliebt durch die Kinderbuchfigur von Astrid Lindgren.

Carmen: sehr femininer Name, der besonders zu dunkelhaarigen Frauen passt. Bekannt durch die französische Oper gleichen Namens. Bedeutung: Jungfrau vom Berge Karmel. Varianten: Carmela, Carmina. Namenstag: 16. Juli.

Hätten Sie das gewusst?

Namen wecken Assoziationen, besonders dann, wenn sie nach Romanvorlagen, Filmfiguren oder dergleichen vergeben werden. Bei Carmen beispielsweise denkt man unwillkürlich an eine temperamentvolle, rassige, dunkelhaarige Schönheit, die jeden Mann um den Finger wickelt.

Carna: anspruchsvoll und angenehm im Klang. Aus dem Hebräischen. Bedeutung: Horn.

Carol: kurz und modern. Aus dem Englischen. Weibliche Form zu ▶ Karl. Kurzform von ▶ Carolin.

Carola: immer wieder schön. Lässt sich gut mit den meisten Familiennamen kombinieren. Kurzform: **Lola**.

Carolina, Caroline, Carolin, Karolina, Karoline, Karolin: zeitlos und nach wie vor gefragt. Abkürzung: **Caro** oder **Karo**. Unkomplizierter Name, der zu jedem Typ passt.

Carolyn: englische Variante des beliebten deutschen Vornamens ▶ Caroline.

Caron: modern und international. Irischer Name mit der Bedeutung: liebenswert. Passt nicht zu jedem Familiennamen. Abkürzung: **Caro, Cara**.

Carsta: recht strenger und hart klingender Name. Auch: ▶ Karsta.

Caryl: beschwingt und zeitgemäß. Walisischer Name mit der Bedeutung: Geliebte. Schön zu einem schlichten Familiennamen.

Cassia: weibliche Form von ▶ Cassius. Aus dem Hebräischen mit der Bedeutung: Zimtrinde.

Cassiopeia: sehr ausgefallener Name aus der griechischen Mythologie. Auch Name eines Sternbildes. Passt nur zu wenigen Familiennamen. Bekannt durch die gleichnamige Schildkröte in Michael Endes Kinderbuch »Die unendliche Geschichte«.

Catalina: weiblich und geschmackvoll. Aus dem Spanischen. Abgeleitet von ▶ Catharina. Abkürzung: **Cara, Carey, Lina**.

Catarina, Catharina, Catherine: beliebt und zeitlos. Auch: ▶ Katharina.

Cathleen ['Kaslin]: apart und gefällig. Englische Form des irischen ▶ Caitlin.

Cathrin, Cathrina, Catrina: beliebt und zeitlos. Auch: ▶ Katrin, Kathrina.

Cécile [Se'sil]: französische Form von ▶ Cäcilie, aber etwas weicher und gefälliger.

Celeste [Se'lest]: feiner Name lateinischen Ursprungs. Bedeutung: die Himmlische. Passt nicht zu jedem Familiennamen. Schön als Zweitname.

Celestina [Tscheles'tina]: klangvoller italienischer und spanischer Vorname. Erfordert einen wohlklingenden Familiennamen.

Celina [Se'lina]: klangvoll und ansprechend. Erweiterte Form von **Celia** oder Kurzform von **Marcelina**. Auch: ▶ Selina oder **Céline**.

Cendrine [Sen'drin]: elegant und wenig bekannt. Aus dem Französischen. Bedeutung: Asche.

Chantal [Schon'tal]: französischer Name. Bedeutung: die Singende. Namenstag: 12. Dezember.

Charleen, Charlene [Schar'lin]: in unseren Breiten selten. In England beliebter weiblicher Vorname. Weibliche Form von ▶ Charles.

Charlotte [Scharlotte]: zeitlos und angenehm im Klang. Auch **Charlotta**. Kurzformen: **Charlie** oder **Lotte**. Nach wie vor ein häufig verwendeter Name.

Charmaine [Schar'mejn]: elegant und edel. Aus dem Französischen. Bedeutung: die Charmante.

Chelsea ['Tschelsi]: aus dem Englischen übernommener Name, der auf einen Londoner Stadtteil zurückgeht.

Chenoa [Tschenoa]: besonderer, indianischer Name. Bedeutung: weiße Taube.

Cheryl [Tscheril]: pfiffiger, kurzer Name. Kurzform: **Cher**.

Cheyenne [Sche'jen]: Indianername, der im deutschen Sprachraum sehr selten in Erscheinung tritt.

Chiara ['Kiara]: aparter Name mit Charme. Italienische Form von ▶ Clara.

Chloe ['Kloe]: poetischer Name aus der griechischen Mythologie. Dort ist Chloe der Beiname der Erd- und Muttergöttin Demeter. Bedeutung: junges Grün, auch junger Trieb, junges Mädchen. Gehört in England zu den beliebtesten weiblichen Vornamen.

Chloris [Kloris]: ungewöhnlicher Name griechischen Ursprungs. Bedeutung: hellgrün. In der griechischen Mythologie die Tochter der Niobe. Auch: **Cloris**.

Chris: kurz und prägnant, aber ungewöhnlich, die Kurzform von ▶ Christiane oder ▶ Christine. Schön zu einem längeren Familiennamen.

Christa: die Kurzform von ▶ Christiane. Zeitgemäßer in den Schreibweisen **Crista** oder **Krista**. Koseform: **Christel**. Auch in Kombination mit einem zweiten Vornamen: **Christamaria, Christarose, Christdore**.

Christiana, Christiane: zeitlos und unkompliziert. Auch in anderen Ländern beliebter Name. Bedeutung: die Gesalbte. Weibliche Form von ▶ Christian.

Christina, Christine, Cristina, Christin: beliebt seit dem Mittelalter. Passt zu jedem Typ und zu jedem Familiennamen. Etwas ausgefallener ist die nordische Schreibweise: ▶ Kristin oder ▶ Kristina.

Cinderella [Sindarella]: märchenhaft, verspielt, ideal für eine goldblonde Schönheit. Cinderella ist die englische Bezeichnung für »Aschenputtel«.

Cindy [Sindi]: pfiffig und unkompliziert. Seit 1950 auch im deutschsprachigen Raum populär. Bekannte Namensträgerin: das amerikanische Fotomodel Cindy Crawford. Auch: Sindy.

Cinja, Cinnia: aus dem ungarischen Namensschatz. Erinnert an die Zierblume gleichen Namens (Zinnie). Passt zu vielen Familiennamen.

Cirila: sehr ausgefallen, aber nicht zu extravagant. Aus dem Spanischen. Abgeleitet von dem männlichen Vornamen ▶ Cyrill.

Claire ['Klär]: feminin und elegant. Französische Form von ▶ Clara. Schön zu einem französisch klingenden Familiennamen.

Clara: seit einigen Jahren wiederentdeckter Name lateinischen Ursprungs. Bedeutung: hell, klar, leuchtend. Namenstag: 11. August. Auch ▶ Klara.

Clarissa: klangvoll und individuell, aber nicht zu ausgefallen. Mittellateinische Ableitung von ▶ Clara. Passt zu kürzeren und längeren Familiennamen. Auch: **Clarisse**.

Claudia: beliebter Name seit 1950. Klangvoll und unprätentiös. Passt zu jedem Familiennamen. In letzter Zeit nicht mehr so häufig. Auch ▶ Klaudia. Nebenform: **Clodia**. Französische Form: **Claude, Claudette, Claudinette**.

Hätten Sie das gewusst?

Viele Mädchennamen mit dem Anfangsbuchstaben »C« gibt es auch mit »K«. Die »C«-Form ist allerdings die geläufigere. Typische Beispiele: Claudia, Carina, Carola.

Clea: aus dem Griechischen. Auch schön in Kombination mit einem zweiten Vornamen, z. B. Clea Marie.

Clementine, Clementina: klangvoll und weiblich. Bedeutung: gütig, sanftmütig. Weibliche Form von ▶ Clemens. Aus dem Lateinischen. Auch Klementine und Klementina. Schön zu einem schlichten, nicht zu langen Familiennamen.

Cleo: pfiffige Kurzform von ▶ Cleopatra. Aus dem Griechischen. Bedeutung: Ich rühme. Auch: **Clio.**

Cleopatra: ein Name, der Assoziationen weckt und Maßstäbe für die Trägerin setzen könnte. Bedeutung: Ich rühme. Bekannt durch die ägyptische Königin Cleopatra, die Geliebte von Julius Cäsar.

Clivia: blumiger Name aus dem Englischen nach einer Zierpflanze gleichen Namens.

Cölestin, Cölestina, Cölestine: sehr ausgefallen. Weibliche Form von ▶ Cölestin. Bedeutung: himmlisch. Namenstag: 6. April und 19. Mai.

Coletta, Colette: selten, aber wohlklingend. Italienische Kurzform von ▶ Nicoletta.

Colleen ['Kolin]: pfiffig und eigenwillig. Aus dem Englischen übernommen. Bedeutung: das Mädchen.

Columba, Columbine: klangvoller und aparter Name aus dem Griechischen. Bedeutung: die Taube. Französische Form: **Colombe.**

Connie, Conny: freche Kurzform von ▶ Cornelia. Auch englische Koseform von ▶ Constanze. Passt zu vielen Familiennamen.

Constance, Constanze: wohlklingend und zeitlos. Aus dem Lateinischen. Bedeutung: Beständigkeit, Festigkeit. Im Mittelalter ein häufiger Name des Hochadels. Auch: **Konstanze.**

Cora: ansprechend und zeitlos. Kurzform von ▶ Cordula, ▶ Cordelia und ▶ Cornelia. Auch **Kora.** Schön in Kombination mit einem zweiten Vornamen z. B. **Cora Bess, Cora Marie** oder **Cora Sophie**.

Coralie: verspielt und ausgefallen, aber nicht zu überkandidelt. Bedeutung: Koralle. Auch **Coraline**.

Cordelia: ausgefallen, aber apart und wohlklingend. Geht zurück auf die Gestalt der Cordelia in Shakespeares Drama »König Lear«.

Cordula: vielleicht etwas brav, aber wohlklingend. Aus dem Lateinischen. Bedeutung: Herzchen. Namenstag: 22. Oktober. Passt zu jedem Familiennamen. Auch: **Kordula**.

Coretta: seltener Name angloamerikanischen Ursprungs. Erweiterung von ▶ Cora. Bekannte Namensträgerin: Coretta King, die Witwe des amerikanischen Bürgerrechtlers Martin Luther King.

Corinna, Corinne: zeitlos und nach wie vor beliebt. Weiterentwicklung von ▶ Cora. Auch **Korinna** oder **Corina**.

Cornelia: etwas aus der Mode gekommen. Weibliche Form von ▶ Cornelius. Abkürzung: **Connie** oder **Conny**.

Cosima: weibliche Form von ▶ Cosimo. Bekannt durch Cosima Wagner, die Frau Richard Wagners. Abkürzung: **Cosy, Sima**.

Cosmea: blumiger und sehr weiblicher Name nach der gleichlautenden Zierpflanze. Aus dem Griechischen. Bedeutung: Schmuckkörbchen.

Cybele: aus der griechischen Mythologie. Kybele war eine der Muttergöttinnen.

Cynara: anspruchs- und wirkungsvoll. Aus dem Griechischen. Bedeutung: Artischocke.

Cynthia ['Sintsia]: aparter und ausgefallener Name griechischen Ursprungs. Beiname der Göttin Artemis.

Cyprienne [Si'prijen]: sehr femininer französischer Name. Bedeutung: die aus Zypern Stammende. Weibliche Form von ▶ Cyprien. Passt am besten zu einem französischen Familiennamen.

Die beliebtesten Mädchennamen in Schweden im Jahr 2007

1. Wilma
2. Maja
3. Ella
4. Emma
5. Julia
6. Alice
7. Alva
8. Linnea
9. Ida
10. Ebba

Quelle: Statistika central byrån

D

Dacia: wenig bekannter Name aus dem Griechischen. Bedeutung: aus Dakien stammend. Passt zu vielen Familiennamen.

Dagmar: Name aus dem Dänischen, der bei uns nicht mehr sehr häufig vergeben wird. Bedeutung: Tag, berühmt. Zu allen Familiennamen passend. Koseform: **Dagi**, **Daggi**.

Dagny: originell und noch kein Allerweltsname. Aus dem Schwedischen. Bedeutung: der Tag, neu.

Dahlia: Name nach einer Zierblume, benannt nach dem schwedischen Botaniker A. Dahl.

Daisy: englischer Vorname, ehemals Koseform von Margaret. Daisy ist die englische Bezeichnung für das Gänseblümchen. Bekannt durch die Comicfigur Daisy Duck.

Dalila: ausgefallen und apart. Aus dem Hebräischen. Bedeutung: sehnend. Auch: **Dalilah**, **Delila**, **Delilah**.

Damara: aus dem Griechischen. Bedeutung: Gattin, Geliebte. Auch: **Damaris**.

Damiana: apart, aber sehr selten. Weibliche Form von ▸ Damian.

Dana: schlicht und individuell. Herkunft polnisch, tschechisch, bulgarisch oder rumänisch. Auch in Dänemark bekannt (Bedeutung: die Dänin).

Danae: edler Name aus der griechischen Mythologie. Danae war die Tochter des Königs Akrisios von Argos.

Aus der Verbindung von Danae und Zeus wurde Perseus geboren.

Dania, Danja: bei uns seltene Kurzform von slawischen Namen, die mit Dan- beginnen, z. B. ▶ Daniela.

Daniela: seit dem 19. Jahrhundert beliebter Name aus dem Hebräischen. Auch in anderen Ländern bekannt, z. B. **Danielle** in Frankreich und **Daniella** in Italien. Auch: **Daniele**. Weibliche Form von ▶ Daniel. Bedeutung: Gott ist mächtig. Namenstag: 21. Juli. Kurzformen: **Dani, Danja, Dany, Danny, Nela, Nele**.

Danika: serbischer oder kroatischer Name für ▶ Daniela.

Danuta: beliebter polnischer Name mit Wurzeln in Litauen. Bei uns eher selten.

Daphne, Dafne: poetischer Name aus der griechischen Mythologie. Daphne war eine Nymphe, die, von Apoll begehrt und verfolgt, auf ihre Bitte hin in einen Lorbeerbaum verwandelt wurde. Schön zu einem ausgefallenen Familiennamen. Bekannte Namensträgerin: die englische Schriftstellerin Daphne du Maurier.

Daria: italienischer Name, der auch bei uns gelegentlich vergeben wird. Benannt nach einer Märtyrerin aus dem 3. oder 4. Jahrhundert. Auch: **Darja**.

Darleen, Darlene [Da'lin]: aus dem Angloamerikanischen. Bedeutung: Liebling, nach dem englischen »darling«.

Davida: ungewöhnliche weibliche Form von ▶ David. Aus dem Hebräischen. Bedeutung: geliebt. Auch: **Davina, Dawina, Dawine**.

Dawn [Don]: hübscher englischer Vorname. Bei uns eher selten. Bedeutung: die Morgenröte.

Daya: apart und feinsinnig. Aus dem Hebräischen mit der Bedeutung: Vogel.

Debora, Deborah: biblischer Name mit Charme. Bedeutung: die Biene. Nach der Bibel war Debora eine Richterin und Prophetin in Israel. Kurzformen: **Debra** und **Debbie**.

Deirdre ['Dierdri]: schwer auszusprechender Name aus Irland nach einer irischen Heldin aus dem 8. Jahrhundert.

Delia: aparter und individueller Name aus dem Griechischen. Bedeutung: die von der Insel Delos Stammende. Beiname der Göttin Artemis. Auch: **Deliane**.

Delila: wohlklingender und ausgefallener Name biblischen Ursprungs. Bedeutung: loses Haar. Nach dem Alten Testament war Delila die Geliebte Samsons.

Delphina, Delfina: sehr extravaganter Name aus dem Griechischen. Auch: **Delphine** und **Delfine**.

Denice, Denise [De'nis]: aus dem Englischen und Französischen entlehnter Name mit Eleganz. Passt nicht zu jedem Familiennamen.

Desdemona: klangvoller und extravaganter Name aus dem Griechischen. Bedeutung: unglücklich – kein wünschenswertes Omen für die Namensträgerin. Erfordert einen ausgefallenen, nicht zu langen Familiennamen.

Desideria: klassisch, aber ungewöhnlich. Aus dem Lateinischen. Bedeutung: die Erwünschte. Französische Form: ▶ Désirée.

Désirée: elegant und edel. Aus dem Französischen. Bedeutung: die Erwünschte, Ersehnte. Passt nicht so gut zu einem gewöhnlichen deutschen Familiennamen.

Despina: klangvoll und individuell. Herkunft griechisch. Bedeutung: Herrin, Gebieterin. Bekannt aus der Mozart-Oper »Così fan tutte«.

Diana: wohlklingender Name aus der römischen Mythologie. Diana war die Göttin der Jagd. Passt zu vielen Familiennamen.

Dido: sehr extravagant, aber nicht abgehoben. Der Name stammt aus der antiken Mythologie. Bekannt als literarische Gestalt.

Dietlind, Dietlinde: aus der Mode gekommener deutscher Frauenname. Bedeutung: Volk, sanft, weich, mild.

Dimitra: neugriechisch nach Demeter, der Fruchtbarkeitsgöttin.

Dina, Dinah: apart und ungewöhnlich. Aus dem Hebräischen. Bedeutung: eine, der zum Recht verholfen worden ist. Laut Bibel war Dina eine Tochter von Jakob und Lea.

Dionisia, Dionysia: klangvoll und kein Allerweltsname. Beliebt auch in anderen Ländern, z. B. Frankreich und Italien. Weibliche Form des griechischen Dionysios. Bedeutung: die dem Gott Dionysos Geweihte. Namenstag: 9. Oktober.

Djamila [Dscha'mila]: märchenhaft und verheißungsvoll. Weibliche Form von ▶ Djamil. Auch **Jamila**. Der Name stammt aus dem Arabischen und bedeutet: die Schöne. Ein Name, der Maßstäbe für seine Trägerin setzt.

Nomen est omen

Ein Name kann auch eine Belastung sein, z. B. wenn der Mensch, der ihn trägt, nicht den Erwartungen entspricht. Ein gutes Beispiel ist Djamila. Wer der Bedeutung des Namens nicht entspricht, hat es schwer.

Doana: einfallsreich und modern. Beliebter amerikanischer Name. Zusammensetzung aus ▶ Dorothy und ▶ Anna.

Dolly [Dolli]: verspielt und mädchenhaft. Koseform von ▶ Dorothea. Auch: **Doll, Dolli, Doly**.

Dolores: sehr femininer spanischer Name. Bedeutung: schmerzensreich. Namenstag: 15. September. Passt eher zu dunkelhaarigen Frauen.

Domenica: klangvoller, klassischer Name aus dem Italienischen. Bedeutung: Gott geweiht. Französische Form: **Dominique**.

Donalda: ausgefallene weibliche Form von ▶ Donald. Aus dem Keltischen. Abkürzungen: **Donie, Donna**.

Donata, Donate: feminin und ausdrucksstark. Weibliche Form von ▶ Donatus. Auch beliebt in der italienischen Form: **Donatella**. Bedeutung: Geschenk Gottes.

Donna: wohlklingend und edel. Bekannt durch die erfolgreiche Krimiautorin Donna Leon. Passt zu vielen Familiennamen. Auch schön zu einem zweiten Namen, z. B. **Donna Maria** oder **Donna Clara**.

Dora, Dore: einfach und unprätentiös. Kurzform von ▶ Dorothea und ▶ Theodora. In England verbreiteter als bei uns. Koseform: **Dorle**.

Dorée: elegant und selten. Französischer Name mit der schönen Bedeutung: die Goldene. Passt nur zu einem blonden Mädchen.

Doreen [Do'rien]: stilvoller Name aus dem Irischen. Weiterentwicklung von ▶ Dora. Bedeutung: die Mürrische. In Deutschland seit den 1960er Jahren bekannt.

Dorena, Dorene, Dorina: ausgefallene Nebenformen von ▶ Doreen.

Dorette: heiter und beschwingt. Französische Koseform von ▶ Dorothea.

Doris: traditioneller, schlichter Name aus der griechischen Mythologie. Kurzform von ▶ Dorothea. Passt zu jedem Familiennamen. Bekannte Namensträgerin: die Filmschauspielerin Doris Day.

Dorit, Dorrit: seltener und individueller als ▶ Doris oder ▶ Dorothea. Im Spanischen auch Dorita. Nicht an einen bestimmten Frauentyp gebunden. Bekannt als »little Dorrit« aus dem gleichnamigen Roman von Charles Dickens.

Dorothea, Dorothee: traditionell und zeitlos. Aus dem Griechischen. Bedeutung: Geschenk Gottes. Namenstag: 6. Februar und 25. Juni. Englische Form: Dorothy. Polnische Form: **Dorota.**

Dorte, Dörte, Dorthe, Dörthe: niederdeutsche Variante von ▶ Dorothea. Im süddeutschen Raum nur sehr wenig verbreitet.

Drusilla: temperamentvoller englischer Name aus dem Griechischen. Bedeutung: mildäugig.

Dunja: klangvoller Name für eine dunkle Schönheit. Aus dem Russischen. Bedeutung: Wohlgefallen, Wunsch. Im Serbischen und Kroatischen bedeutet Dunja Quitte.

E

Ebba: geschmackvoller Name aus dem norddeutschen und schwedischen Raum. Kurzform von Elburg, Adelburg und Eberhild. Passt am besten zu einem schlichten oder norddeutschen Familiennamen. Auch: **Ebbe**.

Ebony ['Eboni]: ausgefallen und sehr individuell. Bedeutung: Ebenholz. Weniger geeignet für blonde, blauäugige Frauen. Wird gerne von afroamerikanischen Eltern ausgewählt.

Ebru: türkischer Name mit der Bedeutung: Augenbraue.

Edana: geschmackvoller irischer Name mit gälischen Wurzeln. Bedeutung: die kleine Feurige. Abkürzungen: **Dana, Dani, Eda, Edda**.

Edda: klangvoll und traditionell. Kurzform von Namen, die mit Ed- oder Edel- beginnen, aber ausgefallener und moderner als diese. Lässt sich mit den meisten Familiennamen kombinieren. Auch: **Eda, Etta**.

Edelgard: einst häufiger, heute unmoderner Name. Bedeutung: Schutz. Kurzform: **Elgard**.

Edeltraud: heute wenig gebräuchlicher Name.

Edina: klangvoll und melodiös. Ungarischer Name. Passt zu den meisten Familiennamen.

Edit, Edith: aparter Name aus dem Englischen, der heute nicht mehr sehr gefragt ist. Auch: **Editha, Edyth**. Bedeutung: Besitz und Kampf.

Edna: kurz und unprätentiös. Aus dem Hebräischen. Bedeutung: angenehm.

Effi: pfiffige und unkonventionelle Koseform von ▶ Elfriede. Bekannt aus dem Roman »Effi Briest« von Theodor Fontane.

Eika: friesischer Name. Bedeutung: das Schwert. Auch: Eike.

Eila: moderne Kurzform von Namen, die mit Eil- anfangen. Auch norwegische Form von ▶ Eileen. Passt zu jedem Frauentyp.

Eileen, Aileen, Ayleen, Eyleen ['Ailien]: aus dem Englischen übernommener Name irischen Ursprungs. Apart und unkonventionell. Verwandt mit ▶ Evelyn und ▶ Helen und ▶ Helene.

Ela: eigenständige Kurzform von ▶ Elisabeth. Passt zu einem längeren Familiennamen.

Elaine [I'län]: gefällig und feminin. Ehemals altfranzösische Nebenform von ▶ Helene. Schön zu einem melodischen Familiennamen.

Eldrid: typisch nordischer Name, abgeleitet von dem altenglischen Aetheldryth. Die deutsche Entsprechung ist ▶ Edeltraud.

Eleanor, Eleanore, Eleonore: etwas aus der Mode gekommener altprovenzalischer Name. Bedeutung: anders, fremd. Abkürzungen: **Nora** und **Leonora**, **Elea**, **Eleane**. Englische Formen: **Eleanor** und **Elinor**. Italienische Form: **Eleonora**. Französische Form: **Éléonore**. Namenstag: 25. Juni.

Elena: einfach, aber wohlklingend. Bulgarische, italienische, portugiesische, rumänische und spanische Form von ▶ Helene. In Russland: **Alenica**.

Elfi, Elfie: modern und frisch. Koseform von ▶ Elfriede.
Elfriede: altmodischer Name mit märchenhafter Bedeutung. Zusammengesetzt aus Elf, Naturgeist und Kraft, Stärke. Wird heute kaum mehr vergeben.
Elfrun: ungewöhnlich und nordisch. Zusammengesetzt aus Elf, Naturgeist und Geheimnis, geheime Betrachtung. Schön zu einem schlichten oder norddeutschen Familiennamen.
Elga: eigenwillig, aber apart. Schwedische Form von ▶ Helga. Auch: **Elgine**.
Eliana: weibliche Form des römischen Beinamens Aelianus, eines römischen Geschlechternamens. Auch: **Eliane**. Abkürzungen: **Liana, Liane**.
Elida: unkonventionell, aber nicht zu ausgefallen. Wahrscheinlich aus Island. Bedeutung: das schnell segelnde Schiff. Abkürzungen: **Ela, Ida, Lia, Lida**.
Eliette [E'ljet]: seltener französischer Name. Weibliche Form von ▶ Elias. Aus dem Hebräischen. Bedeutung: Jahwe ist Gott.
Elina: nordische Form von ▶ Helene – apart und ausgefallen. Englische Kurzform von ▶ Elinor. Lässt sich mit vielen Familiennamen kombinieren. Abkürzungen: **Ella, Elly, Lilly, Lina**.
Elisa: sehr gefragt, aber gleichzeitig bodenständig. Kurzform von ▶ Elisabeth. Abkürzung: **Lisa**. Immer passend. Auch: **Elissa**.
Elisabeth: alter biblischer Name, der auch heute noch beliebt ist. Bedeutung: Gott ist Fülle und Vollkommenheit. Namenstag: 5. und 19. November. Auch in anderen Ländern verbreitet: Englische Form: **Elizabeth**. Italienische Form: **Elisabetta**. Polnische Form: **Elzbieta**. Kurzformen:

Elli, Ellie, Elly, Elsa, Elsie, Elsy, Lilli, Lisa, Lissy. Bekannte Namensträgerin: die Schauspielerin Elizabeth Taylor.

Elke: früher häufiger, jetzt nicht mehr sehr gefragt. Niederdeutsch-friesische Koseform von ▶ Adelheid. Bedeutung: edel. Auch: **Elka**.

Ella: einfach, aber nicht langweilig. Kurzform von ▶ Elisabeth, ▶ Elfriede und ▶ Eleonore. Bekannte Namensträgerin: Ella Fitzgerald, legendäre Jazzsängerin. Auch: **Elly**.

Ellen: zeitlos schön. Englische Variante von ▶ Helen und dänische Form von ▶ Helene.

Ellice [Elis]: ausgefallen, aber wohlklingend. Aus dem Englischen. Weibliche Form von ▶ Elias. Bedeutung: Jahwe ist Gott. Kurzformen: **Ella, Elli, Elly, Lissy, Lizza**.

Elma: aparter Name aus dem 19. Jahrhundert: schlicht und unkompliziert. Kurzform von ▶ Wilhelma. Passt zu jedem Familiennamen. Auch: **Elmine**.

Elmira: temperamentvoller spanischer Name arabischer Herkunft. Bedeutung: fürstlich.

Eloisa: fröhlich und unkompliziert. Passt eigentlich immer. Verwandt mit ▶ Heloise. Aus dem Althochdeutschen. Bedeutung: gesund, groß.

Elsa: bekannter Name aus der Lohengrin-Sage. Weibliche Kurzform von ▶ Elisabeth. Auch: **Else** oder **Elsie**.

Elsabe, Elsabea: aparte Kurzform von ▶ Elisabeth. Abkürzungen: **Bea, Ella, Elsa, Else**.

Elvira: spanischer Name, ursprünglich westgotisch. Etwas aus der Mode gekommen. Auch: **Elwira**.

Emanuela: klangvoller Name für temperamentvolle Frauen. Weibliche Form von ▶ Emanuel. Aus dem Hebräischen. Bedeutung: Gott ist mit uns. Französische Form: Emmanuelle.

Emely, Emily ['Emili]: sehr beliebter Name aus dem Englischen. Weibliche Form von ▶ Emil. Aus dem Lateinischen. Namenstag: 5. Januar.

Emilie: schöner alter Name. Auch: **Ämilia, Emilia, Emiliana, Emmi**.

Emma: zeitloser Name, der in letzter Zeit wieder in Mode gekommen ist. Aus dem Althochdeutschen. Bedeutung: gewaltig. Koseform: **Emmi** oder **Emmy**.

Emmilotte: pfiffiger Doppelname, zusammengesetzt aus ▶ Emma und ▶ Lotte.

Emmylou [Emi'lu]: sehr ausgefallener, individueller Name. Doppelform aus ▶ Emmy und Lou (Louise). Bekannte Namensträgerin: die amerikanische Countrysängerin Emmylou Harris.

Ena: kurz und schlicht, aber wohlklingend. Nach dem irischen Eithne. Bedeutung: Feuer.

Enid: kurz und unprätentiös. Bedeutung: kleines Feuer. Bekannte Namensträgerin: Enid Blyton, die bekannte Jugendbuchautorin (»Fünf Freunde«). Englischer Name keltischer Herkunft.

Enja, Enya: charmanter Name russischer Herkunft. Schön zu einem etwas längeren, ausgefallenen Familiennamen. Bekannt durch die gleichnamige irische Musikerin und Komponistin.

Enrica: unkonventionell, aber nicht zu außergewöhnlich. Aus dem Italienischen übernommene weibliche Form von ▶ Enrico.

Erica, Erika: blumiger Name nach dem Heidekraut gleichen Namens. Früher häufig, heute eher selten gewählt. Wirkt etwas altmodisch. Weibliche Form von ▶ Erich oder ▶ Erik.

Erlanda: nordischer Name mit der Bedeutung: fremd. Abkürzung: **Landa**.

Erna: etwas altmodisch und nicht mehr sehr gefragt. Weibliche Kurzform von **Ernesta** und **Ernestine**. Koseform: **Erni**.

Esmeralda: temperamentvoll und südländisch. Herkunft spanisch. Bedeutung: Smaragd. Braucht einen besonderen Familiennamen.

Estella: geschmackvoll und extravagant. Latinisierung des französischen Namens **Estelle**. Bedeutung: Stern.

Esther: unkonventioneller Name biblischer Herkunft. Namenstag: 24. Mai.

Ethel: eigenwillig. Englische Kurzform von Namen wie **Ethelburg** oder **Etheldred**. Nebenform: **Audrey**.

Eugenie: ausgefallen, aber apart. Weibliche Form von ▶ Eugen. Aus dem Griechischen. Bedeutung: edel, wohlgeboren.

Eulalia, Eulalie: heute selten und etwas gestelzt. Herkunft griechisch/lateinisch. Bedeutung: wohlredend, beredt. Namenstag: 10. Dezember.

Eunice ['Junis]: hüsch, aber etwas gewollt. Englische Form von ▶ Eunike. Beliebter Name in den USA.

Eunike: selten und mit Pfiff. Aus dem Griechischen. Bedeutung: wohl, gut, schön, reich, aber auch Sieg.

Eva: biblischer Name mit langer Tradition. Bedeutung: Lebensspenderin. Auch heute noch beliebt. Häufig in Kombination mit einem zweiten Vornamen, z. B. **Evamaria, Evalotte**. Namenstag: 24. Dezember. Auch: **Eve**. Weiterentwicklung: **Evalina, Evaline**.

Evanthia: klangvoller neugriechischer Name. Bedeutung: schöne Blume.

Evelyn: einst Modename, heute nicht mehr so häufig. Aus dem Englischen. Passt zu vielen Familiennamen. Kurzform: **Evi**.

Evita: klangvoller spanischer Name. Koseform von ▶ Eva.

Die beliebtesten Mädchennamen in den Niederlanden im Jahr 2007

1. Sanne
2. Lotte
3. Julia
4. Sophie
5. Lieke
6. Emma
7. Anna
8. Eva
9. Lisa
10. Fleur

Quelle: Sociale Verzekeringsbank

F

Fabia: weibliche Form von ▶ Fabian.

Fabienne [Fa'bjen]: modisch und ausgefallen. Weibliche Form von Fabius. Auch: **Fabia, Fabiana** und **Fabiola**.

Fabrizia: italienischer Name. Weibliche Form von ▶ Fabrizio oder Fabrizius. Französische Form: **Fabrice**.

Falka: kurz und prägnant. Aus dem Norwegischen. Bedeutung: der Falke.

Fanni, Fanny: Koseform von ▶ Franziska. Passt zu den meisten Familiennamen.

Farah: elegant und klassisch. Herkunft arabisch. Bedeutung: Freude, Heiterkeit, Glück. Erfordert einen unkonventionellen Familiennamen. Auch: **Fara**.

Fatima: arabischer Name, in türkischen Familien beliebt (auch: Fatma). Bedeutung: die Abstillende. Name der jüngsten Tochter Mohammeds.

Fausta: weibliche Form von ▶ Faustus. Name der Gemahlin des römischen Kaisers Konstantin. Auch: **Faustina, Faustine**.

Fay, Faye [Fei]: kurzer englischer Name. Deutsche Form: Fee. Bekannte Namensträgerin: die amerikanische Schauspielerin Faye Dunaway.

Federica: apart und nicht zu ausgefallen. Weibliche Form von ▶ Federico. Abkürzungen: **Rica, Rika**.

Fedora, Feodora: russischer Name mit Charme. Weibliche Form von ▶ Feodor oder ▶ Theodor. Abkürzungen: **Fee, Feo, Dora, Doro**.

Fedra: neugriechischer Name mit mythologischem Hintergrund. Bedeutung: heller Schein.

Felicitas, Felizitas: zeitlos und gleichbleibend beliebt. Herkunft lateinisch. Bedeutung: Fruchtbarkeit, Glück, Glückseligkeit. Namenstag: 7. März und 23. November.

Felipa: freundlicher spanischer Name. Auch: **Philippa**.

Femke: In Norddeutschland verbreitet. Bedeutung: Friede.

Fenja: niederländische und niederdeutsch-friesische Koseform von Vornamen, die mit »Frede« – Friede, Schutz – zusammengesetzt sind. In Süddeutschland wenig verbreitet. Auch weibliche Kurzform zu ▶ Feodor, ▶ Fedor. Auch: **Fentje**.

Fernanda: schöner altmodischer Name. Weibliche Form von ▶ Ferdinand. Auch: Fernande, Ferdinanda, Ferdinande.

Fidelia: heiter und beschwingt. Aus dem Spanischen. Weibliche Form von ▶ Fidelio. Bedeutung: getreu, ehrlich. Kurzformen: **Delia, Fina, Lia**.

Fides: weitgehend unbekannter Name lateinischen Ursprungs mit vielversprechender Bedeutung: Hoffnung. Namenstag: 1. August.

Filippa: zeitlos, immer wieder schön. Weibliche Form von ▶ Filippo.

Filomena: italienische Form zu ▶ Philomena.

Finja: geschmackvoll und unkonventionell. Russische Kurzform von **Rufinija**.

Finola: schöner irischer Name. Auch: **Fenella**.

Fiona: aparter und klangvoller Name aus dem Gälischen.

Bedeutung: schön, weiß, blond. Ideal für hellhäutige, blonde Mädchen.

Fiorella: blumiger, italienischer Name. Erfordert einen melodischen Familiennamen. Auch: **Fiorina, Fioretta**.

Flavia: apart und elegant. Weibliche Form von ▶ Flavius. In Italien häufig. Erfordert einen klangvollen Familiennamen.

Fleur [Flör]: literarischer Name aus dem Französischen. Bedeutung: Blume. Bekannt aus der englischen Familiengeschichte »Forsythe Saga«.

Flora: Nach der römischen Göttin der Blumen und des Frühlings. Auch: **Floria**. Spanische Form: **Floreta**. Namenstag: 24. November.

Florentia: heiter und unkompliziert. Aus dem Lateinischen. Bedeutung: im blühenden Alter. Französische Form: ▶ Florence. Auch: **Florentina, Florentine, Florenze, Florenzia**.

Floreen ['Florien]: englische Variante von ▶ Flora.

Florence ['Florens]: elegant und mädchenhaft verspielt. Französische Form von Florenze. Passt nur zu wenigen deutschen Familiennamen. Auch: **Florencia**.

Florentine: zeitlos und nie langweilig. Auch: **Florentina**. Weibliche Form von ▶ Florentin. Passt zu den meisten Familiennamen.

Floriane: unüblich, aber interessant. Weibliche Form von ▶ Florian. Passt zu vielen Familiennamen.

Florina: apart und sehr individuell. Weibliche Form von Florin. Auch: **Florine**.

Franca, Franka: Bedeutung: frei. Passt zu vielen Familiennamen.

Francesca [Fran'tscheska]: zeitloser italienischer Name mit Stil.

Franciska, Franziska: alter Name, der nie aus der Mode zu kommen scheint. Namenstag: 9. März. Passt zu den meisten Familiennamen. Kurzformen: **Fanny, Fränze, Franzi, Fränzi, Ziska.**

Frauke: friesischer Name mit Charme. Bedeutung: Frau, Herrin. In Süddeutschland seltener. Auch: **Fraukea.**

Freda: selten, aber charmant. Friesische Kurzform von ▶ Frederika.

Frederica, Frederike, Frederika, Friederike: individuell, aber nicht ausgefallen. Weibliche Form von ▶ Friedrich. Bedeutung: Friede und Herrschaft. Koseform: **Fritzi, Frizzi.**

Freia, Freya, Freyja: Name nordischer Herkunft. Nach der Erdgöttin Freyja, die später als Göttin der Liebe und des Frühlings verehrt wurde. Bedeutung: lieben.

Fricka, Frigga: schwedischer und norwegischer Name. Bedeutung: lieben, Ehegattin, Geliebte. Frigga, die Gattin Odins, war die Göttin der Ehe. Kurzform von ▶ Frederika.

Fridoline: originell. Weibliche Form von ▶ Fridolin. Passt zu vielen Familiennamen, vor allem zu kürzeren.

Frieda, Frida: zeitlos und nicht langweilig. Bekannte Namensträgerin: die mexikanische Malerin Frida Kahlo. Auch: **Friede, Friedel.**

Frini: origineller neugriechischer Name. Bedeutung: Liebreiz, Charme, die Charmante.

Fulvia: seltene weibliche Form von Fulvio.

Fylla: sehr ungewöhnlich, aber interessant. Nach der nordischen Fruchtbarkeitsgöttin.

G

Gabriela, Gabriele: früher sehr beliebt, seit einiger Zeit aus der Mode gekommen. Herkunft hebräisch. Weibliche Form von ▸ Gabriel. Bekannte Namensträgerin: die expressionistische Malerin Gabriele Münter. Auch in anderen Ländern gebräuchlich: italienische Form: **Gabriella**. Französische Form: **Gabrielle**. Russische Formen: **Gawrila** und **Gavrila**. Kurzformen: **Gabi** oder **Gaby**.

Gail [Geil]: eigenständige Kurzform von ▸ Abigail. Passt nicht zu jedem Familiennamen. Auch: **Gale**, **Gayle**.

Gala: wohlklingend und nicht alltäglich. Russische Kurzform von **Galina**. Bedeutung: Friede, Ruhe. Schön zu einem ausgefallenen Familiennamen.

Galatea: anspruchsvoller Name aus der griechischen Mythologie. Bedeutung: Milch, Milchstraße. In der griechischen Mythologie der Name einer Meeresnymphe.

Galdina: melodisch und unkonventionell. Weibliche Form von Galdino. Abkürzungen: **Dina**, **Gala**, **Ina**.

Galina: weiblich und besonders. Aus dem Russischen. Bedeutung: Frieden, Ruhe. Koseform: **Ganja**.

Gardenia: feminin und ungewöhnlich. Nach der gleichnamigen Blume, benannt nach dem schottischen Botaniker Alexander Garden.

Garifallia: sehr ausgefallen. Neugriechischer Name mit der Bedeutung: Nelke.

Gea: heiter und unkonventionell. Aus dem Griechischen. Bedeutung: Erde.

Geeltje: frisch und unverbraucht. Friesischer Name. Kurzform von ▶ Abigail.

Geesche, Gesche: aparter nordischer Name. Niederdeutsch-friesische Koseform von ▶ Gertrud.

Geeske, Geske: friesische Varinate von ▶ Gertrud.

Gelsomina [Dschelso'mina]: extravaganter italienischer Name. Bedeutung: Jasmin. Erfordert einen ebenso ausgefallenen Familiennamen.

Gemma ['Dschemma]: italienischer Vorname mit der Bedeutung: Edelstein. Auch: **Jemma**.

Geneva [Dschi'niva]: ausgefallener Name aus dem englischsprachigen Raum. Auch latinisierte Kurzform von ▶ Genoveva. Französische Form: **Geneviève**.

Genoveva: traditionell und gleichzeitig individuell. Bedeutung: weit, geräumig, ausgedehnt, die sich Bewegende. Namenstag: 3. Januar. Schön zu einem kürzeren Familiennamen.

Georgette [Dschor'dschet]: charmant und kess. Weibliche französische Form von ▶ Georg (Georges). Am besten zu einem wohlklingenden Familiennamen.

Georgia [Dschor'dscha]: internationaler Name mit Entsprechungen in vielen Ländern. Auch Georgina oder Georgine. Abkürzung: **Gina**.

Geraldine ['Dscheraldin]: aus dem Englischen. Weibliche Form von ▶ Gerald. Bekannte Namensträgerin: Geraldine Chaplin, Tochter von Charlie Chaplin. Auch: **Geralde**.

Gerda: früher weit verbreitet, inzwischen aus der Mode gekommen. Auch: **Gerde, Gerdie**.

Gerdis: attraktiver schwedischer Name mit Wurzeln im Althochdeutschen. Bedeutung: göttlicher Speer.

Gerrit, Gerritje: nordisch. Abgeleitet von Gerharde. In Süddeutschland weniger beliebt. Bedeutung: hart, stark.

Gertrud: etwas altmodischer, ehemals germanischer Name. Bedeutung: Kraft, Stärke. Im Mittelalter weit verbreitet. Namenstag: 17. März und 17. November. Auch: **Gertraud, Gertrude, Gertrudis**. Kurzformen: **Gerti, Traudel** oder **Traudi**.

Gesa: apart und individuell. Niederdeutsch-friesische Koseform von ▸ Gertrud. Passt zu vielen Familiennamen. Auch: **Geesa, Gese** und **Gesina** oder **Gesine**.

Ghada: ungewöhnlich, aber interessant. Aus dem Arabischen. Bedeutung: junges Mädchen.

Ghislaine [Gis'len]: edler französischer Name. Weibliche Form zu ▸ Ghislain. Passt nicht zu allen Familiennamen.

Gianna ['Dschanna]: populäre italienische Kurzform von ▸ Giovanna. Bekannte Namensträgerin: Gianna Nannini, italienische Rocksängerin. Auch: **Giannina**.

Gila: unkonventionelle Kurzform von ▸ Gisela. Passt zu vielen Familiennamen, auch zu längeren.

Gilda ['Dschilda]: etwas ungewöhnlich klingende weibliche Form von ▸ Gildo. Bedeutung: Entgelt, Lohn, Opfer.

Gillian ['Dschilen]: interessant klingende, englische Variante von ▸ Juliana. Abkürzung: **Gill**.

Gina [Gina, Dschina]: Kurzform von ▸ Regina. Beliebter Name in Italien. Bekannte Namensträgerin: Gina Lollobrigida, italienische Filmschauspielerin. Auch: **Gine**.

Ginger [Dschinscher]: international und mit Pfiff. Bedeutung: Ingwer, ingwerfarben. Kindliche Form von ▸ Virginia. Bekannt durch die amerikanische Schauspielerin Ginger Rogers.

Gisela: alter deutscher Name, heute seltener. Bedeutung: Geisel, Bürge, Unterpfand. Französische Form: **Gisèle**. Italienische Form: **Gisella**. Kurzformen: **Gisa, Gilla**.

Gislind, Gislinde, Giselinde: eine Rarität aus dem Althochdeutschen. Bedeutung: mild, sanft. Heute kaum noch geläufig.

Gita, Gitta: kein Allerweltsname und trotzdem nicht zu ausgefallen. Kurzform von Brigitta oder ▶ Brigitte. Auch: **Gitte**. Passt zu den meisten Familiennamen.

Giulia ['Dschu'lia]: zeitlos schön. Italienische Fassung von ▶ Julia.

Giuliana [Dschuliana]: italienische Form von ▶ Juliana.

Giulietta [Dschu'lietta]: italienische Koseform von **Giulia**.

Giuseppa [Dschusep'pa]: typisch italienischer Name. Deutsche Form ▶ Josefine oder **Josefina**.

Gladys ['Glädis]: moderner englischer Name mit irischen Wurzeln.

Glenda: internationaler Name walisischen Ursprungs. Bedeutung: sauber, rein, heilig. Weibliche Form von ▶ Glenn.

Gloria: Name aus dem Italienischen, der auch bei uns gelegentlich zu hören ist. Bedeutung: Ruhm, Ehre. Bekannte Namensträgerin: Gloria, Fürstin von Thurn und Taxis.

Gölin: liebenswert und einfallsreich. Aus dem Schwedischen.

Golda: wohlklingend und attraktiv. Vermutlich jüdischen Ursprungs. Bekannt durch die israelische Politikerin Golda Meir. Koseform: **Goldie**.

Grace [Greis]: international gefragt. Bedeutung: Grazie und Anmut. Auch: **Gracia, Gratia, Grazia**. Koseform: **Graziella**. Bekannt durch die amerikanische Filmschauspielerin Grace Kelly.

Greta: schwedische Kurzform von ▶ Margareta oder ▶ Margarete. Bekannte Namensträgerin: die Schauspielerin Greta Garbo. Auch: **Gret, Grete**. Koseformen: **Gretchen, Gretel**. Auch als Doppelname: **Gretlies** oder **Gretlinde**.

Griselda, Griselde, Griseldis: poetischer Name germanischen Ursprungs. Bedeutung: Kampf.

Grit: Weiterentwicklung von **Grita**, **Gritli** und **Gritta**. Kurzform von: **Margrit**. Auch: **Griet, Grietje**.

Gudrun: beliebter Name nordischer Herkunft, bekannt aus dem Nibelungenlied. Passt zu den meisten Familiennamen. Kurzform: **Guda**. Bekannt durch die Schauspielerin Gudrun Landgrebe.

Gudula: alter deutscher Name. Weiterentwicklung von **Guda**. Passt zu fast allen deutschen Familiennamen. Namenstag: 8. Januar.

Gül: traditioneller türkischer Name mit der Bedeutung: Rose. Auch in Kombinationen mit anderen Vornamen wie: Gülbahar (Frühlingsrose), Güldal (Rosenzweig), Güldemet (Rosenstrauß) oder Gülseren (Rosenliebhaberin).

Günes: aparter türkischer Name. Bedeutung: Sonne.

Gunda: Name mit Tradition und Klasse. Bedeutung: Kampf. Auch in Kombination mit ▶ Lena: Gundalena. Passt zu den meisten Familiennamen. Kurzform: **Gundel**.

Gundelinde: schöner alter Name. Kombination aus Gunde oder ▶ Gunda und Linde. Bedeutung: Kampf, sanft, weich, mild. Abkürzungen: **Gundi, Linde**.

Gundula: norddeutscher Name, der nur noch selten verwendet wird. Bedeutung: Kampf. Namenstag: 6. Mai.

Gunilla: nordischer Name. Bedeutung: Kampf.

Gustava: etwas antiquierte weibliche Form von ▶ Gustav.

Gwendolin, Gwendolyn: ausgefallen. Englischer Name walisischen Ursprungs. Bedeutung: weiß, schön, glücklich. Abkürzung: **Dolly, Gwen**.

Gwyneth ['Gwinis]: ursprünglich keltischer Name. Bedeutung: gesegnet. Bekannte Namensträgerin: die Schauspielerin Gwyneth Paltrow. Kurzform: **Gwyn**. Koseform: **Winnie**.

Die beliebtesten Mädchennamen in Dänemark im Jahr 2006

1. Laura	6. Caroline
2. Sofie	7. Ida
3. Mathilde	8. Anna
4. Emma	9. Sara
5. Freja	10. Julie

Quelle: Danmarks Statistik

H

Haldis: bei uns sehr seltener schwedischer Name. Bedeutung: der Fels, die Göttin. Abkürzung: **Lale**.

Halima: zauberhafter arabischer Name. Bedeutung: die Milde, die Geduldige. Schön zu einem kurzen Familiennamen. Abkürzung: **Lima**.

Halina: ungewöhnlich, aber klangvoll. Polnische Form von ▶ Helene. Koseform: **Halka**. Abkürzung: **Lina**.

Halla: kurz und prägnant. Aus dem Schwedischen. Bedeutung: Fels, Klippe.

Halona: indianischer Name. Bedeutung: glücklich.

Hanna, Hannah: traditioneller Name, der nach wie vor beliebt ist. Herkunft hebräisch. Bedeutung: Anmut, Liebreiz. Auch: **Hanne**. Kurzform von ▶ Johanna.

Hannelore: früher beliebt, heute etwas unmodern.

Hanni: pfiffig aber etwas kindlich. Koseform von ▶ Johanna.

Harda: ungewöhnlich und herb. Nordischer Name. Bedeutung: Harfe. Abkürzung: **Ada**.

Harriet ['Häriet]: international und extravagant. Weibliche Form von Harry. Passt nicht zu allen Familiennamen.

Hazel ['Heisl]: apart und nicht zu ausgefallen. Englischer Name mit der Bedeutung: Haselnussstrauch. Schön für braunäugige und dunkelhaarige Mädchen.

Heather ['Hesa]: im deutschsprachigen Raum eher außergewöhnlich. Aus dem Englischen nach einer Pflanze: Erika, Heidekraut.

Hedda: nordische Kurzform von ▶ Hedwig. Kurz und prägnant. In Süddeutschland selten. Koseform: **Heddi**.

Hedwig: alter deutscher Name mit Stil. Bekannte Namensträgerin: die deutsche Schriftstellerin Hedwig Courths-Mahler. Auch **Hedvig** (dänische, schwedische, norwegische Form) oder **Jadwiga** (polnische Form). Namenstag: 16. Oktober und 17. Juli.

Heide: klangvoller Name nach der gleichlautenden Pflanze. Früher vor allem in Kombination mit anderen Namen üblich: **Heidelore, Heidemarie** etc. Friesische Weiterentwicklung: Heidina.

Heidi: kein Allerweltsname. Koseform von ▶ Adelheid. Bekannt und beliebt wegen des Kinderromans »Heidi« von Johanna Spyri.

Heidrun: alter germanischer Name, heute etwas aus der Mode gekommen. Bedeutung: Gestalt und Geheimnis. Abkürzung: **Heide** oder **Heidi**.

Heike: niederdeutsch-friesische Koseform von Heinrike. Vor einigen Jahrzehnten recht beliebt, heute nicht mehr so modern. Auch: **Haike** oder **Heika**.

Heinke, Heinkje: typisch norddeutsch. Weibliche Form von ▶ Heinrich. In Süddeutschland nicht geläufig.

Helen: international und sehr apart. Verkürzte Form von ▶ Helene. Passt zu den meisten Familiennamen. Bedeutung: die Glänzende.

Helene, Helena: schöner alter Name, seit dem Mittelalter belegt. Nach der griechischen Sage war Helena, die Frau von König Menelaos, von außergewöhnlicher Schönheit. Ihre Entführung war der Auslöser für den Trojanischen

Krieg. Auch in anderen Sprachen ein beliebter Name; spanische und italienische Form: **Elena**. Französische Formen: **Élaine, Hélène**. Englische Formen: **Ellen, Helen**. Russische Form: **Jelena**. Griechische Form: **Eleni**. Rumänische Form: **Ileana**.

Helga: nicht mehr häufig verwendet. Ursprünglich nordische Herkunft. Bedeutung: gesund. Passt zu den meisten Familiennamen. Auch: **Hilga** oder **Helge**.

Hella: nicht zu ausgefallen. Kurzform von ▶ Helene und ▶ Helga. Nicht an einen bestimmten Frauentyp gebunden. Auch: **Hela** und **Helle**.

Helma: norddeutsche Kurzform von ▶ Wilhelma. Hübsch im Klang und nicht zu extravagant. Passt zu vielen Familiennamen.

Helmine, Helmina: aparte Kurzform von ▶ Wilhelmine oder Wilhelmina.

Heloise [Eloas]: extravaganter Name aus dem Germanischen. Bedeutung: gesund, unversehrt. Passt nur zu wenigen Familiennamen.

Henni: Kurzform von ▶ Henriette oder ▶ Henrike.

Henriette: besonderer traditioneller Name. Aus dem Französischen. Kurzformen: **Henni, Jetta**.

Henrike: frisch, unkonventionell und typisch norddeutsch. Weibliche Form von ▶ Henrik. Auch: **Henrica, Henrika** und **Henrieke**. Bedeutung: Einfriedung, mächtig, reich. Schön zu einem norddeutschen Familiennamen. Abkürzungen: **Henni, Henny, Ria, Rietta**.

Hera: schlicht und unprätentiös. Passt zu langen und kurzen Familiennamen. Kurzform von **Herlinde**. In der griechischen Mythologie Name der Göttin Hera, Gemahlin des Zeus: Beschützerin von Ehe und Familie.

Hermine: lange vergessener, seit dem Bestseller »Harry Potter« wieder populärer Vorname. Weibliche Form von ▸ Hermann. Auch: **Hermina, Herminia**. Abkürzung: **Hermi** oder **Hermy**. Unkompliziert, passt zu den meisten Familiennamen.

Herta, Hertha: im letzten Jahrhundert beliebt, heute nicht mehr üblich.

Hilaria: unkonventionell, aber nicht zu abgehoben. In englischsprachigen Ländern als **Hilary** bekannt und beliebt, in Italien als ▸ Ilaria. Abkürzungen: **Hilla, Hilli, Lara.**

Hilburg, Hildburg: alter deutscher Name. Wirkt heute etwas altmodisch. Bedeutung: Kampf, Burg, Zufluchtsstätte, Schutz. Eine Sagengestalt ist Hildeburg, die Begleiterin Gudruns in der Gudrunsage.

Hilde, Hilda: deutscher Name mit langer Tradition. Nach einer Sagengestalt aus der Gudrunsage.

Hildegard: Bedeutung dieses alten deutschen Namens: Kampf, Zaun, Einfriedung. Abkürzung: Hilde. Namenstag: 30. April und 17. September. Bekannte Namensträgerin: Hildegard von Bingen.

Hildis: unkonventionelle Form von ▸ Hilde.

Hätten Sie das gewusst?

Die Vorsilbe Hild- kommt aus dem Althochdeutschen und bedeutet Kampf. Früher waren solche Namen sehr beliebt, heute spielen sie jedoch keine große Rolle mehr.

Hilke, Hilka: wohlklingende norddeutsch-friesische Koseform von Namen, die mit Hild- beginnen.
Hilla: unkompliziert und zeitlos. Kurzform von Namen, die mit Hilde- gebildet werden. Auch: **Hille**. Passt zu den meisten Familiennamen.
Hilma: weibliche Version von ▶ Hilmar. In Norddeutschland häufiger.
Hiltrud, Hiltraud, Hiltrude: alter deutscher Name mit der Bedeutung: Kampf, Kraft, Stärke.
Holle: poetischer Name, der an das bekannte Märchen »Frau Holle« erinnert. Auch: **Holda, Holde** oder **Hulda**. Das Wort Holle leitet sich vom Holunder ab. Bedeutung: der gute Geist.
Holly [Holli]: verspielt und jugendlich. Koseform von ▶ Holle. Der englische Name leitet sich von der Stechpalme »Holly« ab.
Holma: freundlich und unkompliziert. Aus dem Nordischen. Weibliche Form von ▶ Holm. Bedeutung: die Inselbewohnerin.
Hortense [Or'tos]: feminin und blumig. Französische Form von ▶ Hortensia.
Hortensia, Hortensie: aparter, unkonventioneller Name nach der gleichlautenden Blume. Aus dem Lateinischen. Bedeutung: der Garten. Erfordert einen ausgefallenen Familiennamen.
Hülya: türkische Form des persischen Vornamens **Hulya**: der Traum.
Hürriyet: bekannter türkischer Name. Bedeutung: Freiheit. Name der großen türkischen Tageszeitung.
Hyazintha: blumig, verspielt. Weibliche Form von ▶ Hyazinth. Verlangt nach einem besonderen Familiennamen.

I

Iba: einfacher friesischer Name. Weibliche Form von ▶ Ivo. Bedeutung: die Eibe. Schön zu einem zweiten Vornamen.

Ida: frisch und pfiffig. Deutscher Name, bereits im Mittelalter beliebt. Bedeutung: Werk, Tätigkeit. Auch: **Idis**.

Idita: eigenwillige nordische Variante von ▶ Jutta.

Iduna: Name der germanischen Göttin immerwährender Jugend. Bedeutung: Verjüngung.

Ifigenia, Iphigenie: ausgefallener italienischer und griechischer Vorname. Bedeutung: die von Geburt an Kräftige. Nach der griechischen Sage wurde Iphigenie, Tochter Agamemnons und Schwester Orests, nach Tauris entführt und dort zur Priesterin gemacht. Schön zu einem ebenso ungewöhnlichen Familiennamen. Koseform: **Iffi**.

Ignatia: alter Name mit Tradition. Weibliche Form von ▶ Ignaz.

Ika, Ike, Iken, Ikka: friesische Variationen von ▶ Ida.

Ilaria: wohlklingende italienische Form von ▶ Hilaria.

Ileana: feminin und ausgefallen. Rumänische Form von ▶ Helene. Auch: **Ilana**, **Ileane**, **Ilene** oder **Ilenia**. Die mazedonische Form lautet: **Ilina**.

Ilga, Ilge: schlichter Name lettischer Herkunft. Bedeutung: Sehnsucht. Passt zu vielen Familiennamen. Namenstag: 8. Juni.

Ilia: kurz und schön im Klang. Kurzform aller Namen, die auf -ilia enden.

Iljana: geschmackvoller russischer Name. Weibliche Form von ▶ Ilja.

Ilka: ungarische Koseform von ▶ Ilona, russische Koseform von ▶ Ilaria. Auch im Friesischen ist Ilka bekannt als verselbständigte Koseform unbekannten Ursprungs.

Ilona: nicht mehr ganz so häufiger ungarischer Name, abgeleitet von ▶ Helene. Auch: **Ilonka**.

Ilsa, Ilse: eigenständige Kurzform von ▶ Elisabeth, früher häufig, heute nicht mehr in. Auch: ▶ Ilsabe oder Ilske.

Ilsabe, Ilsabeth: heiter und verspielt. Originelle Kurzform von ▶ Elisabeth.

Ilva: ausgefallener Name italienischer Herkunft, nach der Insel Elba (auf Lateinisch Ilva). Auch: **Ilvie** oder **Ilvy**.

Imelda: ungewöhnlicher Name altfranzösischen Ursprungs. Abgeleitet von Irmhild. Namenstag: 12. Mai.

Imke: friesische Koseform von Namen, die mit Irm- gebildet werden. Auch: **Imka**. In Süddeutschland weniger verbreitet.

Imma: seltene Kurzform des italienischen Namens ▶ Immaculata. Auch: **Imme, Immi**.

Immaculata, Immakulata: religiöser, wenig gebräuchlicher Name: verkürzte Form von **Maria Immaculata** – die Unbefleckte.

Imogen ['Imedschen]: englischer Name. Bedeutung unklar.

Ina: frischer, kurzer Name, schön zu einem längeren Familiennamen. Häufig in Kombination mit einem zweiten Namen: **Inamaria**.

India: klangvoller Name nach dem Land Indien, englisch India. Bekannt aus dem Roman »Vom Winde verweht«.
Indira: indischer Name mit der Bedeutung Schönheit, Glanz. Aus dem Sanskrit: Beiname der Göttin Lakschmi, Wischnus Gattin. Bekannte Namensträgerin: Indira Gandhi.
Ineke: niederdeutsch-friesische und niederländische Koseform von ▶ Ina. Hauptsächlich im norddeutschen Raum gebräuchlich.
Ines: ehemals spanische Form von ▶ Agnes. Auch: **Inis.**
Inessa: selten und unkonventionell. Weiterentwicklung von ▶ Ines. Auch in Russland geläufig.
Inga: frisch und unkompliziert. Nordische Kurzform von ▶ Ingeborg. Bekannt aus den Kinderbüchern von Astrid Lindgren: »Wir Kinder aus Bullerbü«. Auch: **Inger.**
Ingalisa: Zusammenziehung von ▶ Inga und ▶ Lisa. Vor allem in Schweden beliebt.
Ingbritt: in Schweden verbreitete Kombination von ▶ Inga und ▶ Britta. Auch: **Ingebritt.**
Inge: Eingedeutschte Form von ▶ Inga. In der 1930er und 1940er Jahren sehr beliebt, heute etwas veraltet. Viele Doppelformen: **Ingelore, Ingerose, Ingetraud** etc.
Ingeborg: ehemals dänischer und schwedischer Name. Bei uns nicht mehr häufig. Auch: **Ingeburg.**
Ingela: unkonventionell und wenig gebräuchlich. Kurzform von ▶ Ingeburg.
Inger: apart und kein Allerweltsname. Auch als männlicher Vorname gebräuchlich.
Ingrid: Name mit nordischen Wurzeln und der Bedeutung: schön. Früher beliebter Name, heute selten. Bekannte Namensträgerin: die schwedische Filmschauspielerin Ingrid Bergmann.

Inia, Inja: frischer und unkomplizierter Name. Vor allem im Norden beliebt.

Inke, Inka, Inken, Ineke, Ingke: aparter friesischer Name mit unbekannter Herkunft. In Süddeutschland selten.

Inna: friesische Kurzform von ▶ Inke.

Ira: kurz und apart. Kurzform von **Irina**.

Irena: latinisierte Form von ▶ Irene. Auch in Polen und Tschechien bekannt.

Irene: griechischer Name mit der Bedeutung: Frieden. Name der griechischen Friedensgöttin. Namenstag: 5. Mai. Englische Form: **Ireen**. Französische Form: **Irène**. Russische Form: **Irina**.

Iris: kurzer, klarer Name griechischen Ursprungs nach der Götterbotin. In der griechischen Mythologie wurde die Botin mit dem Regenbogen gleichgesetzt. Heute denkt man eher an die gleichnamige Blume.

Irit, Irith: ungewöhnlich und sehr ausgefallen. Aus dem Hebräischen, nach einem Liliengewächs.

Irma: alter deutscher Name, heute allerdings weitgehend in Vergessenheit geraten. Auch in Kombination mit einem zweiten Namen: **Irmalotte**.

Irmela: kein Allerweltsname. Koseform von ▶ Irma. Passt zu den meisten Familiennamen.

Irmgard: germanischer Name. Bedeutung: allumfassend, groß, Zaun, Einfriedung. Im Mittelalter beliebt, heute unmodern. Namenstag: 16. Juli und 4. September. Koseform: **Irmi**.

Irmtraud: alter deutscher Name germanischen Ursprungs. Bedeutung: allumfassend, groß, Stärke, Kraft. Koseform: **Irmi**.

Isa: kurz und prägnant. Kurzform von ▶ Isabelle oder ▶ Isabella. Ideal zu einem längeren Familiennamen.

Isabel, Isabelle, Isabella: klangvoller Fürstinnenname. Nach wie vor beliebt. Passt zu fast allen Frauentypen. Abkürzung: **Bella**.

Isadora: ausgefallen, aber nicht zu extravagant. Nebenform von **Isidora**. Weibliche Form von Isidor.

Isalia: mädchenhaft verspielt. Koseform von ▶ Isa.

Isidora: aus dem Griechischen. Bedeutung: Geschenk der Göttin Isis. Auch: **Isadora, Isadore, Isidore**.

Isis: edel. Name der ägyptischen Göttin. Erfordert einen besonderen Familiennamen.

Isolde: traditioneller Name unklarer Herkunft. Bedeutung: Eisen, Kampf. Bekannt aus der Sage von »Tristan und Isolde«.

Ivette [I'vet]: ausgefallener französischer Name. Schön zu einem ebenso ungewöhnlichen Familiennamen.

Ivy ['Aiwi]: extravagant und international. Aus dem Englischen. Bedeutung: Efeu.

Iwanka: russische Koseform von **Iwana**. Weibliche Form von ▶ Iwan. Auch: **Ivana, Ivanka**.

Die beliebtesten Mädchennamen in den USA im Jahr 2007

1. Emily	6. Sophia
2. Isabella	7. Olivia
3. Emma	8. Abigail
4. Ava	9. Hannah
5. Madison	10. Elizabeth

Quelle: Social Security Administration

J

Jacinta, Jacintha: weibliche Form von ▶ Hyazinth. Aus dem Griechischen. Abkürzungen: **Cindy, Cinzia**.

Jackie [Dschäki]: englische Koseform von ▶ Jacqueline.

Jacqueline [Scha'klien]: aus dem Französischen übernommene weibliche Form von ▶ Jacques. Ursprünglich aus dem Hebräischen. Bedeutung: der Überlister. Auch: **Jacquelyn, Jacquetta**. Kurzformen: **Jackie, Jacky**.

Jade: ungewöhnlich und elegant. Nach dem bekannten Edelstein. Auch in England und Frankreich beliebt.

Jakoba: ausgefallen, aber nicht zu extravagant. Weibliche Form von ▶ Jakob. Aus dem Hebräischen. Bedeutung: Gott möge schützen, Betrüger. Namenstag: 3. Mai und 25. Juli. Auch: **Jacoba, Jakobina, Jakobine**.

Jamie ['Dscheimi]: beliebter Name in den USA, auch als männlicher Vorname gebräuchlich. Weibliche Form von ▶ James. Nicht klar als weiblicher Name zu erkennen, muss mit einem zweiten Namen kombiniert werden.

Jamila [Dschamila]: andere Schreibweise von ▶ Djamila.

Jana: zeitlos schön. Weibliche Form von ▶ Jan. Kurzform von ▶ Juliana. Auch: **Jane** in deutscher oder englischer Aussprache. Auch: **Jantina, Jantine**.

Janet, Janett, Janette, Janetta, Jannette [Dsche'net]: Weiterentwicklung von **Jana** oder **Jane**. In vielen Ländern bekannt und beliebt.

Janina, Janine, Jannina, Jannine: feminin und international. Weibliche Form von ▶ Jan. Auch in englischsprachigen Ländern und in Frankreich verbreitet.

Janita: angenehm im Klang und nicht zu ausgefallen. Aus Osteuropa. Abkürzung: **Nina**.

Janka: ausgefallen, aber nicht zu extravagant. Ungarische Form von ▶ Johanna. Auch in Polen und Tschechien verbreitet.

Janna, Janne: geschmackvoll und kein Allerweltsname. Niederdeutsch-friesische Kurzform von ▶ Johanna. Auch: **Janneke**. Koseform: **Janni** oder **Janny**.

Jara: anspruchsvoll und zeitlos. Aus Brasilien. Passt zu vielen Familiennamen. Auch: **Yara**.

Jarmila: geschmackvoll und zeitlos. Tschechischer Name. Weibliche Form von ▶ Jaromil. Bedeutung: Friede. Abkürzung: **Jana, Mila**.

Jasmin: apart und nicht zu ausgefallen. Nach dem gleichnamigen Zierstrauch. Italienische Form: ▶ Gelsomina. Auch: **Jasmina, Jasmine, Yasmin, Yasmina, Yasmine**.

Jeanne [Schan]: international und bei uns eher selten. Französische Form von ▶ Johanna. In Frankreich beliebt. Auch: **Jeannette, Jeannine**.

Jella, Jelle: ausgefallene Kurzform von ▶ Gabriele oder ▶ Gabriela. Auch: **Jellina**. Schön zu einem längeren Familiennamen.

Jemima: ungewöhnlich, aber wohlklingend. Biblischer Name hebräischen Ursprungs. Die älteste Tochter Hiobs trug diesen Namen. Bedeutung: Turteltaube.

Jenifer, Jennifer ['Dschenifa]: bekannter englischer Name mit keltischen Wurzeln. Bedeutung: weiß, blond, gesegnet, heilig.

Jenny ['Dscheni]: frisch und unprätentiös. Englische Koseform von ▶ Jane und Kurzform von ▶ Jennifer.

Jeronima [Dscheronima]: außergewöhnliche weibliche Form von Jeronimo. Aus dem Griechischen. Bedeutung: heilig.

Jessica ['Dschesika]: international und populär. Passt zu vielen Familiennamen. Auch: **Jessika, Jyssica**. Abkürzung: **Jessie**.

Jette, Jetta: unkonventionell, aber nicht zu ausgefallen. Kurzform von ▶ Henriette. Bekannte Namensträgerin: die Modedesignerin Jette Joop.

Jezebel: sehr ausgefallener biblischer Name aus dem Alten Testament.

Jill, Jil [Dschil]: international und ziemlich extravagant. Weibliche Kurzform von ▶ Julian. Bekannte Namensträgerin: die Modeschöpferin Jil Sander.

Joana: klangvoll und weiblich. Ausgefallene Nebenform von ▶ Johanna. Auch: **Joanne**. Sehr populär durch die englische Schriftstellerin Joanne K. Rowling, die mit ihren »Harry Potter«-Romanen zu Weltruhm gelangte.

Jocelyn, Joceline ['Dschoslin]: geschmackvoll, aber ausgefallen. Aus dem Normannischen. Im Mittelalter als männlicher Vorname in Gebrauch, heute vorwiegend ein Mädchenname. In Frankreich: **Joceline** oder **Jocelyne**.

Jodie ['Dschodi]: freundlich und international. Englische Koseform von ▶ Judith. Auch: **Jody**. Bekannte Namensträgerin: die amerikanische Schauspielerin und Regisseurin Jodie Foster.

Joelle, Joel [Dscho'el]: apart und besonders. Aus dem Hebräischen. Bedeutung: Jahwe ist Gott.

Johanna: biblischer Name mit langer Tradition. Auch **Joana, Joanna, Johanne**. Aus dem Hebräischen. Bedeutung: Gott ist gnädig. Auch in anderen Ländern beliebt und verbreitet. Passt zu allen Familiennamen: Abkürzungen: **Hanna, Hannah**.

Jolanda: feminin und individuell. In Anlehnung an Violante. Bedeutung: Blume, Blüte und Veilchen (Viola). Auch: **Iolanthe, Jolande, Jolanta, Jolanthe, Yolanda**.

Jolie, Jolly [Dscholi]: mädchenhaft und kess. Aus dem Französischen. Bedeutung: hübsch.

Jordis, Jördis: eigenwilliger nordischer Name. Bedeutung: Schwert, Göttin. Abkürzung: **Jo**.

Jorid: frisch und etwas herb. Aus dem Schwedischen. Bedeutung: das schöne Pferd.

Jorinde: märchenhaft, verspielt. Erinnert an das Grimmsche Märchen »Jorinde und Joringel«. Weibliche Form von Georg oder Gregor. Im Friesischen auch **Jorina**.

Josefa, Josepha: unkonventionelle weibliche Form des bekannten männlichen Vornamens ▶ Josef oder ▶ Joseph.

Josefine: zeitlos schön. Auch: **Josefina, Josephina, Josephine**. Weibliche Form von ▶ Josef. Aktuell wieder sehr beliebt. Friesische und niederländische Kurzform: **Josina**. Englische Koseform: **Josie**.

Jovita, Joyvita: temperamentvoller Name aus dem englischsprachigen Raum. Bedeutung: Freude am Leben. Kurzform: **Joy**.

Juanita: temperamentvoll, südländisch. Spanische Form von ▶ Johanna. Vorsicht: Passt nicht zu jedem Frauentyp. Koseform von **Juana**.

Judica, Judika: originell und wohlklingend. Aus dem Lateinischen. Bedeutung: Richte. Abkürzung: **Judy, Jula**.

Judith, Judit: zeitlos und nach wie vor beliebt. Hebräische Herkunft. Bedeutung: Judäerin. Nach den apokryphen Schriften tötete Judith den Feldherrn Holofernes durch eine List und trug so zur Rettung ihrer Vaterstadt Jerusalem bei. Auch in England ein beliebter Name. Koseform: **Judy**.

Julia: immer wieder schön. Beliebter Name lateinischer Herkunft. Weibliche Form von ▶ Julius. Bekannt aus dem Shakespeare-Drama »Romeo und Julia«. Auch in anderen Sprachen verbreitet: **Giulia, Julie, Juliet, Julietta, Juliette, Julika, Julina, Julischka, July**. Kurzform von ▶ Juliana oder ▶ Juliane.

Juliana, Juliane: weich und feminin. Weibliche Form von Julianus. Herkunft lateinisch. Namenstag: 5. April und 19. Juni. Auch: **Julianna** oder **Julienne**. Kurzform: **Jule**.

Justina, Justine: selten und individuell. Weibliche Form von ▶ Justinus. Bekannte Namensträgerin: die heilige Justina, Märtyrerin aus dem 3. oder 4. Jahrhundert. Namenstag: 26. September.

Jutta: früher sehr beliebt, in den letzten Jahren seltener. Alte Koseform von ▶ Judith. Im Mittelalter weit verbreitet: die Erzieherin der Hildegard von Bingen trug diesen Namen. In Dänemark: **Jytte**.

K

Kaatje: typisch friesische Variante von ▶ Katja.

Kajsa: attraktiv und eigenwillig. Vor allem in Schweden und Dänemark gebräuchlich. Koseform von ▶ Karin. Auch: **Caja, Kaja**.

Kalila: besonderer Name arabischen Ursprungs. Bedeutung: Geliebte. Kurzformen: **Kala, Kara, Lilli, Lilly**.

Kamilla: siehe ▶ Camilla.

Kanani: edler polynesischer Name mit der Bedeutung: Schönheit. Besonders auf Hawaii verbreitet.

Kaori: sehr ausgefallen. Japanischer Vorname. Bedeutung: Duft. Erfordert einen besonderen Familiennamen.

Karianne: Kombination aus ▶ Katharina und ▶ Johanna. Abkürzung: **Anna, Kara**. Auch: **Carianne**.

Karima: seltener arabischer Name. Weibliche Form von ▶ Karim. Bedeutung: wohltätig, großmütig. Passt auch zu einem deutschen Familiennamen.

Karin: zeitlos und unkompliziert. Schwedische Form von ▶ Katharina. Passt zu fast allen deutschen Familiennamen. Auch: **Karen, Karena, Karina**.

Karla: einfach und unprätentiös. Auch ▶ Carla.

Karlina: ungewöhnlich, aber nicht zu ausgefallen. Weiterentwicklung von ▶ Karla.

Karlotta: kein Allerweltsname. Deutsche Schreibvariante von ▶ Carlotta.

Karmen: elegant und feminin. Deutsche Schreibvariante von ▶ Carmen.

Karola: siehe ▶ Carola.

Karolin: siehe ▶ Carolin. Auch: **Karoline** und **Karolina**.

Karsta: etwas spröde und hart. Niederdeutsche Form von ▶ Carsta. Schön zu einem weicheren Familiennamen.

Kasimira: interessant und nicht häufig. Weibliche Form von ▶ Kasimir.

Kasota: klangvoller indianischer Name. Bedeutung: klarer Himmel.

Kassandra, Cassandra: Name aus der griechischen Mythologie. Nach der griechischen Sage sagte Kassandra den Untergang Trojas voraus und warnte die Trojaner vor dem hölzernen Pferd. Bekannt nach dem gleichnamigen Roman von Christa Wolf.

Katalin: heiter und unbeschwert. Ungarische Kurzform von ▶ Katharina. Auch: **Katalyn**. Abkürzungen: **Kathy, Linn, Lynn**.

Katharina: beliebt und zeitlos. Ehemals griechischer Name nach der heiligen Katharina von Alexandria. Auch: **Catarina, Catharina, Cathrina, Catrina, Katarina, Katherine, Kathrina**. Kurzform: **Kate**. Ungarische Form: **Katalin**. Namenstag: 29. April und 25. November.

Käthe: etwas altmodische, aber liebenswürdige Abkürzung von ▶ Katharina. Koseform: **Käthchen**. Bekannte Namensträgerinnen: Käthe Kollwitz und Käthe Kruse. Schön zu einem Familiennamen, der ebenfalls mit »K« beginnt.

Kathinka, Katinka: geschmackvoll und unkonventionell. Ungarische Koseform von ▶ Katharina. Passt auch zu einem gewöhnlichen Familiennamen.

Kathleen: ▶ Cathleen.

Kathrein, Katrein: selten, aber nicht zu extravagant. Süddeutsche Variante von ▶ Katharina. In Norddeutschland eher ungewöhnlich.

Kathrin: moderne Form von ▶ Katharina. Auch: **Katrin, Cathrin, Catrin**.

Katja, Katia: zeitlos. Aus dem Russischen übernommene Koseform von ▶ Katharina. Auch: **Kadia, Katina**.

Katjana: romantisch und verspielt. Aus dem Russischen. Verwandt mit ▶ Katharina. Koseform: Katjuscha. Abkürzungen: **Jana, Kathi, Kati, Katy**.

Kayla: beliebter amerikanischer Vorname. Kurzform von ▶ Michaela.

Kefira: ungewöhnlich, aber geschmackvoll. Aus dem Hebräischen. Bedeutung: junge Löwin.

Keisha ['Kischa]: beliebter afroamerikanischer Name.

Kelila: ausgefallener hebräischer Name. Bedeutung: Lorbeerkranz.

Kelly [Kelli]: unkompliziert und unkonventionell. Mit griechischen Wurzeln: Keltoi war ein keltischer Krieger, der in Westeuropa zu Hause war.

Kerry [Kerri]: modern und international. Amerikanischer Name unbekannter Herkunft.

Kerstin: niederdeutsche und schwedische Form von ▶ Christine. Auch: **Kersta, Kerstina, Kerstine**.

Kiara: siehe ▶ Chiara.

Kim: apart und nicht zu häufig. Kurzform von Kimball, ▶ Kimberley. Vor allem in den USA beliebt.

Kimberley ['Kimbeli]: modern und international. Aus dem Altenglischen. Bedeutung: von der Weide des Königspalastes. Abkürzung: ▶ Kim.

Kira: russische Form des griechischen Namens **Kyra**. Auch: **Cyra**. Passt auch zu längeren Familiennamen.

Kirsten: norwegische, niederdeutsche und dänische Form von ▶ Christine. Nebenformen: ▶ Kerstin und **Kirstin.**

Klara: ▶ Clara. Weiterentwicklung: **Klarina, Klarine** und **Klarinde**.

Klarissa: siehe ▶ Clarissa.

Klaudia: siehe ▶ Claudia. Weiterentwicklung: **Klaudine**.

Klio: siehe ▶ Clio.

Klorinde: aus dem Griechischen. Bedeutung: hellgrün, erster Pflanzentrieb. Nebenform: **Clorinda**.

Konrade, Konradine: weibliche Form von ▶ Konrad. Aus dem Althochdeutschen. Bedeutung: die kühne Ratgeberin. Auch: **Conrade, Conradine**.

Konstantine: weibliche Form von ▶ Konstantin. Auch: **Constantina** oder **Constantine**.

Konstanze: siehe ▶ Constanze.

Kora: siehe ▶ Cora.

Kordelia: siehe ▶ Cordelia.

Kordula: siehe ▶ Cordula.

Korinna: siehe ▶ Corinna.

Kornelia: siehe ▶ Cornelia.

Kosima, Cosima: selten, aber nicht extravagant. Weibliche Form von ▶ Cosimo. Bekannte Namensträgerin: Cosima Wagner. Passt zu vielen Familiennamen.

Krista: siehe ▶ Christa.

Kristiane: siehe ▶ Christiane.

Kristin: siehe ▶ Christin.

Kristina: siehe ▶ Christina.

Kyrilla: weibliche Form von ▶ Kyrill. Weiterentwicklung von **Kyra**.

L

Ladina: südslawische Koseform von **Ladislava**. Nebenform: **Ladinka**. Kurzform: **Lala**.

Laetitia, Lätitia: ausgefallen, aber nicht zu extravagant. Lateinischer Name. Bedeutung: Freude, Fröhlichkeit. Auch: **Lätizia, Leticia** oder **Letitia**.

Laila, Leila: poetischer und wohlklingender Name arabischer Herkunft. Bedeutung: Dunkelheit, Nacht. Auch: **Layla, Leyla**. Passt eher zu einem dunkleren Frauentyp.

Lale: unkomplizierter Name aus Dänemark. Abgeleitet von ▶ Laura.

Lalita: schwungvoll und weiblich. Indischer und pakistanischer Name. Bedeutung: die Bezaubernde. Ein Name, der Erwartungen weckt. Abkürzung: ▶ Lale.

Lana: Kurzform von ▶ Tatjana.

Lara: russische Kurzform von ▶ Laura. Weiterentwicklung: ▶ Larissa.

Larissa: wohlklingender Name russischen Ursprungs.

Latoya: typisch afroamerikanischer Name. Bekannt durch die amerikanische Popsängerin LaToya Jackson, die Schwester von Michael Jackson.

Laura: apart und sehr beliebt. Kurzform von **Laurentia**. Kurzform: ▶ Lara. Englische Nebenform: **Lauren**.

Lavina: vermutlich italienischer Herkunft. Auch **Lavinia**. In der römischen Mythologie war sie die Tochter des Königs Latinus von Laurentum, die mit Aeneas vermählt wurde.

Lea: beliebter, ursprünglich hebräischer Name. Bedeutung: »Wildkuh« oder auch »die sich vergeblich müht«. Im Alten Testament ist Lea die ältere Schwester Rahels und die erste Frau Jakobs. Auch: **Leah**. Nebenform: ▶ Lia.

Leandra: wohlklingend und besonders. Weibliche Form von ▶ Leander.

Leda: bekannt aus der griechischen Mythologie. Dort ist Leda die Geliebte des Zeus, der sich ihr in der Gestalt eines Schwans nähert.

Lelia: selten und sehr individuell. Lateinischer Name nach dem römischen Geschlecht Laelius. Abkürzung: **Lia**.

Lena: liegt voll im Trend. Kurzform von ▶ Magdalena und ▶ Helene. Finnische Form: **Leena**. Passt zu den meisten Familiennamen. Auch: **Lene, Leni, Lenja** und **Lenka**.

Lenka: slawische Kurzform von ▶ Helene und ▶ Magdalena. Nebenformen: **Lena, Lene, Leni**.

Lentje: heiter und unbeschwert. Aus Friesland.

Leocadia, Leokadia: apart und vielversprechend. Ursprung unbekannt.

Leona: apart und ausgefallen. Weibliche Form von ▶ Leon. Auch: **Leonilla** und **Leonina**.

Leonie: absoluter Modename. Weibliche Form von ▶ Leon. Passt zu den meisten Familiennamen.

Leonille [Leoni]: verspielter französischer Name. Bedeutung: Löwe. Kurzform: ▶ Leonie.

Leonore: altmodisch und kaum mehr zu hören. Auch: **Lenore**. Kurzform von ▶ Eleonore. Auch in englischsprachigen Ländern bekannt.

Leopoldine: etwas altmodisch, aber mit Charme. Weibliche Form von ▶ Leopold. Auch: **Leopolda, Leopolde, Leopoldina**. Kurzform: **Polly**.

Leslie: im Deutschen eher seltener englischer Name. Auch: **Lesley**.

Letafet: aus dem türkischen Sprachraum. Bedeutung: Schönheit, Lieblichkeit.

Levinia: recht ungewöhnlich. Weibliche Form von ▶ Levin. Auch: **Lavinia**.

Lia: einfach und unkompliziert. Kurzform von Namen, die mit -lia enden, z. B. Julia.

Liana, Liane: früher häufiger, heute eher selten. Kurzform von ▶ Juliane oder ▶ Juliana. Auch: **Lianne** (von ▶ Elisabeth und ▶ Anne).

Libusa, Libussa: eigenwilliger slawischer Name. Bedeutung: Liebling.

Lidwina: fast vergessener alter Name aus dem Althochdeutschen. Bedeutung: Volk und Freund. In Frankreich: **Liwine**. Abkürzungen: **Ida, Ina, Lida**.

Lilian, Lillian: fröhlich und unkompliziert. In England seit dem 16. Jahrhundert bekannt. Vermutlich Koseform oder spielerische Variante von ▶ Elisabeth. Abkürzungen: **Lill, Lilli** oder **Lilly**.

Liliana: wohlklingend und feminin. Weiterentwicklung von ▶ Lilian. Auch: **Liliane**. Abkürzung: **Lilli** oder **Lilly**.

Lilith: selten, aber nicht abgehoben. Biblischer Name. Ursprünglich die Bezeichnung eines babylonischen weiblichen Sturmdämons.

Lillemor: interessanter nordischer Name, abgeleitet von schwedisch »lilla mor« (kleine Mutter). In Süddeutschland nahezu unbekannt.

Lilo: kess und weiblich zugleich. Kurzform von Lieselotte. Passt eigentlich immer.

Lina: einfach und unprätentiös. Kurzform von ▶ Karolina. Bekannte Namensträgerin: die italienische Filmemacherin Lina Wertmüller.

Linda: melodisch und zeitlos schön. Nebenform von **Linde**. Kurzform von **Belinda**. Passt zu vielen Familiennamen. Bedeutung: sanft, weich, mild.

Lindsay ['Linsi]: im deutschen Sprachraum eher ungewöhnlich. Aus dem Englischen. Auch als männlicher Name gebräuchlich. Auch: Lindsey.

Linette, Linett [Li'net]: frisch und verspielt. Französische Koseform von ▶ Lina oder Line. Erfordert einen ebenso beschwingten Familiennamen.

Linnea, Linnéa: ausgefallen. Aus dem Schwedischen, nach dem bekannten schwedischen Botaniker Carl von Linné.

Lioba: christlicher Name mit langer Tradition. Verselbständigte Kurzform von Namen, die mit »lieb« gebildet werden. Bekannte Namensträgerin: die heilige Lioba, Äbtissin in Tauberbischofsheim. Namenstag: 28. September.

Lisa: sehr häufig. Kurzform von ▶ Elisabeth. Passt zu den meisten Familiennamen. Auch: **Lise**. Auch schön in Kombination mit einem zweiten Namen: **Lisabeth, Lisamaria, Lisamarie, Lisanne, Lisbeth, Liselotte**.

Lisanne: interessante Kombination aus ▶ Lisa und ▶ Anne. Auch: **Lisiane, Lizanne**.

Lisetta, Lisette: italienische und französische Koseform von ▶ Lisa.

Liv: sehr kurz, aber pfiffig. Norwegischer Name. Bedeutung: Wehr, Schild, Leben. Bekannte Namensträgerin: die Schauspielerin Liv Tyler. Auch: Lif.

Livia: alter Name mit langer Tradition. Weibliche Form von ▶ Livius. Die Gattin des römischen Kaisers Augustus trug diesen Namen. Auch: **Liviana.**

Lizzy [Lissi]: frisch und pfiffig. Englische Kurzform von ▶ Elisabeth (Elizabeth).

Lola: feminin und ausgefallen, aber nicht abgehoben. Spanische Koseform von ▶ Dolores. Kurzform von ▶ Aloisia, ▶ Carlotta, ▶ Carola, ▶ Lolita und ▶ Leonore. Bekannt durch die legendäre Tänzerin Lola Montez.

Lolita: bekannter spanischer Name. Weiterentwicklung von ▶ Lola.

Lorena, Loreen: moderner englischer Name, abgeleitet von ▶ Laura. Passt zu den meisten Familiennnamen.

Lorenza: italienischer Name. Auch: **Lorenzina**. Weibliche Form von Lorenz.

Loretta: klangvoll und beschwingt. Italienische Koseform von **Lora**. Auch: **Laurette** und **Lorette**.

Lotte, Lotta: mädchenhaft und verspielt. Beliebte Kurzform von ▶ Charlotte oder ▶ Carlotta. Koseform: Lotti.

Louisa: zeitlos und geschmackvoll. Latinisierte Form von **Louise**. Passt zu den meisten Familiennamen.

Lucia, Luzia: traditioneller Name, der bereits im Mittelalter verbreitet war und zurzeit wieder sehr beliebt ist. Namenstag: 13. Dezember. Abkürzungen: **Lucie** oder **Lucy**.

Luciana [Lu'tschana]: zeitlos. Aus dem Lateinischen. Bedeutung: bei Tagesanbruch geboren. Französische Form: **Lucienne**. Abkürzungen: ▶ Lucia, **Lucie** oder **Lucy**.

Lucille [Lu'sil]: verspielt und mädchenhaft. Französische Form von ▶ Lucia.

Ludmilla: etwas altmodisch. Aus dem Tschechischen. Bedeutung: lieb, teuer. Bekannte Namensträgerin: die heilige Ludmilla, Schutzpatronin von Böhmen. Namenstag: 15. September.

Ludowika: heute kaum noch gebräuchlicher alter deutscher Name. Weibliche Form von Ludwig. Auch: **Ludovika, Ludwiga**.

Luise: alter deutscher Name. Auch in anderen Sprachen gebräuchlich: **Louisa, Louise, Luisa**. Italienische Koseform: **Luisella**. Passt zu den meisten Familiennamen.

Lulu: ausgefallen und verspielt: kein Allerweltsname. Lallform aus der Kindersprache von Namen, die mit Lu- beginnen. Bekannte Gestalt aus Frank Wedekinds gleichnamigem Drama. Kurzform: **Lu**.

Luna: märchenhaft und außergewöhnlich. Nach der gleichnamigen Mondgöttin.

Lydia: zeitlos schön. Aus dem Griechischen. Bedeutung: die aus Lydien (in Kleinasien) Stammende. Namenstag: 3. August. Auch: **Lidia**.

Lynette [Li'net]: schöner alter walisischer Name. Kurzformen: **Lyn, Lynn**.

Lysandra: geschmackvoll. Weibliche Form von ▶ Lysander. Aus dem Griechischen. Bedeutung: Rettung. Kurzformen: **Lyn, Lynn, Sandra**.

Lysiane, Lysianne [Li'san]: wohlklingende Abwandlung von **Lisiane**.

M

Maaike, Maike: kein Allerweltsname, aber nicht zu ausgefallen. Vor allem in Norddeutschland beliebt. Koseform von ▶ Maria.

Mabel ['Mäjbl]: edel und extravagant. Englische Kurzform von **Amabel**. Bedeutung: liebenswürdig. Irische Form: **Maible**.

Madelaine [Ma'dlän]: eleganter altfranzösischer Name. Auch: **Madeleine**. Französische Variante von ▶ Magdalena. Koseform: **Madelon**. Auch in englischsprachigen Ländern gebräuchlich: **Madeline**. Weitere Formen: **Madlaina, Madleen, Madlen, Madlena, Madlene**.

Madita: frech und frisch. Bekannt durch die Heldin der gleichnamigen Bücher der schwedischen Kinderbuchautorin Astrid Lindgren. Koseform von ▶ Margareta.

Mae: kurz, aber mit Pfiff. Amerikanische Kurzform von ▶ Maria (Mary). Schön zu einem längeren Familiennamen. Bekannte Namensträgerin: die Schauspielerin Mae West.

Märta: typisch norddeutsch. Auch: **Merta**. Abgeleitet von ▶ Margareta.

Magali: außergewöhnlich. Französische Kurzform von **Magelone**. Abgeleitet von ▶ Magdalena.

Magdalena, Magdalene: aus dem Hebräischen. Eigentlich **Maria Magdalena**. Bedeutung: Maria aus dem Ort

Magdala am See Genezareth. Nach der Bibel war Maria Magdalena eine der treuesten Jüngerinnen Jesu. Namenstag: 22. Juli. Französische Form ▶ Madeleine. Italienische Form: **Maddalena**. Englische Form ▶ Madeleine oder ▶ Madeline. Kurzformen: **Lena, Madina, Madlen, Madlene, Mädi, Magda**.

Magriet: Variante zu ▶ Margarete und ▶ Margret. In Norddeutschland verbreitet. Kurzform: **Grietje**.

Mai: in Schweden Kurzform von ▶ Maria. In England: **May**.

Maibrit: ausgefallen, aber charmant. Andere Schreibweisen: **Maibritt, Mai-Britt, Maybrit** oder **Maybritt**. Stammt aus Schweden und Norwegen. Bekannt durch die Fernsehmoderatorin Maybrit Illner.

Maja: apart und nicht zu häufig. Griechisch-lateinische Wurzeln. In der griechischen Mythologie war Maia die Tochter des Atlas und die Mutter von Hermes, dem Götterboten. Auch: **Maya**.

Makani: ausgefallener Name aus dem Polynesischen. Bedeutung: Wind. Vor allem auf Hawaii gebräuchlich.

Malina: melodisch klingend. Russische Kurzform von ▶ Magdalena. Bekannt durch Ingeborg Bachmanns gleichnamigen Roman. Auch: **Maline**. Abkürzung: **Malin**.

Malinda: aus dem Angloamerikanischen. Auch: **Malinde**. Passt zu den meisten Familiennamen.

Malu: sehr selten. Polynesischer Name mit der Bedeutung: Frieden.

Malwine: ungewöhnlicher Name aus dem Altgälischen. Bedeutung: glatte Augenbraue. Auch: **Malwina**.

Mania, Manja: gefällig und kaum bekannt. Slawische Form von ▶ Maria.

Manju: wohlklingender indischer Name aus dem Sanskrit. Bedeutung: schön.

Manon [Ma'no]: sehr elegant. Französische Koseform von ▶ Maria. Erfordert einen ausgefallenen, am besten französischen Familiennamen.

Manuela: einst ein Modename, heute ziemlich in Vergessenheit geraten. Weibliche Form von ▶ Manuel. Bedeutung: Gott mit uns. Auch: **Manuelita**. Passt zu den meisten Familiennamen.

Mara: aparter, seltener, aber nicht zu extravaganter Name. Bulgarische, makedonische, serbische und kroatische Nebenform von ▶ Maria.

Marah: aus dem Hebräischen. Bedeutung: bitter.

Marceline [Marse'lin]: netter, französischer Name. Weibliche Form von ▶ Marcel. Kurzformen: ▶ Celina, Celine.

Marcella, Marzella [Mar'tschella]: traditioneller und trotzdem seltener Name. Nach der heiligen Marcella, Märtyrerin aus dem 4. oder 5. Jahrhundert. Namenstag: 31. Januar. Auch in Italien und Frankreich bekannt.

Marcia ['Marsia]: lateinischen Ursprungs. Weibliche Form von Marcius und ▶ Marc. Kurzform: **Marcy, Mara**.

Mareike, Maraike: verspielt und wohlklingend. Niederdeutsche Koseform von ▶ Maria. Vor allem in Norddeutschland beliebt und verbreitet. Abkürzung: **Marei**. Koseform: **Mareile**.

Maren: etwas streng, aber apart. Dänische Form von Marina. Auch: **Mareen** oder **Marena**.

Maresa: ausgefallene Zusammenziehung von ▶ Maria und ▶ Theresa. Wohlklingend. Passt zu vielen Familiennamen.

Maret, Mareta, Marete: einfach und unprätentiös. In Lettland verbreitet. Abgeleitet von ▶ Margarete.

Marfa: interessante russische Form von ▶ Martha.

Margarete, Margareta: einst sehr beliebt, wirkt heute etwas angestaubt. Lateinische Herkunft. Bedeutung: die Perle. Namenstag: 20. Juli. In vielen Ländern gebräuchlich. Weitere Formen: **Maret, Margit, Margitta, Margret, Margrit, Marguerite**. Abkürzung: **Marga**.

Margot: heute kaum mehr verwendet. Deutsche und französische Aussprache möglich. Koseform von ▶ Marguerite.

Maria: klassischer biblischer Name, der – ebenso wie die Nebenform Marie – zu den beliebtesten deutschen Mädchennamen zählt. Lateinische Form des hebräischen Namens ▶ Mirjam. Bedeutung: Gottesgeschenk. Russische Form: **Marija**. Auch in Kombination mit anderen Namen: **Marielene, Marieluise, Marierose, Marietheres, Marilu**. Koseform: **Mariele**.

Mariam: aparte russische Form von ▶ Maria.

Marianne: einst beliebte Doppelform von ▶ Maria und ▶ Anne. Heute nicht mehr besonders häufig.

Marieke: frisch und verspielt. Niederdeutsch-friesische Koseform von ▶ Maria. Auch: **Marieken**.

Marielena: modische Zusammenziehung von ▶ Marie und ▶ Lena. Auch: **Marilen, Marilena**.

Mariella, Mariela, Marielle: schwungvoll und südländisch. Aus dem Italienischen übernommene Koseform von ▶ Maria.

Marietta, Mariette: ausgefallene italienische und französische Koseform von ▶ Maria.

Marika: heute selten, früher geläufiger. Ungarische Koseform von ▶ Maria. Bekannte Namensträgerin: Marika Rökk, Sängerin und Schauspielerin. Auch: **Marica.**

Marilis, Marilisa: modische Kombination aus ▶ Maria und ▶ Lisa.

Marilyn, Marylin ['Märilin]: international, im Deutschen eher selten. Englische Erweiterung von ▶ Maria (Mary). Bekannte Namensträgerin: **Marilyn Monroe.**

Marina: wohlklingend und unkompliziert. Weibliche Form von ▶ Marinus. Im Dänischen ▶ Maren. Durch das Lied »Marina« wurde der Name Ende der 1950er Jahre schlagartig populär.

Marinella: frisch und unkonventionell. Italienische Koseform von ▶ Marina. Auch: **Marinette.** Passt nicht zu jedem Familiennamen.

Marion: in den 1960er Jahren ein Modename, heute seltener. Koseform von ▶ Maria. Kurzform: **Molly.** Auch: **Mariona, Marionna, Marionne.**

Marischka: verspielte ungarische Koseform von dem klassischen ▶ Maria.

Marissa: ungewöhnlich und liebenswert. Erweiterung von ▶ Maria. Auch: **Maris, Marisa, Marise.**

Marit, Marita: aparte Kurzform von ▶ Margarete. Aus dem Schwedischen und Norwegischen. Auch: **Maritta.**

Marizebill: unkonventionelle Kombination aus ▶ Maria und ▶ Sybille.

Marja: friesische, finnische und slowenische Form von ▶ Maria. Auch **Marija.**

Marjorie, Marjory ['Madschori]: heiter und beschwingt. Englische Nebenform von ▶ Margaret. Koseform: **Marge** und **Margie.**

Marleen, Marlen, Marlene: nach wie vor beliebt. Doppelname aus ▶ Maria und ▶ Lene. Bekannte Namensträgerin: die legendäre Schauspielerin Marlene Dietrich. Passt zu den meisten Familiennamen.

Marlies, Marlis: heute nicht mehr aktuell. Doppelform aus ▶ Maria und ▶ Liese.

Marret: nordfriesische Kurzform von ▶ Margarete. Passt gut zu einem norddeutschen oder neutralen Familiennamen.

Martha, Marthe, Marta, Marte: traditionell, in den letzten Jahren etwas in Vergessenheit geraten. Nach der Bibel war Martha die Schwester des Lazarus. Sie gilt als Patronin der Hausfrauen. Namenstag: 29. Juli. Koseform: **Martie**.

Martina: gehört zu den Modenamen der 1960er Jahre. Weibliche Form von ▶ Martin. Französische Form: **Martine**. Passt zu den meisten Familiennamen.

Martje: friesische Form von ▶ Maria.

Mary [Meri]: trendig und unkompliziert. Beliebte englische Form von ▶ Maria. Auch in Kombination mit ▶ Louisa: **Marylou**.

Marzia: aparter italienischer Name. Weibliche Form von Marzio. Aus dem Lateinischen. Bedeutung: die Tapfere.

Masako: elegant und sehr ausgefallen. Japanischer Name. Bedeutung: Aufrichtigkeit, Eleganz, Kind, Mädchen. Passt nicht zu allen Familiennamen.

Mascha: wohlklingend und feminin. Aus dem Russischen übernommene Koseform von ▶ Maria. Kommt in vielen russischen Märchen vor.

Matana: ungewöhnlicher hebräischer Name. Bedeutung: Geschenk.

Mathea, Matea: individuell und schön im Klang. Weibliche Form von ▶ Mateo bzw. ▶ Matthäus.

Mathilda, Mathilde: alter deutscher Name. Bedeutung: Macht und Kampf. Früher weit verbreitet, heute etwas altmodisch. Kurzformen: **Hilde, Thilde, Tilde, Tilla**.

Maud, Maude [Mod]: international und liebenswert. Englische Form von ▶ Mathilda. Bekannt durch den Film »Harold und Maude«.

Maudlin [Modlin]: interessanter englischer Name. Kurzform von ▶ Madeleine.

Maura: kein Allerweltsname. Aus dem Irischen nach einer keltischen Märtyrerin des 5. Jahrhunderts. Passt auch zu einem deutschen Familiennamen.

Maureen, Moreen [Morien]: unkonventioneller Name irischer Herkunft. Koseform von ▶ Maria. Passt nicht zu allen Familiennamen.

Maurizia: kein Allerweltsname. Aus dem Lateinischen. Bedeutung: aus Mauretanien stammend. Weibliche Form von ▶ Maurizio. Abkürzung: **Zia**.

Maximiliane: lang, aber attraktiv. Weibliche Form von ▶ Maximilian. Abkürzungen: **Maxi, Maxie** oder **Maxilie**. Schön zu einem kürzeren Familiennamen.

Maxine: wohlklingend und individuell. Weibliche Form von ▶ Max.

May [Mej]: frisch und verspielt. Englische Kurzform von ▶ Mary und ▶ Margret.

Maya: siehe ▶ Maja.

Mechthild, Mechthilde: traditionell, aber nicht mehr sehr gefragt. Namenstag: 15. August. Kurzform: **Metta**.

Medea: Name aus der griechischen Mythologie. Bedeutung: nachdenken, geschickt, fähig sein. In der griechischen Mythologie ist Medea die zauberkundige Tochter König Aietes in Kolchis, die Jason zu dem Goldenen Vlies verhilft und später aus Rache die gemeinsamen Kinder umbringt. Vor diesem Hintergrund ist die Wahl des Namens eher problematisch.

Meena, Mena, Menna: hübscher friesischer Name. Schön zu einem norddeutschen Familiennamen.

Megan [Megn]: international und modern. Walisische Form von ▶ Margaret. Passt nicht zu allen Familiennamen.

Melanie: alter Name griechischen Ursprungs, der nach wie vor beliebt ist. Bedeutung: schwarz. Auch: **Mélanie, Melany**. Passt zu den meisten Familiennamen.

Melena: feminin und weich klingend. Variante von Melene und niederländische Kurzform von ▶ Magdalena. Kurzform: **Mela**.

Melina: mädchenhaft, verträumt. Altfranzösische Kurzform von Amalia oder Ameline.

Melinda: melodisch und leicht. Kurzform von Ermelinda oder englische Variante von ▶ Melanie.

Melisande: märchenhaft und außergewöhnlich. Herkunft germanisch. Nebenform von Melisenda. Bedeutung: lieb, mild, stark, ungestüm. Gestalt einer Meerjungfrau in einer altfranzösischen Sage aus dem 14. Jahrhundert. Nebenform: ▶ Melusine.

Melitta: ausgefallener Name griechischen Ursprungs. Bedeutung: Biene, Honig. Auch: **Melissa**: um die Jahrhundertwende ein beliebter Adelsname.

Mélodie, Melody: beschwingt und unkompliziert. Aus dem Englischen. Bedeutung: Melodie.

Melusine: interessant und wenig verbreitet. Um 1900 in Adelskreisen beliebt. Kurzform: **Melse**.

Melvina: Nebenform zu ▶ Malvine oder **Malvina**.

Mercedes: klangvoller spanischer Name. Bezieht sich auf das Fest »Maria von der Gnade der Gefangenenerlösung«, das in Spanien am 24. September gefeiert wird.

Meret: Kurzform von ▶ Margarete. Passt zu vielen Familiennamen. Auch: **Merit, Merret.**

Merle: originell, aber nicht zu extravagant. Aus dem Englischen. Bedeutung: Amsel. Lässt sich mit den meisten Familiennamen kombinieren.

Meryl, Merryl [Meril]: modern und international. Variante zu ▶ Merle oder ▶ Muriel. Bekannte Namensträgerin: die Filmschauspielerin Meryl Streep.

Meta, Metta, Mette: frischer nordischer Name in drei Variationen. Abgeleitet von ▶ Mechthild.

Mia: sehr kurz, aber apart. Schön zu einem langen Familiennamen. Kurz- und Koseform von ▶ Maria. Bekannte Namensträgerin: die amerikanische Schauspielerin Mia Farrow. Auch: **Mie.**

Michaela: weibliche Form von ▶ Michael. Aus dem Hebräischen. Bedeutung: Wer ist Gott? Kurzform: **Micha.** Auch in anderen Ländern verbreitet: **Micaela, Michela, Michèle, Michelle.** Erweiterungen: **Michalina, Michaline.** Koseform: **Micky.**

Michiko: ausgefallen und exotisch. Aus dem Japanischen. Bedeutung: schön, vernünftig, selbständig. Bekannte Namensträgerin: die japanische Kaiserin Michiko.

Midori: extravagant und sehr ungewöhnlich. Aus dem Japanischen. Bedeutung: grün, Symbol für Hoffnung, Jungsein, Aufstieg und Heimat. Passt nicht zu allen Familiennamen.

Mignon [Mi'njo]: elegant. Aus dem Französischen. Bedeutung: zart, niedlich. Passt nicht zu allen Frauentypen.

Mika: originell und unkompliziert. Kurzform von ▶ Michaela. Auch als männlicher Vorname gebräuchlich.
Mila: feminin und wohlklingend. Tschechische Kurzform von **Emilie**, **Ludmila** oder **Milena**. Passt zu vielen Familiennamen.
Mildred: gediegener Name mit Tradition. Nach der heiligen Mildred. Namenstag: 13. Juli. Kurzform: **Milda**. Koseform: **Millie**.
Milena: wohlklingend und weich. Slawische Nebenform von **Milana**. Weibliche Form von ▶ Milan. Andere Formen: **Miliane**, **Milina**, **Mylene**.
Milva: klangvoll. Italienische Doppelform von ▶ Maria und ▶ Ilva. Bekannte Namensträgerin: die italienische Chansonsängerin Milva. Auch: **Milvia**.
Mina, Mine; Minna: schöner alter Name. Kurzform von ▶ Hermine und ▶ Wilhelmine. Koseform: ▶ Mineke.
Mineke: niederdeutsche und niederländische Form von ▶ Hermine oder ▶ Wilhelmine. Kurzform: ▶ Minna.
Minerva: ausgefallener Name aus der römischen Mythologie. Minerva war die römische Göttin der Weisheit, des Handwerks und der schönen Künste. Passt nicht zu allen Familiennamen.
Minette: verspielt und unbeschwert. Französische Kurzform von ▶ Wilhelmine.
Mira: seltener, aparter Name. Kurzform von **Miroslawa** oder von ▶ Miranda.
Mirabella: wohlklingender italienischer Name. Bedeutung: die Schöne. Kurzformen: **Mira**, **Mirella**. Koseform: **Mireta**.
Miranda: wohlklingend und kein Allerweltsname. Aus dem Englischen. Bekannt aus Shakespeares Schauspiel

»Der Sturm«. Bedeutung: wunderbar, bewundernswert. Italienische Form: **Mirandola.**

Mireille [Mi'rej]: ansprechend und mädchenhaft. Aus dem Französischen. Abgeleitet von dem provenzalischen Namen **Mirèio**. Bedeutung: bewundern.

Miriam, Mirjam, Myriam: beliebter Name biblischer Herkunft. Aus dem Hebräischen. Die griechische und lateinische Form von Mirjam ist ▶ Maria. Kurzform: **Mirja.**

Mirta: aparter und außergewöhnlicher Name. Spanische und italienische Form von ▶ Myrta.

Miyuki: hübscher japanischer Name mit der Bedeutung: tiefer Schnee.

Moana: polynesischer Name, beliebt auf Hawaii. Bedeutung: Meer.

Molly [Molli]: lustig und verspielt. Aus dem Englischen. Koseform, eigentlich eher Lallform aus der Kindersprache, von ▶ Mary (Maria).

Momo: nach der Titelfigur in Michael Endes gleichnamigem Jugendroman.

Mona: ursprünglich irisch. Bedeutung: edel. Auch Kurzform von ▶ Monika und ▶ Ramona.

Monia, Monja: kein Allerweltsname, aber auch nicht extravagant. Russische Koseform von ▶ Marija (▶ Maria). Passt zu den meisten Familiennamen.

Monika: weit verbreiteter Name, der aber längst aus der Mode gekommen ist. Vermutlich punischer Herkunft. Bedeutung ist unklar. Namensvorbild ist die heilige Monika (4. Jh.), die Mutter des heiligen Antonius. Auch in anderen Sprachen verbreitet: **Monica, Monique**. Abkürzung: **Mona** oder **Moni.**

Montserrat [Mosera]: sehr ausgefallener spanischer Name.

Nach der Jungfrau (Maria) von Montserrat, der Patronin von Katalanien. Bedeutung: gezackter Berg. Bekannte Namensträgerin: die spanische Opernsängerin Montserrat Caballé.

Muriel ['Mjuriel]: geschmackvoll und individuell, aber nicht zu ausgefallen. Englischer Name keltischen Ursprungs. Bedeutung: See und glänzend.

Myra: bei uns kaum bekannter Name griechischen Ursprungs. Möglicherweise eine vereinfachte Form von Myrrha. In Ovids »Metamorphosen« liebt Myrrha ihren eigenen Vater. Sie wird von den Göttern in einen Myrrhenbaum verwandelt, aus dessen Stamm Adonis entspringt.

Myrna: bei uns sehr ausgefallener irischer Name aus dem Gälischen. Bedeutung: freundlich, geliebt.

Myrta, Myrtha, Myrte, Myrthe: extravagant und wenig bekannt. Nach der Pflanze. Spanische und Italienische Form: Mirta. Einen etwas negativen Klang hat der Name durch die Gestalt der »maulenden Myrte« in Joanne K. Rowlings Roman »Harry Potter«.

Die beliebtesten Mädchennamen in Österreich im Jahr 2006

1. Lena	6. Katharina
2. Leonie	7. Hannah
3. Sarah	8. Sophie
4. Anna	9. Laura
5. Julia	10. Lisa

N

Nabila: wohlklingend, aber recht unbekannt. Aus dem Arabischen. Weibliche Form von Nabil. Bedeutung: edel. Erfordert einen klangvollen Familiennamen.

Nadeschda: ausgefallen, aber nicht abgehoben. Aus dem Russischen. Passt nicht zu allen Familiennamen.

Nadia, Nadja: kein Allerweltsname, aber nicht zu extravagant. Südslawische Kurzform des russischen Namens **Nadjeschda**. Weiterentwicklungen: **Nadina** oder **Nadine**.

Naemi: besonderer Name mit Charme. Biblische Herkunft. Naemi war die Schwiegermutter der Ruth. Aus dem Hebräischen. Bedeutung: die Liebliche. Nebenformen: Naomi und Noeme.

Naja: ausgefallener, grönländischer Name. Bedeutung: kleine Schwester.

Nalani: beliebter hawaiianischer Name mit der Bedeutung: Ruhe des Himmels.

Nancy ['Nänsi]: modern und international. Aus dem Englischen übernommene Koseform von ▶ Anne. Passt nicht zu allen Familiennamen.

Nanda: unkomplizierter friesischer Name. Kurzform von ▶ Ferdinanda.

Nanette, Nanett, Nannette: französische Koseform von ▶ Anna.

Nanni: pfiffig und unkompliziert. Koseform von Nanna. Passt zu den meisten Namen.

Naomi: edel und ausgefallen. Japanischer Name. Bedeutung: Ehrlichkeit und Schönheit. Auch: Noeme und ▶ Noemi. Schön zu einem besonderen Familiennamen.

Nara: symphatisch und wenig bekannt. Englischer Name mit keltischen Wurzeln. Bedeutung: glücklich.

Nastasja: attraktiv und nicht zu extravagant. Russische Kurzform von ▶ Anastasia.

Natali, Natalie, Nataly, Nathalie: nicht allzu häufiger, trotzdem moderner Name lateinischen Ursprungs. Bedeutung: die an Weihnachten Geborene. Namenstag: 1. Dezember nach der heiligen Natalia von Nikomedien. Italienische Koseform: **Natalina.**

Natascha: wohlklingender russischer Name. Koseform von ▶ Natalie. Bekannt aus Tolstois Roman »Krieg und Frieden«.

Nausikaa: eigenwilliger Name aus der griechischen Mythologie. Nach Homer war Nausikaa die Tochter von Alkinoos, dem König der Phäaken, die den schiffbrüchigen Odysseus auffinden. Passt nicht zu allen Familiennamen.

Nayana [Najana]: schöner indischer Name, der sich auf ein Mädchen mit schönen Augen bezieht – ein Name, der Erwartungen weckt.

Neala: ungewöhnliche irische weibliche Form zu ▶ Neil.

Neele: nett und frisch. Niederdeutsch-friesische Kurzform von ▶ Cornelia. Passt zu den meisten Familiennamen. Auch: **Neeltje** oder **Nele.**

Nelly: unkonventionell und freundlich. Variante von Nelli oder englische Lallform aus der Kindersprache von ▶ Helen oder ▶ Elinor. Kurzform von ▶ Elisabeth.

Nena: einfach und unkompliziert. Lallform aus der Kindersprache von ▶ Magdalena oder ▶ Marlena. Im Spanischen bedeutet Nena: »Püppi«. Bekannt durch die gleichnamige Popsängerin.

Nerina: ausgefallener italienischer Name griechischen Ursprungs. Schön zu einem ebenso besonderen Familiennamen.

Nette: schwedische und dänische Kurzform von ▶ Annette. Auch: **Neta, Nete, Netta**.

Nevin: türkischer Name. Bedeutung: die Neue.

Niamh: irischer Name. Bedeutung: Helligkeit, Strahlen.

Nicki, Nicky: pfiffig und individuell. Koseform von ▶ Nikola bzw. Nicola und ▶ Nicole. Auch als männlicher Vorname gebräuchlich.

Nicola, Nikola: in den 1960er Jahren beliebter Name italienischer Herkunft. Auch als männlicher Vorname gebräuchlich. Koseformen: **Nicoletta, Nicolina**. Kurzform: **Nika**.

Nicole [Ni'kol]: etwas aus der Mode gekommene weibliche Form von ▶ Nicolas oder ▶ Nikolaus. Zählte in den 1970er und 1980er Jahren zu den beliebtesten Vornamen. Koseformen **Nicolette** und **Nicoline**.

Nike: aus dem Griechischen, nach der Göttin des Sieges. Bedeutung: Sieg – ein Name, der Erwartungen weckt.

Nilufar: eigenwilliger und besonderer Name persisch-arabischer Herkunft. Bedeutung: Lotusblume.

Nina, Nine: modern und immer passend. Aus dem Russischen. Nach der heiligen Nina, der Missionarin Georgiens. Namenstag: 15. Dezember. Koseform: **Ninette** oder **Ninon**. Portugiesische Form: **Ninja**.

Nives: in Italien und in der Schweiz weit verbreitet. Bedeutung: schneeweiß.

Noa: sehr kurz, aber originell. Auch als männlicher Vorname gebräuchlich. Muss eventuell mit einem eindeutig weiblichen Vornamen kombiniert werden.

Noelani: polynesischer Name mit der poetischen Bedeutung: schönes Mädchen vom Himmel.

Noemi: extravagant und wohlklingend. Aus dem Hebräischen. Bedeutung: Freude. Nach der Bibel war Noemi die Schwiegermutter der Ruth. Auch ▶ Naemi.

Nona: schlichter schwedischer Name. Aus dem Lateinischen. Bedeutung: die Neunte. Koseform: **Nonie**.

Nora: apart und kein Allerweltsname. Kurzform von ▶ Eleonore oder Eleonora. Irische Form: **Noreen**. Italienische Form: **Norina**. Spanische Form: **Norita**.

Norma: eigenwilliger ursprünglich englischer Name. Bedeutung: Richtschnur, Maßstab, Regel.

Nuala: ausgefallener irischer Name mit gälischen Wurzeln. Bedeutung: die mit den weißen Schultern. Schön zu einem ebenso exotischen Familiennamen.

Nuria: spanischer Name, abgeleitet vom Namen des Muttergottesbildes »Nuestra Señora de Núria«.

O

Oceana, Oceane: extravaganter Name aus der griechischen Sage. Danach ist Oceanus der Gott des Weltmeeres, welches die Erdscheibe umströmt. Vor allem in Frankreich sehr beliebt und geschätzt (Océane). Auch: **Ozeana**.

Octavia: recht ausgefallen, aber apart. Weibliche Form von ▶ Octavius.

Oda: alter deutscher Name. Kurzform von Othild. Im Französischen: **Odette**. Hochdeutsche Form: ▶ Ute. Auch: **Odetta**.

Odilia: Name mit Tradition. Verwandt mit **Oda, Odelia, Odila** und **Otila**. Nach der heiligen Odilia, Äbtissin des Klosters Odilienberg. Namenstag: 13. Dezember. Französische Form: **Odile**.

Odina, Odine: sehr individuell und kaum bekannt. Weiterentwicklung von ▶ Oda. Weibliche Form von ▶ Odin.

Oksan: türkischer Name mit der Bedeutung: verwöhnt werden.

Olga: alter russischer Name, der wieder modern ist. Russische Form von ▶ Helga. Namenstag: 11. Juli. Passt zu den meisten Familiennamen.

Olina: eigenwillige Kurzform von ▶ Karolina oder ▶ Carolina. Weibliche Form von ▶ Ole.

Olivia: wohlklingend durch die vielen Vokale. Aus dem Lateinischen. Bedeutung: Ölbaum, Ölzweig, Olive.

Olympia, Olimpia: sportlicher Name griechischen Ursprungs. Nach dem Ort Olympia, der Wiege der Olympischen Spiele.

Ona: aus dem Lateinischen. Bedeutung: die Einheit.

Ophelia [Ofe'lia]: märchenhaft und mädchenhaft. Nach der bekannten Gestalt in Shakespeares »Hamlet«. Stammt vermutlich aus einem Schäferroman. Passt nicht zu jedem Frauentyp.

Ophira [Ofira]: sehr edel und ungewöhnlich. Aus dem Hebräischen. Bedeutung: Gold.

Orania, Oriana, Oriane: edel und selten. Der Name geht zurück auf einen spätmittelalterlichen Ritterroman. Bedeutung: Gold, sich erheben, aufgehen. Vor allem in Italien weit verbreitet.

Orella: geschmackvoll und ausgefallen. Baskische Variante zu ▶ Aurelia.

Orla: sehr ausgefallener irischer Name mit gälischen Wurzeln. Bedeutung: Gold und Herrscherin, Prinzessin.

Ornella: feminin und mediterran. Aus dem Italienischen. Bedeutung: die Esche. Bekannte Namensträgerin: die Schauspielerin Ornella Muti. Schön zu einem südländischen Familiennamen.

Osane: geheimnisvoll und kaum bekannt. Aus dem Baskischen. Bedeutung: die Heilende. Kurzform: **Sanne**.

Ostara: ausgefallener Name mit mythologischem Hintergrund. Nach der germanischen Frühlingsgöttin gleichen Namens.

Ova: knapp, aber mit Charakter. Dänische und friesische weibliche Form von ▶ Ove.

P

Palmira: aus dem italienischen Sprachgebrauch. Weibliche Form von Palmiro. Kurzformen: **Ira, Mia, Pam.**

Paloma: klangvoll und symbolisch. Aus dem Spanischen. Bedeutung: die Taube. Häufiger Name in Spanien. Auch: Palomina (kleine Taube). Bekannt durch die Designerin Paloma Picasso.

Pamela [Pämela]: modern und international. Aus dem Englischen übernommen mit griechischen Wurzeln. Bedeutung: Lied, Gesang. Kurzform: **Pam.**

Pamina: klangvoller Name aus der »Zauberflöte«. Aus dem Griechischen. Bedeutung: Vollmondnacht. Pamina ist die Tochter der Königin der Nacht.

Pandora: Name aus der griechischen Mythologie mit negativer Bedeutung: Pandora eine von den Göttern erschaffene Frau, die den Menschen Leid und Sorgen bringt, indem sie ein versiegeltes Gefäß öffnet. Aufgrund dieser Bedeutung ist die Wahl dieses Namens problematisch.

Panja: hübscher russischer Name. Passt zu vielen Familiennamen.

Paola: italienische Form von ▶ Paula. Koseform: **Paolina.** Passt zu vielen, auch deutschen Familiennamen.

Papatja: hübscher türkischer Name mit der Bedeutung: Kamille.

Pascale [Pas'kal]: unkompliziert und zeitlos. Weibliche

Form von ▶ Pascal. In Frankreich häufig. Ursprünglich aus dem Lateinischen. Bedeutung: die Österliche.

Patrizia, Patricia: auch in anderen Ländern geläufig und doch kein Allerweltsname. Die hl. Patricia von Neapel wird als Patronin der Pilger verehrt. Namenstag: 15. August. Kurzformen: **Pat, Patty**. Nebenform: **Patia**.

Paula: hübscher Name mit Tradition. Nach der hl. Paula von Rom. Namenstag: 26. Januar. Bekannte Namensträgerin: die deutsche Malerin Paula Modersohn-Becker. Weiterentwicklungen: **Paulina, Pauline**. Koseform: **Pauletta**.

Pazia: sehr ausgefallener hebräischer Name mit der Bedeutung: golden. Erfordert einen ebenso extravaganten Familiennamen.

Peggy [Pegi]: international und modern. Englische Lallform aus der Kindersprache von ▶ Margaret (Margarete). Passt zu vielen Familiennamen.

Pelagia: besonderer Name aus dem Griechischen. Bedeutung: offene See, Meer. Abkürzung: **Pea**.

Penelope: extravagant und edel. Aus dem Griechischen. Der Sage nach war Penelope die Frau von Odysseus, die in ehelicher Treue 20 Jahre auf die Heimkehr ihres Gatten gewartet hat. Kurzform: **Penny**.

Peppina: pfiffig und unkompliziert. Aus dem Spanischen. Abkürzung: **Pia**.

Peregrina: ausgefallen und apart, aber etwas schwerfällig. Weibliche Form von Peregrinus: der Fremdling, der Reisende.

Petra: vor 40 Jahren ein Modename, heute nicht mehr aktuell. Weibliche Form von ▶ Peter. Die hl. Petra starb im 1. Jh. als römische Märtyrerin. Namenstag: 31. Mai. Erweiterungen: **Petrina, Petrine**.

Petronella: originelle Koseform von Petronia. Auch in anderen Ländern bekannt. Kurzform: **Nale**. Passt nicht zu jedem Familiennamen.

Petula: englischer Name lateinischen Ursprungs. Bedeutung: leichtfertig, kess. Passt am besten zu einem englischen oder amerikanischen Familiennamen. Bekannte Namensträgerin: die Sängerin Petula Clark.

Petunia: einfallsreich, aber selten. Englischer Name nach der gleichlautenden Blume (Petunie).

Phaedra, Phedre [Fedre]: anspruchsvoller Name aus der griechischen Mythologie. Bedeutung: strahlend. Der Sage nach war Phaedra die Tochter von König Minos. Schön zu einem ausgefallenen Familiennamen.

Phebe ['Fibi]: frisch und modern. Niederländische Form von ▶ Phöbe.

Phemia [Fimia]: englischer Name griechischen Ursprungs. Bedeutung: Stimme.

Phenice [Finis]: englischer Name mit griechischen Wurzeln. Bedeutung: purpurn.

Philina, Philine: aus dem Griechischen. Bedeutung: lieb, teuer.

Philippa: moderner und gefälliger Name. Weibliche Form von ▶ Philipp. Weiterentwicklung: **Philippine**. Französische Form: **Philippine**.

Phillis, Phyllis [Filis]: romantisch und ausgefallen. Aus dem Griechischen. Bedeutung: Blätterhaufen, Belaubung. Beliebter Name in den Schäferromanen des 18. Jahrhunderts.

Philomena, Philomene: bei uns ausgefallener Name aus dem Griechischen. Bedeutung: die Geliebte. Kurzformen: **Phila, Philo**. Italienische Form: **Filomena**.

Phöbe, Phoebe [Föbe]: englischer Name mit griechischen Wurzeln. Bedeutung: die Glänzende.

Pia: sehr kurz, aber klangvoll. Weibliche Form von ▸ Pius. Namenstag: 19. Januar. Schön zu einem längeren Familiennamen.

Piera: originelle Abwandlung von ▸ Petra. Aus dem Italienischen. Weibliche Form von ▸ Piero (▸ Peter).

Piroschka: verspielt und mädchenhaft. Ungarischer Name. Bekannt aus dem Roman und seiner Verfilmung »Ich denke oft an Piroschka« aus den 1950er Jahren.

Polly [Polli]: lustig und modern. Englische Kurzform von ▸ Apollonia. Passt zu vielen Familiennamen.

Prisca: traditioneller Name nach der heiligen Prisca. Namenstag: 21. Juli. Weiterentwicklung: **Priscilla**.

Prudentia: klassischer Name aus dem Lateinischen. Bedeutung: klug – ein Name, der Erwartungen weckt. Englische und französische Form: **Prudence**.

Prunella: ausgefallen, aber nicht zu extravagant. Aus dem Lateinischen. Bedeutung: kleine Pflaume.

Punam: indischer Name. Bedeutung: Vollmond.

Punita: indischer Name. Bedeutung: rein.

Q

Queenie ['Kwini]: etwas spleenig. Englische Koseform von ▶ Regina, dem lateinischen Namen für Königin. Bedeutung: kleine Königin. Auch: **Queena**.

Querida [Kwerida]: anspruchsvoller spanischer Name. Bedeutung: Geliebte. Abkürzung: **Ida**.

Quiana [Kiana]: schöner indianischer Name. Bedeutung: die Anmutige.

Quirina [Kwirina]: ausgefallen, aber trotzdem eingängig. Aus dem Lateinischen. Weibliche Form von Quirinus (▶ Quirin).

Die beliebtesten Mädchennamen in der Schweiz im Jahr 2006

1. Alina	6. Leonie
2. Nina	7. Laura
3. Sara	8. Lara
4. Lea	9. Lena
5. Julia	10. Anna

Quelle: Bundesamt für Statistik, Schweiz

R

Rabea: nicht alltäglich, aber wohlklingend. Vermutlich aus dem Hebräischen. Bedeutung: Mädchen. Arabische und türkische Form: **Rabia, Rabiye**. Abkürzung: **Bea**.

Rachel: besonderer Name hebräischer Herkunft. Bedeutung: Mutterschaf. Nach der Bibel war Rachel die zweite Frau Jakobs. Namenstag: 11. Juli. Auch in anderen Sprachen gebräuchlich: **Rachele, Rahel, Raquel, Rochelle**. Koseform: **Rae**.

Rada: fast vergessener Name aus dem Althochdeutschen. Kurzform von **Radegunde**. Bedeutung: Kampf.

Radmilla: weibliche Form zu Radomil.

Ragna: ausgefallen, aber nicht zu extravagant. Dänische, schwedische, norwegische Kurzform von **Ragnhild (Reinhild)**. In Süddeutschland sehr selten.

Raina: aus dem Französischen. Bedeutung: Königin.

Raissa: russischer Name, bekannt durch Raissa Gorbatschowa, die Frau des sowjetischen Expräsidenten. Bedeutung: leicht, mühelos.

Raja: attraktive Kurzform von ▶ Raissa. Bulgarische Form: **Raika**.

Rajani [Ra'dschani]: klangvoller indischer Name aus dem Sanskrit. Bedeutung: die Dunkle. Beiname der hinduistischen Göttin Durga. Passt gut zu einem schlichten Familiennamen.

Ramona: unkompliziert und immer passend. Aus dem Spanischen. Weibliche Form von ▶ Ramón (▶ Raimund). Kurzform: **Mona**.

Rana: türkischer Name arabischen Ursprungs. Bedeutung: lieblich, schön.

Ranita: aparter hebräischer Name. Bedeutung: Lied, Glück. Passt zu vielen Familiennamen.

Ranka: etwas herber slowenischer Name. Bedeutung: früh am Morgen.

Raphaela, Rafaela: angenehm im Klang und nicht zu ausgefallen. Weibliche Form von ▶ Raphael. Auch in anderen Sprachen gebräuchlich: **Raffaela, Raphaelle**.

Rapunzel: verspielter Märchenname, als Vorname problematisch, aber zugelassen. Bekannt durch das gleichnamige Märchen der Gebrüder Grimm.

Raya: Kurzform von Raimunde. Aus dem Althochdeutschen. Bedeutung: Rat, Beschluss, Schutz.

Rea, Rhea: aus der römischen Mythologie. Nach der römischen Sage war Rhea die Mutter von Romulus und Remus. Die Bedeutung des Namens ist unbekannt.

Rebecca, Rebekka: traditionell und zeitlos. Biblischer Name aus dem Hebräischen. Bedeutung: die Fesselnde, die Bestrickende. Im Alten Testament war sie die Frau von Isaak. Namenstag: 30. August. Kurzform: **Becca, Beke**.

Reena, Rena: schlichter, aber klangvoller norddeutscher Name. Kurzform von ▶ Renata.

Regina, Regine: alter Name, der nach wie vor beliebt ist. Aus dem Lateinischen. Bedeutung: Königin. Namenstag: 22. August. Kurzform: **Gina, Ina, Rega, Raina**.

Regula: traditioneller Name, der vor allem in der Schweiz verbreitet ist. In Deutschland eher unbekannt. Die hl. Regula ist die Schutzpatronin der Stadt Zürich. Namenstag: 11. September. Latinisierte Form eines alten germanischen Namens. Bedeutung: Rat, Beschluss, Regel.

Reika, Reike: In den 1960er Jahren in der ehemaligen DDR beliebt und verbreitet. Bedeutung: mächtig, gewaltig, reich.

Reina, Raina: ziemlich unbekannte friesische Nebenform von ▶ Regina. In Süddeutschland wenig verbreitet.

Reja: in Russland weit verbreitet. Kurzform von **Awreja**. Aus dem Lateinischen. Bedeutung: die Goldene.

Renata, Renate: bis vor 40 Jahren in Deutschland sehr beliebt und verbreitet, mittlerweile etwas unmodern. Aus dem Lateinischen. Bedeutung: die Wiedergeborene. Französische Form: **Renée** oder **Renette**.

Rhoda: ungewöhnlicher englischer Vorname mit griechischen Wurzeln. Bedeutung: Rose. Auch biblischer Hintergrund: In der Apostelgeschichte ist Rhoda eine Magd aus Jerusalem. Passt zu vielen Familiennamen.

Ricarda: aus dem Spanischen. Nebenformen: **Carda**, **Karda**. Auch: Richarda. Bekannt durch die Dichterin Ricarda Huch.

Ricka, Ricke: freundlicher, unkomplizierter Name. Ostfriesische Kurzform zu Namen, die mit Rich- beginnen oder auf -rich enden. In Süddeutschland weitgehend unbekannt.

Rigoberta: weibliche Form von Rigobert. Bekannt durch die guatemaltekische Bürgerrechtlerin Rigoberta Manchú, die 1992 den Friedensnobelpreis erhielt.

Rita: bis zu Mitte des 20. Jahrhunderts weit verbreitet. Italienische Kurzform von ▶ Margarete und von indischen Namen. Bedeutung: stark, tapfer. Namenstag: 22. Mai.

Robina, Robine: originell, aber nicht zu ausgefallen. Weibliche Form von ▶ Robin.

Romana, Romane: weibliche Form von ▶ Roman oder Romano. Kurzformen: **Roma, Romy**. Nebenformen: **Romaine, Romina**.

Ronja: temperamentvoll und originell. Nordischer Name aus Lappland. Bekannt aus dem Kinderbuch »Ronja Räubertochter« von Astrid Lindgren.

Hätten Sie das gewusst?

Während in früheren Jahrhunderten häufig Heilige bei der Namensgebung Pate standen, sind es heute Romanfiguren, Sport- oder Pop-Idole. Ein Beispiel dafür ist Ronja, die weibliche Heldin in dem Jugendroman von Astrid Lindgren »Ronja Räubertochter«.

Rosa, Rose: früher weit verbreitet, heute nicht mehr so häufig. Auch in zahlreichen Kombinationen: **Rosalba, Rosalind, Rosamunde, Rosanna, Roseanna, Roselore, Rosemarie**. Aus dem Lateinischen: die Rose. In vielen Sprachen bekannt. Namenstag: 6. März und 23. August. Kurzform von ▶ Roswitha. Koseformen: **Rosel, Rosi**.

Rosalie: verspielt. Aus dem Italienischen. In Anlehnung an ▶ Rosa. Auch: **Rosalia**. Namenstag: 15. Juli.

Rosaria: mediterraner Name. Aus dem Italienischen. Weibliche Form von Rosario. Schön zu einem südlichen Familiennamen.

Rosina: liebenswert und individuell. Italienische Koseform von ▶ Rosa. Bekannt aus der Oper »Der Barbier von Sevilla« von Rossini. Auch: **Rosine**. Namenstag: 11. März.

Rosita: spanische Verkleinerungsform zu ▶ Rosa.

Roswitha: alter deutscher Name. Bedeutung: Ruhm. Namenstag: 29. April.

Roxana, Roxane, Roxanne [Roksäna, Roksän]: modern und international. Beliebter amerikanischer Name. Ursprünglich persisch. Bedeutung: Morgenröte. Abkürzung: **Roxie**.

Rubina: klangvoll und edel. Aus dem Lateinischen. Bedeutung: rot. Nach dem gleichnamigen roten Edelstein (Rubin).

Rufina, Rufine: ausgefallen, aber nicht zu extravagant. Weibliche Form von Rufin (▶ Rufus). Schön zu einem schlichten Familiennamen.

Ruth: einfacher, schlichter Name biblischer Herkunft. Aus dem Hebräischen. Bedeutung: Freundin, Freundschaft. Im Alten Testament ist Ruth die Urgroßmutter von König David. In der Schweiz: **Ruthli**. Auch: **Rut**. Namenstag: 1. September.

Rüya: ausgefallener türkischer Vorname arabischer Herkunft. Bedeutung: Traum. Passt am besten zu einem türkischen oder arabischen Familiennamen.

S

Sabah: orientalisch. Erinnert an die Märchen von 1001 Nacht und ist auch durch das Loblied der Königin von Sabah aus der Bibel bekannt. Arabischer Name. Bedeutung: Morgendämmerung. Passt am besten zu einem schlichten Familiennamen.

Sabeth: unkonventionell, aber nicht abgehoben. Kurzform von ▶ Elisabeth. Passt zu den meisten Familiennamen.

Sabina, Sabine: traditioneller Name, der mittlerweile etwas aus der Mode gekommen ist. Aus dem Lateinischen. Weibliche Form des römischen Beinamens Sabinus. Sabiner waren die Bewohner des Gebirgslandes nordöstlich von Rom. Abkürzungen: **Bina, Bine**. Namenstag: 29. August.

Sabrina: einfach, aber nicht alltäglich. Aus dem Englischen. Sabrina war die Nymphe des Flusses Severn in England. Bekannt durch den gleichnamigen amerikanischen Spielfilm mit Audrey Hepburn in der Titelrolle und Humphrey Bogart. Französische Form: **Sabrine**.

Sadie: attraktiver amerikanischer Name. Kurzform von ▶ Sarah. Abkürzung: **Sad**.

Safia, Safiyya: ausgefallener Name aus dem Arabischen. Bedeutung: Vertraute, Freundin. Vor allem in der Türkei verbreitet.

Sakara: indianischer Name. Bedeutung: süß.

Sakura: japanischer Name. Bedeutung: Kirschblüte.

Salima: weich klingend und feminin. Weibliche Form von ▶ Salim. Aus dem Arabischen. Bedeutung: sicher, unversehrt. Türkische Form: **Selima**.

Sally ['Sälli]: lustig und unkompliziert. Englische Lallform aus der Kindersprache von ▶ Sarah.

Salome: symbolträchtiger Name mit biblischem Kontext. Aus dem Hebräischen. Bedeutung: Glück, Wohlergehen, Friede. Nach der Bibel war Salome die Stieftochter des Herodes Antipas, die die Enthauptung Johannes des Täufers forderte. Namenstag: 22. Oktober.

Salvia: weitgehend unbekannter Name aus der frühchristlichen Zeit. Bedeutung: wohlbehalten, unversehrt. Auch: **Salvina**.

Salwa: ausgefallen, aber nicht zu extravagant. Slawischer Name aus dem Lateinischen. Bedeutung: gesund.

Samantha: aus dem Angloamerikanischen übernommener Name. Bedeutung: Blume, Blüte. Abkürzungen: **Sala, Sam, Sammy, Sasa**. Schön zu einem schlichten, kurzen Familiennamen.

Samira: orientalisch und sehr individuell. Aus dem Arabischen. Weibliche Form von ▶ Samir. Bedeutung: die Unterhalterin. Abkürzung: **Mira, Sammi**.

Sana: einfach und trotzdem wohlklingend. Aus dem Arabischen. Bedeutung: Strahlen.

Sandip: indischer Name. Bedeutung: schön.

Sandra: eigenständige Kurzform von ▶ Alexandra. In Italien und England sehr verbreitet. In Deutschland bis in die 1990er Jahre beliebt, inzwischen seltener. Koseform: **Sandrina** oder **Sandrine**.

Sanja: eigenwillig und unkonventionell. Russische Kurzform von ▶ Alexandra. Passt zu den meisten Familiennamen.
Sanna: einfacher norddeutscher Name. Kurzform von ▶ Susanna, auch **Sannah**.
Saphira [Safi'ra]: ein biblischer Name. Aus dem Aramäischen. Bedeutung: die Schöne – ein Name, der Erwartungen weckt.
Sappho, Sapho [Safo]: ungewöhnlich, aber mit Tradition. Nach der griechischen Dichterin aus dem 6. Jh. v. Chr.
Sara, Sarah, Zara, Zarah: zählte in den 1980er und 1990er Jahren zu den beliebtesten weiblichen Vornamen. Aus dem Hebräischen. Bedeutung: die Fürstin. Nach der Bibel ist Sara die Frau Abrahams: die Stammmutter Israels. Namenstag: 9. Oktober. Auch in Kombination mit einem zweiten Vornamen: **Saralena, Saralinda**. Weiterentwicklung: **Sarina**.
Sascha: russische Kurzform von ▶ Alexandra.
Saskia: charmanter, nicht sehr häufiger Name. Aus dem Niederländischen. Passt zu vielen Familiennamen.
Scarlet, Scarlett: wohlklingender amerikanischer Name, bekannt durch die Hauptperson im Roman »Vom Winde verweht«. Bekannte Namensträgerin: die Filmschauspielerin Scarlett Johansson. Bedeutung: scharlachrot.
Schirin: zauberhafter persischer Name. Bedeutung: süß, bezaubernd, angenehm. Schirin war die Geliebte des Sassanidenkönigs Chosrau Parwez. Ihre unglückliche Liebe zu dem Bildhauer und Baumeister Farhad ist Inhalt zahlreicher persischer Dichtungen. Erfordert einen ausgefallenen Familiennamen.
Sebastiane: angenehm im Klang. Seltene weibliche Form

von ▶ Sebastian. Aus dem Griechischen. Bedeutung: die Verehrungswürdige. Auch: Sebastina. Schön zu einem kürzeren Familiennamen.

Sedania, Sedanie: ausgefallener, geschichtsträchtiger Name, der an die Schlacht von Sedan (1870) erinnert. Heute fast vergessen.

Selene: edel und apart. Aus dem Griechischen: nach der Mondgöttin gleichen Namens. Auch: **Selena.** Weitere Formen: **Celina, Selina.**

Selima: fröhlicher, verspielter Name mit einem Hauch Romantik. Aus dem Hebräischen. Bedeutung: die Friedliche. Abkürzung: **Lia, Lima.**

Selma: schlichter, unprätentiöser Name aus dem Gälischen. Auch im arabisch-türkischen Sprachraum bekannt, als Nebenform zu ▶ Salome. Kurzform: **Selli.**

Semele: sehr ausgefallener Name aus der griechischen Mythologie. Dort ist sie die Geliebte des Zeus und Mutter von Dionysos.

Semiramis: Name, der auf die legendäre assyrische Königin zurückgeht. Bedeutung: Mein Name sei erhaben. Passt zu den wenigsten deutschen Familiennamen.

Senta: schlicht und immer passend. Kurzform von Crescentia oder Vinzentia. Bekannt aus Richard Wagners Oper »Der fliegende Holländer«. Bekannte Namensträgerin: die Schauspielerin Senta Berger. Auch: **Centa** oder **Senda.**

Serafina, Seraphine, Seraphina: sehr edel und poetisch. Weibliche Form von ▶ Seraphin. Aus dem Hebräischen. Bedeutung: brennen. Namenstag: 14. Januar und 12. Oktober.

Serena: kein Allerweltsnamen, aber nicht zu kompliziert.

Weibliche Form von ▶ Serenus. Passt zu vielen Familiennamen.

Severa: aparte weibliche Form von ▶ Severin. Aus dem Lateinischen. Bedeutung: streng. Abkürzung: ▶ Vera.

Shakira [Schaki'ra]: anspruchsvoll und fremdländisch. Aus dem Arabischen. Weibliche Form von Shakir. Bedeutung: dankbar, danken. Passt am besten zu einem ebenso ausgefallenen Familiennamen. Bekannt durch die Sängerin Shakira.

Shaleen [Scha'lin]: trendiger afroamerikanischer Name. Weitere Formen: **Shalena, Shalin, Shaline** und **Shalyn**.

Sharon ['Scharon]: eigenwillig. Aus dem Englischen übernommener Name aus der Bibel nach der Küstenebene Scharon. In Salomos »Hohem Lied« ist von der Rose von Scharon die Rede. Auch: **Sharona**. Bekannte Namensträgerin: die Schauspielerin Sharon Stone.

Shawn [Schon]: attraktive weibliche Form von ▶ Sean. Aus dem englischen Sprachraum. Ursprünglich hebräisch. Bedeutung: Der Herr ist gnädig.

Sheila ['Schiela]: unkonventionelle gälische Form von ▶ Cäcilie. Erfordert einen schlichten Familiennamen. Auch: Sheela.

Sherin [Sche'rin]: sehr ungewöhnliche Eindeutschung von Shereen. Erweiterung von Sheri. Passt nicht zu jedem Familiennamen.

Shirley ['Schörli]: verspielter internationaler Name nach einem englischen Ortsnamen. Bekannt durch den amerikanischen Filmstar Shirley McLaine.

Shoshanna [Schoschanna]: extravagante internationale Variante von ▶ Susanne oder ▶ Susanna.

Sibylle: klassischer Name mit griechischen Wurzeln. Sibylla war eine Seherin in Kleinasien. In Deutschland ist der Vorname seit dem Mittelalter bekannt. Weitere Formen: **Sibilla, Sibille, Sibyl, Sibylla, Sibyll, Sybille**. Immer passend.

Sidonie: geschmackvoller Name aus dem Altertum. Auch: Sidonia. Bedeutung: Frau aus Sidon: im Altertum eine phönizische Handelsstadt im Libanon.

Sieglinde: in der ersten Hälfte des 20. Jahrhunderts beliebt, heute etwas unmodern. Alter deutscher Name. Bedeutung: Sieg, lind, sanft, weich, mild. Nebenformen: **Sieglind, Siglind**. Abkürzung: **Sigi**.

Siegrid, Sigrid: etwas aus der Mode gekommener nordischer Name. Bedeutung: Sieg und schön. Koseformen: **Siggi, Siri**.

Siegrun, Sigrun: alter deutscher Name, heute selten. Bedeutung: Sieg, Geheimnis, geheime Beratung. Auch: **Sigrune**.

Sigourney [Si'gurni]: besonderer Name aus dem angloamerikanischen Raum, bekannt durch die Schauspielerin Sigourney (eigentlich Susan) Weaver.

Silja: friesische, schwedische und finnische Kurzform von ▸ Cäcilie. Norwegische Form: **Silje**.

Silke: einfach und unkompliziert. Niederdeutsch-friesische Koseform von ▸ Cäcilia. Auch: **Silka**. Passt zu den meisten Familiennamen.

Silvana: weich und wohlklingend. Kein Allerweltsname. Weibliche Form von Silvano. Bekannte Namensträgerin: die italienische Filmschauspielerin Silvana Mangano.

Silvia: unprätentiös und gefällig. Aus dem Lateinischen. Bedeutung: die aus dem Wald Kommende. Viele Nebenformen: **Silva, Silvelin, Silvi, Silvie, Silvija, Silvina, Sylvia,**

Sylvie. Auch in anderen Ländern gebräuchlich. Bekannte Namensträgerin: Königin Silvia von Schweden.

Simona: italienische Variante des deutschen Vornamens **Simone**. Weibliche Form von ▶ Simon. Aus dem Hebräischen. Bedeutung: Geschenk der Erhörung. Passt zu vielen Familiennamen. Auch: **Simonetta, Simonette**. Abkürzung: **Mona**.

Sina: apart und unverbraucht. In der englischen Schreibweise **Sinah**. Kurzform von Namen, die mit -sina enden. Nicht an einen bestimmten Frauentyp gebunden.

Sinead [Schined]: irische Form von ▶ Janet. Bekannt durch die irische Sängerin Sinéad O'Connor.

Sinja: frisch und mädchenhaft. Kurzform von ▶ Gesa und ▶ Gesine. Auch: **Sinje**.

Sirena: seltener Name aus der griechischen Mythologie. Bedeutung: singende Meerjungfrau. Nach der griechischen Sage waren Sirenen Mädchen mit Vogelleibern. Mit ihrem betörenden Gesang lockten sie vorbeifahrende Schiffe an und trieben sie ins Verderben.

Sisan: außergewöhnlicher schwedischer Name. Abgeleitet von ▶ Cäcilia.

Siska: schwedische Kurzform von ▶ Franziska.

Sita: aparter indischer Name aus dem Sanskrit. Bedeutung: Furche. Sita ist die Göttin des Ackerbaus. Auch: **Sitta**.

Smilla: ausgefallen. Bekannt durch den dänischen Roman »Fräulein Smillas Gespür für Schnee«. Bedeutung: die ein wenig summt.

Soley: verträumter und verspielter Name, nach einer isländischen Blume. Schön zu einem schlichten Familiennamen.

Solveig: bei uns außergewöhnlicher Name aus dem Norwegischen. Bedeutung: Haus und Kampf. Auch: **Solvei, Solveij, Solvejg, Solvig.**

Sonia, Sonja: populäre russische Form von ▶ Sophia.

Sophia, Sofia: klassischer, zeitloser Name griechischen Ursprungs. Bedeutung: Weisheit. In Deutschland seit dem Mittelalter bekannt. Namenstag: 30. September. Besonders beliebt sind die Nebenformen **Sophie** und **Sofie**.

Soraya: edel und elegant. Aus dem Persischen. Bedeutung: wohl und König, Fürst. Bekannt durch Kaiserin Soraya. Erfordert einen ebenso ausgefallenen Familiennamen.

Stefanie, Stephanie: unkomplizierter, zeitloser Name. Weibliche Form von ▶ Stefan oder ▶ Stephan. Bedeutung: Kranz, Krone. Passt gut zu den meisten Familiennamen.

Stella: nicht zu häufig, aber auch nicht zu extravagant. Aus dem Lateinischen. Bedeutung: der Stern. Spanische Variante: **Estrella**.

Sükran: türkischer Name arabischen Ursprungs. Bedeutung: Dankbarkeit.

Sulamith: ausgefallener biblischer Name. Aus dem Hebräischen. Bedeutung: Mädchen aus Schulem. Im Hohen Lied Salomons ist Sulamith der Name einer Braut.

Suleika: nicht für jeden Frauentyp passend. Aus dem Arabischen. In der islamischen Tradition ist Suleika die Frau des Potiphar, die versucht, Joseph zu verführen. Erfordert einen besonderen Familiennamen.

Susanne: traditionell und immer passend mit zahlreichen Varianten. Aus dem Hebräischen. Bei uns seit dem 15. Jahrhundert bekannt. Bedeutung: Lilie. Namenstag: 11. August und 19. Dezember. Nebenformen: **Susan, Su-**

sanna, **Susen**, **Susette**, **Suzan**, **Suzanne**, **Suzette**. Abkürzungen: **Susa**, **Suse**, **Susi**, **Susy**.

Svea: frisch und modern. Aus dem Schwedischen. Bezieht sich auf den Landesnamen: **Sverige** (Schweden).

Svenja, Svenia: beschwingt und fröhlich. Weibliche Form von ▶ Sven. Vor allem in Norddeutschland verbreitet. Passt zu den meisten Familiennamen.

Swaantje, Swantje: friesische Koseform von **Swanhild**. Vor allem in Norddeutschland verbreitet, im süddeutschen Raum selten. Nebenform: **Swana**.

Swetlana: traditioneller russischer Name. Bedeutung: die Lichtvolle. Kurzform: **Lana**.

Sydney [Sidnej]: aus dem Amerikanischen. Auch: **Sidney**. Kurzform: **Syd**.

Syrina: romantischer Name aus dem Norden. Abgeleitet von ▶ Sigrid. Schön zu einem schlichten Familiennamen.

T

Tabea: alter protestantischer Name. Nebenform von Tabitha. Aus dem Hebräischen. Bedeutung: die Gazelle. Abkürzungen: **Bea, Tara.**

Tadine: heiterer friesischer Name. Bedeutung: das Volk. Abkürzungen: **Dine, Tine.**

Takara: sehr ausgefallener japanischer Name. Bedeutung: kostbarer Gegenstand.

Talea: ungewöhnlicher Name aus dem Niederländischen. Abgeleitet von ▶ Adelheid. Auch: **Taleja, Taletta.**

Talesia: romantisch klingender und im Deutschen seltener Name baskischen Ursprungs. Abgeleitet von ▶ Adelheid. Abkürzungen: **Lea, Lia, Tara.**

Talibe: türkischer Name arabischen Ursprungs. Bedeutung: Schülerin.

Talida: niederländischer Name, abgeleitet von ▶ Adelheid. Auch: **Talika, Talina** oder **Talka.**

Talisa, Talissa: verträumt und märchenhaft. Variante des afroamerikanischen Namens Talisha bzw. Talitha. Bedeutung: Mädchen, Tochter.

Talora: ausgefallener Name aus dem Hebräischen. Bedeutung: Morgentau.

Tamara: häufig, aber trotzdem kein Allerweltsname. Russisch mit hebräischen Wurzeln. Bedeutung: Dattelpalme. Kurzformen: **Tammy** und **Toma.**

Tamila, Tamina: eigenwillig, aber sehr apart. Weibliche Form von ▸ Tamino. In Friesland verbreitet.

Tanisha [Tanischa]: besonderer Name aus Afrika. Bedeutung: an einem Montag geborenes Mädchen – passt also nicht zu allen Mädchen.

Tanja: gehörte in den 1970er Jahren zu den beliebtesten Vornamen, heute nicht mehr so häufig. Kurzform des russischen Namens ▸ Tatjana. Russische Variante: **Tanjura**. Auch: **Tania**.

Tara: besonderer Name aus dem Irischen. Nach einem Hügel, auf dem irische Könige früher Hof hielten. Auch: **Tarah**.

Tasja, Tassja: geschmackvolle russische Kurzform von ▸ Anastasia.

Tatjana: romantischer russischer Name. Abgeleitet von dem lateinischen Tatianus, der Erweiterung von Tatius – ein König der Sabiner. Auch: **Tatiana**. Kurzform ▸ Tanja.

Terzia: ausgefallener ursprünglich lateinischer Name. Bedeutung: die Dritte. Koseform: **Terzi**.

Tessa: ungewöhnlich, aber nicht zu extravagant. Englische Kurzform zu ▸ Teresa. Auch: **Tess, Tessy**.

Thaddäa: weibliche Form von ▸ Thaddäus. Aus dem Hebräischen. Bedeutung: Lobpreisung.

Thea: pfiffig und modern. Kurzform von ▸ Dorothea und ▸ Theodora. Passt gut zu längeren Familiennamen.

Thekla: biblischer Name, der auf die heilige Thekla zurückgeht, eine Märtyrerin, Gefährtin des heiligen Paulus. Namenstag: 23. September.

Thelma: seltener, aus dem Englischen übernommener Name. Vermutlich abgeleitet von dem griechischen Thelema: der Wille.

Theodora, Theodore: etwas veraltet. Weibliche Form zu ▶ Theodor. Netter ist die Kurzform ▶ Thea.

Theophania: sehr ausgefallen. Aus dem Griechischen. Bedeutung: Gotterscheinung. Koseform: ▶ Tiffany.

Theresa: klassischer Name, heute wieder sehr beliebt. Nach der griechischen Insel Thera (Santorin). Die hl. Theresa war die Patronin der Rheuma- und Gelenkkranken. Kurzform: **Thery**. Auch in anderen Sprachen gebräuchlich: **Terry**, **Thérèse**. Nebenformen: **Therese, Theresia**.

Thilda, Thilde: traditioneller alter Name. Kurzform von ▶ Mathilde.

Thora, Tora: etwas streng und erhaben. Bezieht sich auf den Donnergott Thor, auch Wotan genannt. Auch: **Thordis, Thuri, Tordis, Turi**.

Thymiane: sehr eigenwillig, abgeleitet von dem Pflanzennamen Thymian. Schön zu einem schlichten Familiennamen.

Thyra: schwedischer Name. Bei uns eher unbekannt. Auch: **Tyra, Tyre**.

Tiberia: wohlklingend und doch ausgefallen. Nach dem italienischen Fluss Tiber.

Tiffany [Tiffäni]: raffiniert und elegant. Aus dem Griechischen. Bedeutung: Erscheinung Gottes.

Tilla, Tilly: heiter und verspielt. Kurzform von **Emilia** oder ▶ Emilie.

Tina, Tine: frisch und unkompliziert. Kurzform von **Bettina, Christina** und **Martina**. Bekannte Namensträgerin: die Rocksängerin Tina Turner. Koseform: **Tini**.

Tirza: eigenwilliger biblischer Name. Aus dem Hebräischen. Bedeutung: Anmut, Wonne, Lieblichkeit.

Tiziana: italienischer Name, abgeleitet von dem römischen

Familiennamen Titianius. Bedeutung: zur Familie des Titus gehörig. Kurzform: **Tizia**.

Tonja, Tonia: ausgefallen, aber apart. Russische Koseform von ▶ Antonia. Im Tschechischen und Slowenischen Tonka.

Tosca, Toska: harmonisch und unkonventionell. Aus dem Italienischen. Bedeutung: die aus der Toskana Stammende.

Tracy ['Träjsi]: nett und verspielt. Englische Koseform von ▶ Theresa.

Trixi: schnörkellos und modern. Koseform von ▶ Beatrix. Englische Form: **Trixie**.

U

Uba: exotisch klingender norddeutscher Name. Aus dem Althochdeutschen. Auch: **Ubba, Ubbe, Ubbina**.

Udele: frisch und heiter. Nebenform zu ▶ Adele. Abkürzung: ▶ Ulla.

Ulita: originell. Russischer Name. Abgeleitet von ▶ Julia.

Ulla: einständige Kurzform von ▶ Ursula und ▶ Ulrike. In Schweden verbreitet. Auch **Ula**.

Ulrike, Ulrika: zeitlos und immer passend. Weibliche Form von ▶ Ulrich. In Deutschland seit dem 18. Jahrhundert bekannt, zunächst vor allem in adeligen Kreisen. Auch: **Ulricca, Ulricha, Ulrikka, Ulrikke**. Kurzformen: **Rike, Ulla** oder **Ulli**.

Umeko: klangvoller japanischer Name mit der Bedeutung: Pflaumenblüte.

Umma, Umme: eigenwillig und unkonventionell. In Norddeutschland anzutreffen. Aus dem Althochdeutschen. Bedeutung: Erbschaft.

Una: sehr ausgefallen. Alter irischer Name aus dem Gälischen. Bedeutung: das Lamm.

Undine: romantisch und märchenhaft. Bezeichnung für eine Nixe. Weiterentwicklung des lateinischen Worts »unda«: die Welle. Nach dem Märchen über die Nixe Undine, die die Frau eines Menschen wird, um eine unsterbliche Seele zu erhalten.

Ursa: geschmackvolle Kurzform von ▶ Ursula.

Ursina, Ursine: weibliche Form von Ursus. In der Schweiz verbreitet.

Ursula: etablierter Name, der bereits im Mittelalter verbreitet war. Aus dem Lateinischen. Bedeutung: kleine Bärin. Namenstag: 21. Oktober: nach der heiligen Ursula. Auch: **Ursulina**, **Ursuline**. Kurzform: **Ursel**. Koseform: **Uschi** und **Ursi**.

Ute: alter deutscher Name. Hochdeutsche Form von ▶ Oda. Nach dem Nibelungenlied ist Ute die Mutter von Kriemhild. Auch: **Uta** oder **Utta**. Passt zu vielen deutschen Familiennamen.

Uysal: türkischer Name. Bedeutung: fügsam, friedliebend.

Die beliebtesten Mädchennamen in Deutschland im Jahre 1900

1. Anna
2. Martha
3. Frieda
4. Emma
5. Marie
6. Elisabeth
7. Maria
8. Berta/Bertha
9. Gertrud
10. Margarete/Margarethe

Quelle: www.beliebte-Vornamen.de

V

Valentia: melodisch und mediterran. Aus dem Lateinischen. Bedeutung: gesund. In Spanien: **Valencia**.

Valentina, Valentine: klangvoller unprätentiöser Name. Weibliche Form von ▶ Valentin. Aus dem Lateinischen. Bedeutung: kräftig, stark, gesund. Passt zu vielen Frauentypen und Familiennamen.

Valerie, Valeria: beschwingt und individuell. Weibliche Form von ▶ Valerius. Auch in anderen Ländern verbreitet: Valérie, Valery. Abkürzung: **Vally**.

Vanessa: In den 1990er Jahren einer der beliebtesten Mädchennamen. Aus dem englischen Sprachraum.

Vanja: siehe ▶ Wanja.

Varena: ausgefallene Variante zu ▶ Verena.

Vedat: türkischer Name arabischen Ursprungs. Bedeutung: Liebe, Freundschaft.

Velvet: aus dem Englischen. Bedeutung: Samt.

Vera: aus dem Russischen. Bedeutung: Glaube, Zuversicht, Religion. Auch als Kurzform von ▶ Verena oder ▶ Veronika gebräuchlich. Auch: **Wera**. Passt zu einem längeren Familiennamen. Auch in Kombination mit einem anderen Namen wie **Veramaria**. Russische Koseform: ▶ Veruschka.

Verena, Verene: traditioneller Name mit unbekannter Herkunft. Seit dem Mittelalter verbreitet und nach wie vor beliebt. Namenstag: 1. September. Koseform: **Vreni**.

Verna: bei uns recht unbekannter schwedischer Name. Weibliche Form von ▶ Werner. Aus dem Althochdeutschen. Bedeutung: abwehren.

Veronika, Veronica: zeitlos und wohlklingend. Nach der mittelalterlichen Legende war Veronika eine Jüngerin Jesu. Bedeutung: wahres Abbild. Namenstag: 4. Februar, 13. Januar und 9. Juli. Französische Form: **Véronique**. Süddeutsche Koseform: **Vroni**.

Veruschka: hübsche russische Koseform von ▶ Vera.

Vibeke: einfallsreiche dänische Variante zu ▶ Wibke. Schwedische Form: **Vivica**. Kurzform: **Vivi**.

Vicky [Wiki]: heiter und beschwingt. Kurzform von ▶ Viktoria. Passt zu vielen Familiennamen. Auch: **Vicki, Viki**.

Viktoria, Victoria: klangvoller Name mit Hintergrund. Aus dem Lateinischen. Bedeutung: Sieg. Name der altrömischen geflügelten Siegesgöttin. Beliebter Name in Herrscherhäusern. Auch: **Viktorina, Viktorine**. Italienische Form: **Vittoria**. Französische Form: **Victoire**.

Vilia, Vilja: angenehm und individuell. Nordischer Name. Bedeutung: Wille oder Güte.

Vilma: siehe ▶ Wilma.

Viola: romantisch. Aus dem Lateinischen. Bezeichnung für das Veilchen. Auch im englischen Sprachraum bekannt. Auch: **Violaine** oder **Violetta, Violette**.

Virginia [Wirdschi'nia]: englischer Vorname, der auf das römische Geschlecht des Verginius zurückgeht. Aus dem Lateinischen. Bedeutung: jungfräulich. Bekannte Namensträgerin: die englische Schriftstellerin Virginia Woolf. Auch: **Virgenie**.

Vivian ['Wiwien]: fröhlicher englischer Name. Auch als

männlicher Vorname gebräuchlich. Weitere Formen: **Viviana, Viviane, Vivien, Vivienne**.

Volma: typisch friesischer Name. In Süddeutschland eher unbekannt. Aus dem Althochdeutschen. Bedeutung: das Volk.

Die beliebtesten Mädchen-Doppelnamen in Deutschland im Jahr 2007

1. Lea-Sophie
2. Anna-Lena
3. Lena-Marie
4. Lisa-Marie
5. Lara-Sophie
6. Mia-Sophie
7. Lea-Marie
8. Anna-Marie
9. Marie-Sophie
10. Anna-Sophie
11. Lena-Sophie
12. Lara-Marie
13. Laura-Sophie
14. Laura-Marie
15. Leonie-Sophie
16. Emily-Sophie
17. Lilly-Marie
18. Hannah-Sophie
19. Lina-Marie
20. Lina-Sophie

Quelle: www.beliebte-Vornamen.de

W

Waltraud, Waltraut: alter deutscher Name, heute nicht mehr häufig vergeben. Aus dem Althochdeutschen. Bedeutung: herrschen, Kraft. Auch: **Waldtraut, Waldtraute**. Kurzformen: **Traude, Traudel, Traudi, Trude, Wally, Wanda**.

Wanda: heiterer russischer Name mit ungeklärter Bedeutung. Auch: **Vanda**. Passt zu den meisten Familiennamen.

Wanja: heiter und unbeschwert. Slawischer Name. Auch als männlicher Vorname gebräuchlich. Auch: **Vania, Vanja**.

Warda: arabischer Name mit der Bedeutung: Rose, Blume.

Warja: unbekannte russische Kurzform von Warwara.

Wencke: im süddeutschen Raum selten. Bekannt durch die norwegische Schlagersängerin Wencke Myhre. Auch: **Wenke**.

Wenda: englischer Vorname mit gälischen Wurzeln. Bedeutung: hell, weiß. Kurzformen: **Wendi, Wendy**.

Wendela, Wendula: in Vergessenheit geratene Nebenform von ▶ Wanda. Weibliche Form von ▶ Wendel. Kurzform: **Wendla**.

Wera: siehe ▶ Vera.

Whitney ['Witni]: freundlicher amerikanischer Name. Bekannte Namensträgerin: die amerikanische Popsängerin Whitney Houston.

Wiebke: heiterer ost- und nordfriesischer Name. Auch: **Wibeke**, **Wibke**, **Wiepke**, **Wipka** oder **Wipke**. Passt nicht so gut zu einem süddeutschen Familiennamen.

Wieta, Witta, Witte: drei typisch friesische Variationen. Bedeutung: Kampf. Bekannte Namensträgerin: die deutsche Schauspielerin Witta Pohl.

Wilhelmine, Wilhelmina: aus der Mode gekommene weibliche Form von Wilhelm. Kurzform: **Mina**, **Minja**, **Minka**, **Minna**, **Wemke**, **Winda** und **Witta**.

Willa: Kurzform von Namen mit der Vorsilbe »Wil(l)«.

Wilmke: Koseform von **Wilma**.

Wiltrud, Wiltrude: alter deutscher Name. Bedeutung: Kraft, Stärke. In althochdeutscher Zeit auch: vertraut, lieb.

Winema: würdiger indianischer Name mit der Bedeutung: Häuptlingsfrau.

Winifred: englische Form des alten walisischen Namens **Gwenfrewi**. Bedeutung: weiß, gesegnet, heilig. Koseform: **Winnie**.

Winja: russische Koseform von **Sawina**.

Winka: niederdeutsche Kurzform von Namen mit der Vorsilbe »Win-«.

Winona: ausgefallener englischer Name indianischer Herkunft. Bei den Sioux bedeutet Winona »erstgeborene Tochter«. Passt am besten zu einem schlichten Familiennamen. Bekannte Namensträgerin: die Schauspielerin Winona Rider.

Wynne [Winni]: international und modern. Aus dem Altwalisischen. Bedeutung: blond, hell. Passt besonders gut zu einem blonden Typ.

X

Xaveria [Ksaveria]: originelle weibliche Form von ▶ Xaver oder Xaverius.

Xena [Ksena]: apart und individuell. Aus dem Griechischen. Kurzform von **Polyxena**. Beudeutung: Gast. Variante von ▶ Xenia.

Xenia [Ksenja]: eigenwillig und ziemlich unbekannt. Aus dem Griechischen. Bedeutung: gastlich, gastfreundlich. Passt nicht zu vielen Familiennamen. Auch: **Xenja**.

Y

Yakira [Jakira]: edler hebräischer Name mit der Bedeutung: kostbar.

Yanina [Janina]: siehe ▶ Janina.

Yara [Jara]: siehe ▶ Jara.

Yasemin [Jasemin]: türkische Form von ▶ Jasmin.

Yasu [Jasu]: japanischer Name. Bedeutung: friedlich.

Yedda, Yette: heiterer, beschwingter Name aus dem Altenglischen. Bedeutung: Sängerin. Passt zu den meisten Familiennamen.

Yella [Jella]: hübsch und nicht kompliziert. Auch: **Jella**. Passt eigentlich immer.

Yelva [Jelva]: eigenwilliger nordischer Name. Bedeutung: einzige Erbin.

Yenny [Tschenni]: siehe ▶ Jenny.

Yoko [Joko]: ungewöhnlicher japanischer Name. Bedeutung: Großzügigkeit, Toleranz, aber auch Heiterkeit und Freude. Bekannte Namensträgerin: Yoko Ono, Witwe von John Lennon.

Yuki [Juki]: aus dem Japanischen. Bedeutung: Schnee.

Yvette [Iwet]: verspielter französischer Name. Weibliche Form von ▶ Yves. Auch: ▶ **Ivetta, Ivette, Yvett, Yvetta**.

Yvonne [Iwon]: einst beliebter, heute etwas aus der Mode gekommener französischer Name. Weibliche Form von Yvon oder ▶ Ivo. Auch: **Ivonne**. Kurzform: **Nonna**.

Z

Zaide: edel und ausdrucksstark. Aus dem Arabischen. Bedeutung: die Glückliche. Auch: **Saide**.

Zala: ausgefallener bulgarischer Name. Bedeutung: die Gesunde. Auch: **Zalona**.

Zarah: schwedische Nebenform von ▸ Sara. Bekannte Namensträgerin: die Schauspielerin Zarah Leander.

Zarina: wohlklingender bulgarischer Name. Bedeutung: Herrscher. Schön zu einem schlichten Familiennamen.

Zelda: englische Kurzform von ▸ Griselda. Aus dem Althochdeutschen. Bedeutung: Held.

Zelia: ungewöhnlich, aber melodisch im Klang. Weiterentwicklung des griechischen männlichen Vornamens Zelos (Gefährte des Zeus).

Zena: aus dem Englischen. Kurzform von ▸ Zenobia.

Zenobia: aus dem Griechischen; weibliche Form von Zenobio (▸ Zenobius).

Zenta: traditionell in Süddeutschland gebräuchlich. Kurzform von **Kreszentia** oder **Vinzenta**.

Zinnia: apart und sehr selten. Nach der dekorativen Sommerblume Zinnie.

Ziona: weibliche Form von ▸ Zion.

Zita: selten und unkonventionell. Aus dem Altitalienischen. Bedeutung: Mädchen. Namenspatronin ist die heilige Zita, Schutzpatronin der Dienstboten und Hausangestellten. Namenstag: 17. April. Kurzform von ▶ Felizitas.

Zoé: aus dem Griechischen. Bedeutung: Leben. Erfordert einen längeren Familiennamen.

Zölestine: weibliche Form von ▶ Zölestin.

Zora: slowenischer, serbischer, kroatischer und bulgarischer Name. Bedeutung: die Morgenröte.

Die beliebtesten Mädchennamen in Deutschland im Jahr 2007

1. Hanna/Hannah	11. Sara/Sarah
2. Leonie/Leoni	12. Emma
3. Lena	13. Nele/Neele
4. Anna	14. Marie
5. Lea/Leah	15. Sophie/Sofie
6. Lara	16. Johanna
7. Mia	17. Julia
8. Laura	18. Maia/Maya
9. Lilli/Lilly/Lili	19. Lisa
10. Emily/Emilie	20. Lina

Quelle: www.beliebte-Vornamen.de

Specials

»Der einzige Name, der einen Menschen wirklich charakterisiert, ist sein Spitzname.«

Boleslaw Barlog

Auffallen um jeden Preis? So nennen Promis ihren Nachwuchs

Madonna: Lourdes Maria, Rocco John und David
Michael Jackson: Prince Michael Jr., Paris Michael Katherine Patricia und Prince Michael II
Julia Roberts: Hazel Patricia, Phinnaeus Walter und Henry
Gwyneth Paltrow und Chris Martin: Apple Blythe Alison und Moses Bruce Anthony
Angelina Jolie und Brad Pitt: Maddox Chivan, Zahara Marley, Shiloh Nouvel und Pax Thien
Jason Lee: Pilot Inspektor
Bob Geldof: Peaches Honeymoon, Fifi Trixibelle und Pixie Frou-Frou
Bono (U2): Elijah Bob Patricus Guggi Quincy
Demi Moore und Bruce Willis: Rumer Glenn, Scout LaRue und Tallulah Belle
Sylvester Stallone: Sage Moonblood
Liv Tyler: Milo William
Kim Basinger und Alec Baldwin: Ireland Eliesse
Cher: Chastity Sun
Sylvester Stallone: Sophia Rose, Sistine Rose and Scarlett Rose
Frank Zappa: Moon Unit, Dweezil, Ahmet Emuukha Rodan und Diva Thin Muffin Pigeen
Geri Halliwell: Bluebell Madonna
Victoria und David Beckham: Brooklyn, Romeo und Cruz

Jamie Oliver: Poppy Honey und Daisy Boo
Prinz Felipe und Letizia: Leonor und Sofia
Heidi Klum und Seal: Leni, Henry Günther Ademola Dashtu und Johan Riley Fyodor Taiwo Samuel
Steffi Graf und Andre Agassi: Jaden Gil und Jaz Elle
Claudia Schiffer: Caspar Matthew und Clementine
Nina Hagen: Cosma Shiva und Otis
Verona Pooth: San Diego
Uwe Ochsenknecht: Wilson Gonzales, Jimi Blue, Cheyenne Savannah und Rocco Stark
Til und Dana Schweiger: Emma Tiger, Luna Marie, Lilli Camille und Valentin Florian
Birgit Schrowange und Markus Lanz: Laurin
Dieter Bohlen: Maurice Cassian
Johannes B. Kerner und Britta Becker: Emily Blomma, Nik David und Polly Marie
Michael Ballack: Jordi, Emilio und Louis
Frauke Ludowig: Nele und Nika

Vor allem bei Mädchen hoch im Kurs: Doppelvornamen

Zwei oder mehrere Vornamen können kombiniert werden, indem man sie unverbunden aneinanderreiht, z.B. Jan Ulrich, oder mit Bindestrich koppelt wie Karl-Heinz. Letztere gelten rechtlich als ein Name. Die dritte Möglichkeit sind Doppelformen, bei denen aus zwei unabhängigen Namen einer wird, z.B. Hansdieter. Unten genannte Namen können also auch zusammengeschrieben werden.

Jungen

Ben-Joshua
Bernd-Michael
Bob-Marvin
David-Levin
Ernst-Moritz
Franz-Xaver
Fynn-Connor
Jan-Hendrik
Jan-Jasper
Jan-Ole
Jan-Philipp
Jean-Claude
Jean-Pascal
Joel-Cassian
Jonas-Elias
Kai-Uwe
Karl-Gustav
Karl-Otto
Lasse-Sixten
Luis-Miguel
Mats-Lennart
Moritz-Jakob
Nils-Matti
Nils-Merten
Noah-Max
Sven-Martin
Tim-Julen
Tim-Robin
Tom-Tassilo
Tom-Thorben

Mädchen

Alva-Linnéa
Anna-Barbara
Annabell
Annabeth
Anna-Lena
Anna-Lisa
Anna-Maria/Anna-Marie
Ava-Marie
Emilia-Luise
Emilia-Sidonie
Eva-Maria
Ida-Marie
Käthe-Amalia
Lea-Sophie
Lina-Madita
Linnéa-Katharina
Linnéa-Valentina
Lisa-Marie
Luise-Wilhelmine
Marie-Lena
Marielies
Marie-Luise/Malu
Marie-Rose
Marie-Theres
Marilu
Maybritt
Rosalinde/Rosalind
Sara-Lena

Die schönsten Vornamen aus der Bibel

Jungen

Aaron/Aron (Erleuchteter, Bergbewohner)
Abel (Hauch, Vergänglichkeit)
Abimelech (mein Vater ist König)
Abraham (Vater der Völkermenge)
Adam (Mann aus roter Erde)
Andreas (der Mannhafte, der Tapfere)
Aram (Ruhe, Stille)
Ascher (der Glückliche)
Asur (Sohn von Sem)
Balthasar (Gott schütze sein Leben)
Barnabas (Sohn der tröstlichen Weissagung)
Bartholomäus (Sohn des Tolmai)
Baruch (der Gesegnete)
Benjamin (Glückskind; Sohn des Glücks)
Boas (in ihm ist Kraft)
Cyrus (Bedeutung unklar)
Clemens/Klemens (mild, gnädig)
Dan (Richter)
Daniel (Gott ist mein Richter)
David (der Geliebte)
Eleasar (Gotthilf)
Elias (Mein Gott ist Jahwe)
Elisa (Gott hilft)
Elkana (Vater von Samuel)
Ephraim (doppelt fruchtbar)
Esau (der Behaarte)
Ezra (Hilfe)
Gabriel (Mann Gottes)
Gad (Bedeutung unklar)
Gidean (Krieger)
Henoch (der Eingeweihte)
Hosea (Gott hilft)
Isaak (Lacher, Spötter)
Israel (Gotteskämpfer)
Issachar (Sohn von Jakob und Lea)

Jakob (Fersenhalter)
Jamin (Glück)
Jason (heilen)
Jared (herabsteigen)
Jeremia (der Herr ist erhaben)
Jesaja (Jahwe hat Heil geschenkt)
Joachim (den Gott aufrichtet)
Joel (Jahwe ist Gott)
Johannes (Gott ist gnädig)
Jonas (die Taube)
Jonathan (Gott hat gegeben)
Josef (Gott möge vermehren)
Josia (Gott stütze ihn)
Josua (der Herr ist Hilfe)
Juda (von Gott erhört)
Lazarus (Gott ist Helfer)
Levi (dem Bunde zugetan)
Lukas (aus Lucania stammend)
Manasse (Gott lässt vergessen)
Markus (der Zarte, Liebliche)
Matthäus (Geschenk Gottes)
Matthias (Geschenk Gottes)
Melchior (Gott ist König des Lichts)
Michael (Wer ist wie Gott?)
Mose (der aus dem Wasser gezogene)
Nahum (Tröster)
Nathan (Geschenk)
Nathanel (Geschenk)
Noah (Trost)
Obadja (Diener Jahwes)
Paulus (der Kleine)
Peter/Petrus (der Fels)
Philippus (der Pferdeliebhaber)
Quartus (der Vierte)
Quirinus (Lanzenschwinger)
Raphael (Gott heilt)
Ruben (seht, ein Sohn!)
Salomon (der Friedliche)
Samuel (von Gott erhört)
Samson/Simson (die kleine Sonne)
Saulus (der Erbetene)
Serafin/Seraphin (brennen)
Sem (einer der Söhne Noahs)
Seth (der Auserwählte)
Simon (Gott hat gehört)
Stefan/Stephan (Krone)

Thaddäus (der Mutige, Beherzte)
Thomas (Zwilling)
Timon (der Ehrenwerte)
Timotheus (der Gott ehrt)
Tobias (Gott ist Güte oder Gott ist gnädig)
Uriel (Gott ist mein Licht)
Zachäus (der Gerechte)
Zacharias (der Herr hat sich erinnert)

Mädchen

Abigail (Vaterfreude)
Adina (der Herr hat geschmückt)
Anja/Anna (die von Gott Begnadete)
Batseba (Tochter der Fülle)
Cloe (die grüne Pflanze)
Dalila/Delilah (die Wellenlockige)
Damaris (Gattin, Geliebte)
Deborah (Biene, die Fleißige)
Deliah (die Zweitgeborene)
Dina (die Richterin)
Elisabeth (Gottesverehrerin)
Esther (Stern)
Eva (die Lebenspendende)
Hanna, Hannah (Erbarmen Jahwes, gnädig sein)
Jael (Steinbock, Bergziege)
Jedida (die Vielgeliebte)
Jessica (Gott schaut)
Johanna (Gott ist gnädig)
Judith (Gepriesene)
Julia (Jungfrau oder die Gepriesene)
Kezia (Zimtblüte)

Lea (die sich vergeblich bemüht, Wildkuh)
Lydia (die Frau aus Lydia)
Magdalena (die aus Magdala Stammende)
Maria (widerspenstig)
Mariella (widerspenstig)
Martha (bitter, betrübt)
Milka (die Regierende)
Miriam, Mirjam (widerspenstig)
Naemi (die Liebliche)
Peninna (die Perle)
Pua (Mädchen)
Rachel/Rahel (Mutterschaf)
Rebecca (die Fesselnde)
Ruth (Freundschaft)
Salome (friedlich)
Saphira (Edelstein)
Sara/Sarah (die Fürstin, die Herrin)
Sarai (früherer Name von Sarah)
Susanna/Susanne (die Lilie)
Tabea (Gazelle)
Tabita (Gazelle)
Tamar (Dattelpalme)
Tirza (die Anmutige)
Zippora (die Singende, die Schöne)

Die schönsten nordischen Namen

Jungen

Alf
Anders
Arne
Asbjörn
August
Barnd
Bendix
Bengt
Benjamin
Bertil
Birger
Bjarne
Björn
Bosse
Carl
Christian
Christoffer
Delf
Dennis
Edvin
Eike
Einar
Emil
Erik
Fiete
Finn
Frederik
Göran
Gunnar
Gus
Gustav
Hampus
Hannes
Hark
Hauke
Helge
Henning
Henrik
Herman
Holger
Ingmar
Iven
Jan
Jannik
Jasper
Jens
Jerk
Johan
Jonas
Jonathan
Jöns
Jorgen
Jörn
Kai
Kalle
Knut
Krister
Lars
Lasse
Laurens
Lennart
Malte
Marten
Mathis
Mats
Melker
Melvin
Morten
Niklas
Nils
Ole
Olof
Peer
Pelle
Pontus
Rasmus
Rickard
Roald
Sixten
Sönke
Sören
Stig
Sture
Sven
Thorben
Thorsten
Thure
Ulf
Victor
Viggo
Ville
Vincent
Wilm

Mädchen

Agnes
Alexandra
Alina
Alma
Alva
Alvy
Aniki
Anna
Annbritt
Annica
Antje
Berrit
Birte
Björk
Caren
Carlotta
Dörte
Ebba
Eila
Elin
Ella
Elna
Elsa
Emilie
Eveline
Fenja
Fiene
Frida
Gesa
Gilla
Grit
Hanna
Hedda
Henrike
Ida
Imke
Inga
Janne
Jessica
Jonna
Jutta
Jördis
Kajsa
Kirsten
Klara
Kristin
Lena
Lina
Linda
Linn
Linnea
Lisa
Liv
Lotta
Louise
Lova
Lovisa
Lya
Malin
Maren
Maria
Matilda
Mikaela
Mirja
Moa
Moike
My
Neele
Nona
Olivia
Pirkko
Rebecca
Ronja
Runa
Sandra
Sanna
Sara
Selma
Signe
Silja
Silva
Smilla
Solveig
Stina
Swantje
Svea
Thea
Tilde
Tindra
Tove
Tuva
Tyra
Vanda
Vera

Die schönsten afrikanischen Namen

Jungen

Abiona
Adom
Agu
Akin
Akron
Annan
Ashon
Bem
Chi
Dabir
Danladi
Dumaka
Gyasi
Jahi
Jumah
Kerel
Kito
Kizza
Kumi
Kwako
Kwamin
Kwesi
Mansa
Manu
Matope
Mosi
Mundan
Nuru
Odion
Ohin
Olufemi
Olukayode
Olushola
Orunjan
Paki
Pili
Rudo
Sudi
Ulan
Uzoma
Zahur
Zesiro

Mädchen

Aba
Abebi
Abina
Abiona
Abmaba
Adamma
Adia
Ajua
Akosua
Alike
Aniweta
Asiza
Ayoka
Aziza
Balala
Caimile
Dede
Fayola
Femi
Hadiya
Hasana
Hasine
Kamaria
Kameke
Kanika
Keshia
Kissa
Kwabina
Kwako
Kwashi
Livanga
Magara
Marini
Masika
Olisa
Paka
Penda
Poni
Sanura
Sarauniya
Siko
Tawia
Tisa
Ubene
Visolela
Winda
Zawadi
Zuri

Die schönsten japanischen Namen

Jungen

Akio
Daichi
Daisuke
Haruki
Hiroki
Hiroshi
Isas
Kaito
Kane
Kazuki
Kenzo
Kin
Kiyoshi
Makoto
Masao
Minoru
Naoki
Osamu
Riko
Ryo
Saburo
Shigeru
Shiro
Shun
Susumu
Tadashi
Takumi
Tani
Taro
Yemon
Yoshio
Yukiko
Yutaka

Mädchen

Aiko
Aimi
Akako
Aki
Amaya
Anzu
Chidori
Chizu
Fumiko
Hama
Haru
Hitomi
Hoshi
Ishi
Kagami
Kameko
Kami
Kiku
Kimi
Kishi
Kiwa
Kuma
Kumi
Kuri
Machi
Matsu
Michiko
Midori
Miwa
Miya
Miyuki
Nanami
Nara
Nari
Nishi
Noriko
Oki
Raku
Saki
Sakura
Sato
Shika
Shina
Shizu
Sumi
Suzu
Taka
Takara
Tamaki
Tani
Tomo
Tori
Umeko
Yasu
Yoko
Yuki

Die schönsten indianischen Namen

Jungen

Ahmik (Biber)
Dasan (Führer, Häuptling)
Elsu (kreisender Falke)
Etu (Sonne)
Eyota (der Größte)
Gosheven (großer Springer)
Hahnee (Bettler)
Hakan (feurig, glühend)
Helaku (Sonnentag)
Hinun (Götter der Wolken und des Regens)
Hoho (brummender Bär)
Honon (Bär)
Hulwema (toter Grislibär)
Igasho (Wanderer)
Iye (Rauch)
Kaga (Schreiber)
Kibbe (Nachtvogel)
Kono (einen Kern fressendes Eichhörnchen)
Langundo (friedlich)
Lenno (Mann)
Lonato (Feuerstein)
Mancu (König)
Mingan (grauer Wolf)
Misu (gekräuseltes bewegtes Wasser)
Namid (Sternentänzer)
Netis (guter Freund)
Nodin (Wind)
Noton (Wind)
Ouray (Pfeil)
Paco (Weißkopf-Seeadler)
Raini (Schöpfer)
Sakima (König)
Songan (stark)
Tadi (Wind)
Tasida (Reiter)
Tiktu (Kartoffeln ausgrabender Vogel)
Tohon (Puma)
Tuketu (Staub aufwirbelnder Bär)
Tunu (Zwiebeln fressendes Reh)
Tyee (Führer, Häuptling)
Waban (Ostwind)
Wakiza (verwegener Kämpfer)
Wapi (glücklich)
Wenutu (aufklarender Himmel)
Wilney (schreiender Adler)

Wilu (schreiendes Falkenjunges)
Wunand (Gott ist gut)
Wynono (der Erstgeborene)
Yana (Bär)
Yancy (Engländer)
Yelutci (schleichender Bär)
Yotimo (Nektar sammelnde Biene)
Yuma (Häuptlingssohn)

Mädchen

Alameda (Baumwollhain)
Algoma (Tal der Blumen)
Alkas (die Ängstliche)
Anevay (die Überlegene)
Aponi (Schmetterling)
Aquene (Friede)
Ayita (Arbeiterin)
Chenoa (weiße Taube)
Chilali (Schneevogel)
Chimalis (Elfenblauvogel)
Cholena (Vogel)
Cocheta (die Unbekannte)
Dyani (Reh)
Eyota (die Größte)
Halona (gutes Schicksal)
Hausu (beim Erwachen gähnender Bär)
Istas (Schnee)
Izusa (weißer Stein)
Kachina (heilige Tänzerin)
Kamata (Spiel)
Kaya (meine große Schwester)
Kele (Sperber)
Kimama (Schmetterling)
Liluye (singendes Falkenjunges)
Lomasi (schöne Blume)

Lusela (sich die Pfote leckender Bär)
Magena (der aufgehende Mond)
Malila (stromaufwärts schwimmender Lachs)
Mansi (gepflückte Blume)
Meda (Prophetin)
Migina (zunehmender Mond)
Moemu (Bärentreffen)
Nahtanha (Kornblume)
Nashota (Zwilling)
Nituna (meine Tochter)
Nokomis (Großmutter)
Onawa (die Hellwache)
Onida (die Ersehnte)
Orenda (magische Mächte)
Sanuye (Wolke im Abendrot)
Shada (Pelikan)
Sihu (Blume, Strauch)
Takenya (zustoßender Falke)
Tala (Wolf)
Tasida (Reiterin)
Tusa (Präriehund)
Tuwa (Erde)
Una (Gedächtnis)
Wakanda (Zaubermacht)
Winona (erstgeborene Tochter)
Wyanet (schön)
Yamka (knospende Blumen)
Yenene (Zauberin)
Yoki (Blauvogel)

Nostalgie der alten Namen – so hießen unsere Großeltern

Jungen

Alfred
Anselm
Anton
Arnold
Arthur
Barnabas
Benedikt
Benno
Bruno
Carl
Claus
Conrad
Curt
Detlef
Eduard
Egon
Emeram
Emil
Erich
Ernst
Eugen
Franz
Friedrich
Fritz
Georg
Gerhard
Gustaf/Gustav
Hans
Harry
Heinrich/Heinz
Herbert
Hermann
Horst
Innozenz
Isidor
Jakob
Johann
Josef/Joseph
Karl
Karlheinz
Kaspar
Konrad
Korbinian
Kurt
Leonhard
Leopold
Lorenz
Lothar
Ludwig
Matthias
Maximilian
Michael
Odilo
Oswald
Otto
Paul
Peter
Richard
Robert
Rochus
Rudolf
Sebastian
Stefan/Stephan
Theo
Thomas
Ubald
Ulrich
Urban
Vinzenz
Vitus
Walter
Werner
Wilhelm
Willi
Wolfgang

Mädchen

Adele
Afra
Agathe
Alma
Amalia/Amalie
Anna
Anneliese
Antonia
Berta/Bertha
Caroline
Charlotte
Clara/Klara
Edith
Eleonore
Elfriede
Elisabeth
Ella
Ellen
Elsa/Else
Elsbeth
Elvira/Elwira
Emilia/Emilie
Emma
Erika
Erna
Ernestine
Esther
Eugenie
Eulalia/Eulalie
Eva
Florentine
Franziska
Frieda
Gerda
Gertrud
Gisela
Giselinde
Greta/Grete
Gundelinde
Hedwig
Helene
Henriette
Hermine
Herta
Ida
Ilse
Jakobine
Johanna
Josefa/Josepha
Käthe
Kora
Leonore
Leopoldine
Liselotte/Lieselotte
Lotte
Magda
Magdalena
Maria
Martha
Mathilde
Olga
Paula
Pauline
Rosa/Rose
Senta
Sophia
Theodora
Theresa/Therese
Tilda/Tilde
Ursula
Uta/Ute
Veronika
Viktoria
Wilhelmine
Zenta

Klangvolle Namen aus der griechischen und römischen Mythologie

Jungen

Achilles
Adonis
Aeneas
Ares
Eros
Hektor
Helios
Hermes
Hyazinth
Janus
Jason
Kastor
Leander
Narciss
Nestor
Orest
Quirinus
Remus
Romulus
Silvan/Silvanus
Silvius
Viktor

Mädchen

Althea
Anthea
Ariadne
Artemis
Athena
Cassiopeia
Ceres
Chloe
Clio
Cynthia
Danae
Daphne
Delia
Diana
Dido
Doris
Elektra
Flora
Fortuna
Galatea
Gea
Helena
Hera
Iphigenie
Irene
Iris
Ismene
Kassandra
Kora
Latona
Lavinia
Leda
Luna
Laja
Medea
Minerva
Myrrha
Nausikaa
Nike
Nona
Penelope
Philomena
Phöbe
Rea
Selene
Sirena
Sibylle
Silvia
Thalia
Theia
Vesta
Venus
Viktoria

Bekannte Namen aus der germanischen Mythologie

Jungen

Alberich
Baldur
Dankwart
Diether
Dietrich
Eckart
Frithjof
Gernot
Giselher
Gunnar
Gunther
Hadubrand
Hagen
Hartmut
Helge
Herwig
Hildebrand
Horand
Iring
Odin
Ortwin
Rüdiger
Siegfried
Siegmund
Sigurd
Vidar
Volker
Wieland
Wolfdietrich
Wolfhard
Wotan

Mädchen

Brunhild
Freia
Frigga
Gerda
Gerlind
Gudrun
Hilde
Hildeburg
Hildegund/Hildegunde
Hjördis
Iduna
Ingeborg
Kriemhild
Ortrun
Schwanhild
Sieglinde
Sigrun
Siv/Siw
Skadi
Ute
Urda
Vanadis

Namenstagskalender

Januar

2. Basil, Gregor, Otfried
3. Genoveva, Odilo
4. Angelika, Christiane
5. Eduard, Emilia
7. Reinhold, Valentin
8. Erhard, Gudula, Severin
9. Adrian, Alice, Julian
10. Leonie, Paul
11. Thomas
12. Ernst, Tatjana, Xenia
13. Jutta, Hilmar, Hilarius
14. Engelmar, Felix, Rainer
15. Arnold, Mauro, Romedius
16. Dietwald, Marcel, Tilman
17. Anton, Rosalind
18. Margitta, Ulfried (Uwe)
19. Mario, Martha, Pia
20. Fabian, Sebastian, Ursula
21. Agnes, Ines, Meinrad
22. Dietlinde, Vinzenz
23. Emerentia, Hartmut
24. Franz, Thurid, Vera
25. Wolfram
26. Paula, Timothy, Titus
27. Angela, Alrun
28. Manfred, Thomas
29. Gerhard, Josef
30. Adelgunde, Martina
31. Johannes, Marcella

Februar

1. Barbara, Brigitta, Reginald
2. Bodo
3. Ansgar, Oskar, Blasius
4. Andreas, Christian, Veronika
5. Agatha, Albuin
6. Dorothea, Doris, Paul
7. Ava, Richard, Ronan
8. Elfrieda, Hieronymus
9. Apollonia, Anne-Kathrin
10. Scholastika, Siegmar
11. Maria, Theodora

12. Benedikt, Eulalia
13. Adolf, Christina, Irmhild
14. Cyrill, Valentin
15. Jovita, Giorgia, Siegfried
16. Juliane (Liane)
17. Alexis, Benignus
18. Constanze, Simon(e)
19. Irmgard, Hedwig
20. Corona, Falko, Jacinta
21. Enrica, Gunhild, Petrus
22. Isabella
23. Raffaela, Romana
24. Matthias
25. Walburga
26. Edigna, Gerlinde, Ottokar
27. Baldur, Gabriel, Marko
28. Oswald, Roman, Silvana

März

1. Albin, Leontina, Roger
2. Agnes, Karl, Volker
3. Camilla, Kunigunde, Leif
4. Edwin, Humbert, Kasimir
5. Dietmar, Gerda, Olivia
6. Fridolin, Nicola, Rosa
7. Felicitas, Reinhard
8. Johannes, Gerhard
9. Bruno, Franziska
10. Emil, Gustav
11. Alram, Rosina
12. Almut, Beatrix, Serafina
13. Judith, Leander, Pauline
14. Eva, Mathilde
15. Klemens, Louise
16. Herbert, Rüdiger
17. Gertrud, Patrick
18. Cyrill, Edward, Sybille
19. Josef, Josefa, Josefine
20. Claudia, Wolfram
21. Axel, Christian, Emilia
22. Elmar, Lea, Reinhilde
23. Otto, Rebekka, Toribio
24. Elias, Heidelinde, Karin
25. Maria
26. Ludger, Manuel(a)
27. Augusta, Ernst, Heimo
28. Guntram, Ingbert
29. Berthold, Helmut, Ludolf
30. Amadeus, Diemut
31. Cornelia, Nelly

April

1. Hugo, Irene, Irina
2. Franz, Mirjam, Sandra
3. Richard
4. Isidor, Konrad, Kurt
5. Crescentia, Vinzenz
6. Sixtus
7. Ralph
8. Beate, Rose-Marie, Walter
9. Casilda, Waltraud
10. Ezechiel, Gernot, Holda
11. Hildebrand, Stanislaus
12. Herta, Julius, Zeno
13. Gilda, Ida
14. Elmo, Erna, Ernestine
15. Anastasia, Damian, Una
16. Bernadette, Magnus
17. Eberhard, Isadora, Wanda
18. Werner, Wigbert
19. Emma, Gerold, Leo, Timo
20. Hildegund, Odetta
21. Alexandra, Anselm
22. Alfred, Kaj, Leonidas
23. Georg (Jörg, Jürgen)
24. Egbert, Virginia, Wilfried
25. Erwin, Markus
26. Consuela, Helene
27. Montserrat, Petrus, Zita
28. Hugo, Ludwig, Pierre
29. Katharina, Roswitha
30. Pauline, Pius, Silvio

Mai

1. Josef
2. Boris, Siegmund, Zoe
3. Jakob, Philipp, Viola
4. Florian, Guido, Valeria
5. Gotthard, Jutta, Sigrid
6. Antonia, Britto, Gundula
7. Gisela (Silke), Notker
8. Ida, Klara, Ulrike
9. Beat, Caroline, Volkmar
10. Isidor, Gordian, Liliana
11. Joachim, Mamertus
12. Imela, Joana, Pankratius
13. Rolanda, Servatius
14. Bonifatius, Ismar
15. Hertraud, Sonja, Sophie
16. Adolf, Johann-Nepumuk

17. Antonella, Dietmar, Pascal
18. Erich, Erika, Johannes
19. Ivo, Kuno, Yvonne
20. Bernhardin, Elfriede, Mira
21. Hermann, Konstantin, Wiltrud
22. Julia, Ortwin, Rita
23. Alma, Désirée, Renate
24. Dagmar, Esther
25. Beda, Magdalene, Urban
26. Marianne, Philipp, Nepomuk
27. August, Bruno, Randolph
28. German, Wilhelm
29. Erwin, Irmtraud, Maximin
30. Ferdinand, Johanna
31. Helma, Mechthild, Petra

Juni

1. Silka, Silvana, Simeon
2. Armin, Blandina, Erasmus
3. Hildburg, Karl, Silvia
4. Christa, Iona, Klothilde
5. Bonifatius, Erika, Winfried
6. Bertrand, Kevin, Norbert
7. Anita, Gottlieb, Robert
8. Chlodwig, Elga, Medardus
9. Annamaria, Grazia
10. Diana, Heinrich, Heinz
11. Alice, Barnabas, Paula
12. Florinda, Guido, Leo
13. Antonius, Bernhard
14. Hartwig, Meinrad
15. Gebhard, Lothar, Veit
16. Benno, Luitgard, Quirin
17. Adolf, Alena, Volker
18. Elisabeth, Martina
19. Juliana, Romuald
20. Adalbert, Florentina
21. Alban, Aloysius, Ralf
22. Rotraud, Thomas
23. Edeltraud, Marion, Ortrud
24. Johannes, Reingard
25. Eleonora (Ella), Dorothea
26. David, Konstantin, Vigilius
27. Cyrill, Hemma, Heimo

28. Ekkehard, Harald, Irenäus
29. Gero, Paul, Peter
30. Bertram, Ehrentrud, Otto

Juli

1. Aaron, Dietrich, Theobald
2. Wiltrud
3. Ramon(a), Thomas
4. Berta, Elisabeth, Ulrich
5. Albrecht, Kira, Letizia
6. Marietta, Goar, Isaias
7. Edda, Firmin, Willibald
8. Amalia, Edgar, Kilian
9. Hermine, Veronika
10. Engelbert, Knut, Raffael
11. Benedikt, Olga, Oliver
12. Felix, Henriette, Siegbert
13. Arno, Heinrich, Sarah
14. Camillo, Goswin, Roland
15. Bonaventura, Egon
16. Carmen, Irmgard
17. Charlotte, Gabriella
18. Arnulf (Ulf), Friedrich
19. Bernold, Marina, Reto
20. Elias, Margaretha
21. Daniel(a), Julia, Stella
22. Magdalena (Marlene)
23. Brigitta (Birgit), Liborius
24. Christoph, Sieglinde
25. Jakob, Valentina
26. Anna, Gloria, Joachim
27. Pantaleon, Rudolf (Rolf)
28. Adele (Ada), Innozenz
29. Martha, Olaf, Ladislaus
30. Ingeborg (Inga), Petrus
31. Ignatius, Josef

August

1. Alfons, Kenneth, Peter
2. Adriana, Eusebius, Julian
3. August, Lydia, Nikodemus
4. Johannes, Rainer
5. Maria, Oswald
6. Gilbert
7. Afra, Albert, Cajetan
8. Cyriak, Dominik, Elgar
9. Altmann, Edith, Roman

10. Astrid, Laurenz (Lars)
11. Donald, Klara, Philomena
12. Innozenz, Radegunde
13. Cassian, Hippolyt, Marko
14. Maximilian, Meinhard
15. Patrizia
16. Alfried, Rochus, Stefan
17. Hyazinth, Janine, Gudrun
18. Claudia, Helena, Reinald
19. Johann, Julius, Sebald
20. Bernhard (Bernd), Ronald
21. Maximilian, Pius
22. Regina
23. Isolda, Rosa, Zachäus
24. Bartholomäus, Michaela
25. Ebba, Elvira, Ludwig
26. Miriam, Patricia, Teresa
27. Gebhard, Monika, Vivian
28. Adelinde, Aline, Augustin
29. Sabine
30. Felix, Heribert, Rebekka
31. Aidan, Paulinus, Raimund

September

1. Ägidius, Ruth, Verena
2. Ingrid, René, Salomon
3. Gregor, Phoebe, Silvia
4. Ida, Iris, Irmgard, Rosalie
5. Hermine, Roswitha, Urs
6. Bertram, Gundolf, Magnus
7. Otto, Ralph, Regina
8. Adrian
9. Edgar, Otmar, Pedro
10. Carlo, Isabella, Diethard
11. Felix, Helga, Regula
12. Gerfried
13. Johann, Notburga, Tobias
14. Albert
15. Dolores, Melissa, Melitta
16. Cornelius, Ludmilla
17. Ariane, Hildegard, Robert
18. Herlinde, Lambert, Rica

19. Januarius, Wilhelmine
20. Candida, Eustach, Hertha
21. Deborah, Jonas, Matthäus
22. Emmeram, Mauritius
23. Gerhild, Linus, Thekla
24. Gerhard, Rupert, Virgil
25. Irmfried, Klaus, Serge
26. Cosima, Cosmas, Damian
27. Dietrich, Hiltrud, Vinzenz
28. Giselher, Lioba, Wenzel
29. Gabriel(a), Michael(a)
30. Hieronymus, Urs, Viktor

Oktober

1. Remigius, Theresia
2. Gideon
3. Bianca, Ewald, Udo
4. Aurora, Edwin, Franz
5. Gallina, Herwig, Meinolf
6. Adalbero, Bruno, Melanie
7. Jörg, Justina, Rosa Maria
8. Hannah, Günther, Laura
9. Dionys, Sara, Sibylle
10. Gereon, Samuel, Viktor
11. Alexander, Manuela
12. Horst, Maximilian, Pilár
13. Edward, Koloman
14. Burkhard, Calixtus
15. Aurelia, Theresia
16. Gallus, Gordon, Hedwig
17. Marie-Louise, Rudolf
18. Gwenn, Justus, Lukas
19. Frieda, Isaak, Paul
20. Ira (Irina), Wendelin
21. Celina, Ursula (Ulla)
22. Cordula, Ingbert, Salomé
23. Johannes, Severin, Uta
24. Alois(ia), Armella, Anton
25. Darja, Ludwig (Lutz)
26. Albin, Wieland
27. Christa, Sabina, Wolfhard
28. Simon, Thaddäus
29. Ermelinda (Melinda)
30. Alfons, Angelo, Dieter
31. Quentin, Wolfgang

November

3. Hubert, Martin, Pirmin
4. Karl(a), Modesta
5. Emmerich, Zacharias
6. Christine, Leonhard
7. Carina, Engelbert
8. Gottfried, Willehad
9. Herfried, Roland, Theodor
10. Andrea(s), Jens, Leo
11. Martin, Mennas, Senta
12. Christian, Kunibert
13. Eugen, Livia, Stanislaus
14. Nikolaus, Sidonia
15. Albert, Leopold(ine)
16. Margarita, Otmar
17. Gertrud, Florin, Hilda
18. Alda, Odo, Roman
19. Elisabeth
20. Corbinian, Edmund, Felix
21. Amalia (Amelia), Rufus
22. Cäcilia (Silja), Salvator
23. Clemens, Columban, Detlef
24. Albert, Flora
25. Katharina
26. Anneliese, Konrad
27. Albrecht, Brunhilde, Uta
28. Berta, Jakob
29. Friedrich, Friederike
30. Andrea, Andreas, Volkert

Dezember

1. Blanka, Eligius, Natalie
2. Bibiana, Jan, Lucius
3. Franz-Xaver, Jason
4. Barbara, Johannes
5. Gerald, Niels, Reinhard
6. Denise, Henrike, Nikolaus
7. Ambrosius, Benedikte, Farah
8. Edith
9. Liborius, Reinmar, Valerie
10. Emma, Imma, Loretta
11. Arthur, Damasus, Tassilo
12. Hartmann, Johanna
13. Lucia, Ottilia, Jodok
14. Berthold, Johannes
15. Christiane (Nina), Paola
16. Adelheid (Heidi, Elke)
17. Jolanda, Lazarus, Viviana

18. Esperanza, Gratian, Luise
19. Benjamin, Susanna
20. Eike, Julius, Holger
21. Ingmar (Ingo), Hagar
22. Jutta
23. Johannes, Victoria
24. Adam, Eva
25. Anastasia
26. Stephan, Stephanie
27. Fabiola, Johannes
28. Donna, Mattea, Thaddäus
29. David, Tamara, Jessica
30. Hermine
31. Melanie, Silvester

Service

Hilfreiche Adressen

Universität Leipzig – Personennamen-Beratungsstelle
Augustusplatz 10–11
04109 Leipzig
Tel: (0900) 1 88 77 35 (gebührenpflichtig;
Mo.–Fr.: 11.00–16.00 Uhr und nach Vereinbarung)
Fax.: (0341) 9 73 74 97
www.vornamenberatung.eu
Die Personennamen-Beratungsstelle an der Universität Leipzig hilft bei Fragen rund um das Thema Vornamen. Hier können Sie auch ein Gutachten zu einem bestimmten Namen erstellen lassen.

Gesellschaft für deutsche Sprache e. V.
Geschäftsstelle
Spiegelgasse 13
65183 Wiesbaden
Tel.: (06 11) 9 99 55-0
Telefonische Sprachberatung: (09 00) 1 88 81 28 (gebührenpflichtig)
Fax: (06 11) 9 99 55-30
www.gfds.de
Die GfdS erteilt Auskünfte zu Herkunft, Bedeutung und Zulässigkeit von Vornamen. Auch hier ist es möglich, ein schriftliches Gutachten (kostenpflichtig) z. B. für die Vorlage beim Standesamt erstellen zu lassen.

Nützliche Links

www.familie-online.de
Unter dieser Adresse finden Sie Namen, Hitlisten, die neuesten juristischen Entscheidungen zu ausgefallenen Vornamen sowie rechtliche Hinweise.

www.beliebte-Vornamen.de
Namenslisten, Hitlisten, rechtliche Hinweise und, und, und

www.vornamenportal.de
Umfangreiche Namenslisten, Namenstage, Buchhinweise und Tipps zum Namensrecht

www.vornamenlexikon.de
Hier finden Sie Informationen zu Herkunft und Bedeutung vieler Namen.

www.hebammen.at
Tipps und Hinweise zu Namen und ihrer Bedeutung für österreichische Eltern

www.kunigunde.ch
Namensdatenbank für Eltern aus der Schweiz

www.babynamer.com
Wer auf der Suche nach einem ausländischen Namen ist, der wird auf dieser Website mit über 20 000 internationalen Namen fündig.

www.firstname.de
Internationale Vornamen-Datenbank

Birgit Zebothsen

Welcher Vorname passt zu meinem Kind?

Wie findet man aus Tausenden Möglichkeiten den optimalen Namen für sein Kind? Neben Namenslisten von A bis Z bietet das Buch zahlreiche kreative Hilfen, um den schönsten Vornamen herauszufiltern. So sind Mode- oder mythologische Namen, international beliebte Namen oder Namen von Prominenten extra gekennzeichnet. Viele Specials und Tests erleichtern die Namenswahl.

Knaur Ratgeber

Jeanette Stark-Städele

Alles, was mein Baby braucht

Garantiert nichts vergessen.
Übersichtliche Checklisten für das erste Jahr.

Gut organisiert zu sein ist im stressigen Alltag mit Baby schon die halbe Miete. Der praktische Guide mit zahlreichen Checklisten und Übersichten ist immer zur Hand, wenn junge Eltern einen schnellen Überblick brauchen: beim Einkauf vom Schnuller bis zum Strampler, bei der Babypflege, bei der Auswahl von Kinderarzt und Babysitter oder auf Reisen. Mit hilfreichen Adressen – auch von Anbietern umweltfreundlicher Produkte – und den besten Onlineshops.

Knaur Ratgeber